早期丝绸之路暨早期秦文化
国际学术研讨会论文集

甘肃省文物考古研究所
北京大学考古文博学院
中国国家博物馆综合考古部　编
陕　西　省　考　古　研　究　院
西北大学文化遗产学院

文物出版社

封面设计　周小玮

责任印制　张道奇

责任编辑　杨新改

图书在版编目(CIP)数据

早期丝绸之路暨早期秦文化国际学术研讨会论文集／甘肃省文物考古研究所等编．—北京：文物出版社，2014. 11

ISBN 978 – 7 – 5010 – 4150 – 3

Ⅰ.①早… Ⅱ.①甘… Ⅲ.①丝绸之路 – 国际学术会议 – 文集②文化史 – 中国 – 秦代 – 国际学术会议 – 文集

Ⅳ.①K928.6 – 53②K233.03 – 53

中国版本图书馆 CIP 数据核字（2014）第 260868 号

早期丝绸之路暨早期秦文化国际学术研讨会论文集

甘 肃 省 文 物 考 古 研 究 所

北 京 大 学 考 古 文 博 学 院

中 国 国 家 博 物 馆 综 合 考 古 部　编

陕 西 省 考 古 研 究 院

西 北 大 学 文 化 遗 产 学 院

＊

文 物 出 版 社 出 版 发 行

北京市东直门内北小街 2 号楼

http：//www. wenwu. com

E-mail：web@ wenwu. com

北京宝蕾元科技发展有限责任公司制版

北 京 京 都 六 环 印 刷 厂 印 刷

新 华 书 店 经 销

787 × 1092　1/16　印张：14

2014 年 11 月第 1 版　2014 年 11 月第 1 次印刷

ISBN 978 – 7 – 5010 – 4150 – 3　定价：130. 00 元

本书编辑委员会

1

目　录

2004 年早期秦文化考古项目开展以来的主要工作及收获

早期秦文化考古联合课题组

据司马迁《史记·秦本纪》记载，秦人在西周时期主要活动于今甘肃省东部及东南部的渭河上游、西汉水上游一带。20 世纪 80 年代初，北京大学考古学系与甘肃省文物工作队合作，在渭河上游甘谷县毛家坪遗址首次发掘到西周时期的秦文化遗存，从而揭开了考古学探索早期秦文化的序幕①。

1992 ~ 1993 年间，西汉水上游礼县大堡子山两座秦公大墓被盗掘，出土了一大批重要文物，包括具有秦公、秦子铭文的鼎、簋、壶等大型青铜礼器，钟、镈等大型青铜乐器，以及大量的金饰片等，可惜的是这些文物大多已流散到海内外。1994 年 3 ~ 11 月甘肃省文物考古研究所对大堡子山被盗大墓（编号 M2、M3）和一座车马坑（编号 M1）进行了劫后清理。从清理的情况看，两座墓规模巨大，最大的一座长 110 米（M3），略小的一座长 88 米（M2），均为国君级别的中字型大墓②。礼县大堡子山被盗大墓流失于海内外的文物陆续面世后，一些学者发表文章，对青铜器、金器的年代及大墓墓主进行了考证③。

为探索早期秦文化的面貌，寻找早期秦人都邑及先祖、先公陵墓所在，并为礼县大堡子山遗址制定保护规划，在国家文物局、甘肃省文物局领导的大力支持下，由甘肃省文物考古研究所、陕西省考古研究院、中国国家博物馆考古部、北京大学考古文博学院、西北大学文博学院五家单位组成联合课题组及考古队，于 2004 年启动了早期秦文化考古调查、发掘与研究项目。八年来，通过连续不断的考古调查与较大规模的

---

① 甘肃省文物工作队、北京大学考古学系：《甘肃甘谷毛家坪遗址发掘报告》，《考古学报》1987 年第 3 期；赵化成：《甘肃东部秦和羌戎文化的考古学探索》，《考古类型学的理论与实践》，文物出版社，1989 年。

② 戴春阳：《礼县大堡子山秦公墓地及有关问题》，《文物》2000 年第 5 期。

③ 关于礼县被盗大墓墓主及流散文物的研究论文，可参见由礼县博物馆汇编的《秦西垂文化论集》一书（文物出版社，2005 年）。

发掘，在早期秦文化研究领域取得多项重要进展。

一　礼县西汉水上游考古调查与发掘

文献记载西汉水上游是早期秦人主要的活动区域之一，礼县大堡子山被盗秦公大墓再次证明西汉水流域的重要性。因而，课题组成立后工作重点即放在西汉水流域。

1. 西汉水上游考古调查

2004 年对礼县西汉水上游及其支流进行了详细的考古调查，新发现汉以前各类遗址 70 余处，其中以早期秦文化为主的遗址 38 处，并发现以"六八图—费家庄"、"大堡子山—圆顶山（赵坪）"、"西山—石沟坪"三个相对独立、又互有联系的大遗址群，也可以说是早期秦文化三个中心活动区。此后，在进一步的调查中，在西山、大堡子山、山坪发现了三座早期秦文化城址，为寻找秦早期都邑提供了重要线索。此外，在调查中还发现与早期秦文化密切相关的寺洼文化遗址 20 多处[①]。

2. 西山、鸾亭山遗址的发掘

在考古调查的基础上，2005 年首先对礼县县城附近的西山遗址进行了较大规模的钻探和发掘，发掘面积近 3000 平方米。西山遗址位于西汉水北岸礼县县城以西的山坡地带，调查中发现城址一座，城址内外均有文化堆积和墓葬分布。城址坐落在西山东西走向的山坡上，依山势呈不规则的长条形，面积近 10 多万平方米。其中，城址的北墙西段和北墙东段及东墙保存较好。关于城墙的始建年代，根据春秋早期的小房址叠压在城墙夯土之上的迹象判断，城墙的建造年代应不晚于西周晚期[②]。

发掘主要集中在城址内的东北部。除史前遗存外，属于西周时期的遗迹主要有 6 座墓葬和少量灰坑，其中一座为出 3 鼎 2 簋青铜礼器的中型墓，年代属于西周晚期。此外，在西山城址内还发现西周晚期的大型夯土基址和陶水管道。除西周遗存外，东周时期遗迹有灰坑、墓葬、动物坑、房址等。由于西山城址建于山坡上，数千年来的水土流失及修建梯田，使得遗址破坏相当严重，而大部分墓葬也被盗掘一空[③]。

2005 年在发掘西山遗址的同时，在对面的鸾亭山山顶（海拔 1700 米）发掘了汉代

---

① 甘肃省文物考古研究所、中国国家博物馆考古部等：《西汉水上游考古调查报告》，文物出版社，2008 年。

② 早期秦文化联合考古队：《甘肃礼县三座周代城址调查报告》，《古代文明（第 7 卷）》，文物出版社，2009 年。

③ 早期秦文化联合考古队：《甘肃礼县西山遗址发掘取得重要收获》，《中国文物报》2008 年 4 月 4日。

皇家祭天遗址，出土 50 余件圭、璧、玉人等祭祀用玉以及长乐未央瓦当等，该遗址的发现为寻找秦人早期祭天遗址"西畤"提供了重要线索①。

3. 礼县大堡子遗址钻探与发掘

大堡子山遗址位于礼县县城以东 13 千米处的西汉水北岸。以大堡子山遗址为中心，其周围分布有多个遗址：位于西汉水南岸的有山坪城址、圆顶山春秋秦人贵族墓地；西汉水支流永坪河西岸有盐土崖遗址等。

2006 年对大堡子山遗址进行了全面的调查和钻探，钻探面积达 150 万平方米。发现一座面积约 50 万平方米的城址、钻探出 26 处夯土建筑基址、400 余座中小墓葬以及较丰富的文化层堆积等。在调查、钻探的基础上，2006 年进行了较大规模的发掘，发掘面积 3000 多平方米，其中发掘大型夯土建筑基址一处（21 号建筑基址）、中小型墓葬 7 座、祭祀遗迹一处。

大堡子山城址坐落在东北—西南走向的山体上，依地势而建，呈不规则形，城址总面积约 55 万平方米。城墙为夯土版筑，由于城墙均位于山体边缘，山体大面积滑坡使得许多地段已经无存，其中以东北城墙之一段保存较好。从城墙夯土内的包含物以及打破城墙的灰坑看，城墙的始建年代应为春秋早期②。

21 号建筑基址位于大堡子城址内南部较高处。该建筑四周为夯土墙，西墙地面以上残高 0.3～0.6 米，墙宽 1.5 米左右，地下墙基宽约 3 米；东墙北半部、北墙以及南墙东半部只剩夯土墙基部分，宽 3 米左右。整个建筑基址南北长 107、东西宽 16.4 米（包括夯土墙基在内的宽度），东西墙之间的正中发现 18 个大型柱础石（间隔约 5 米），与东西墙平行排列。从地层堆积、遗迹之间的打破关系以及夯土内的包含物分析，21 号建筑基址始建于春秋早期晚段或春秋中期早段，战国时期废弃，但夯土墙的彻底倾毁要晚至王莽时期。该建筑基址保存状况虽然较差，但房屋的基本结构大体清楚，为具有梁架结构的两面坡式建筑。整个遗址中未见瓦片堆积，房址内没有发现隔墙之类的遗迹，室内地面未做专门处理，初步判断为大型府库类建筑③。

祭祀遗迹位于被盗秦公大墓（M2）的西南部，相距约 20 米。主要遗迹现象有大型"乐器坑"1 座、"人祭坑"4 座。"乐器坑"长 8.8、宽 2.1、深 1.6 米，东西方向。坑内南排木质钟架（仅存朽痕）旁依次排列 3 件青铜镈、3 件铜虎（附于镈）、8 件甬

---

① 早期秦文化联合考古队：《2004 年甘肃礼县鸾亭山遗址发掘主要收获》，《中国历史文物》2005 年第 5 期。

② 早期秦文化联合考古队：《甘肃礼县三座周代城址调查报告》，《古代文明（第 7 卷）》，文物出版社，2009 年。

③ 早期秦文化联合考古队：《2006 年礼县大堡子山 21 号建筑基址发掘简报》，《文物》2008 年第 11 期。

钟，镈和钟各附带有 1 件青铜挂钩；北排磬架（仅存朽痕）下为两组 10 件石磬，均保存完好。3 件青铜镈一大两小，最大的一件通高 65 厘米，舞部及镈体部以蟠龙纹为主要装饰；四出扉棱为透空的纠结龙纹，造型华美；鼓部素面，铸有"秦子做宝龢钟"等 26 字铭文。与"乐器坑"同时还发掘"人祭坑"4 座，每坑埋人骨架 1～2 具，肢体屈曲，其性质当为杀人祭祀。"乐器坑"的性质与"人祭坑"相同，也应属于祭祀性质。大堡子山祭祀遗迹，特别是秦子乐器坑的科学发掘，为究明两座被盗秦公大墓的墓主提供了重要参考①。

西汉水上游早期秦文化城址的发现为寻找文献记载的秦人早期都邑提供了重要资料。西山城址的建造年代大致为西周晚期，城址内的大型夯土建筑、西周陶水管道、西周晚期中型铜礼器墓、春秋早期马坑等重要遗迹的发现，表明西山城邑的等级较高，但是否为秦人早期都邑"西犬丘"所在尚有疑问。礼县鸾亭山山顶汉代祭天遗址的发掘为寻找春秋初年秦襄公祭天场所"西畤"提供了重要线索。

大堡子山城址的建造年代晚于西山城址，大致为春秋早期。城址内的主要遗迹，如已经发掘的 21 号大型府库类建筑基址、被盗掘的两座秦公大墓、以秦子乐器坑为代表的祭祀遗迹、新发掘的中小型墓等，均属于春秋早期或稍晚的遗存，与城址的年代大致相当。大堡子山城址可能为春秋早期的"西新邑"②，而被盗掘的秦公大墓则埋葬于城内。

二　渭河流域的考古调查与发掘

1. 清水李崖遗址的钻探与发掘

为配合第三次文物普查，2005 年和 2008 年早期秦文化联合考古队对渭河上游的秦安、张家川、清水等县进行了考古调查。其中，两次重点调查了清水县的牛头河及其支流，基本摸清该流域古文化遗址分布状况。牛头河流域调查发现各类遗址 117 处，其中含周代（西周至春秋时期）遗存的遗址 31 处，其中有 13 处较集中分布在清水县白沙乡至红堡乡的牛头河中游两岸，是整个流域周代遗存最丰富的区域。在这一区域，位于清水县城附近的李崖遗址不仅面积大、而且文化堆积丰富，在整个牛头河流域以周代文化为主的遗址中是绝无仅有的③。

李崖遗址位于今清水县城北侧樊河和牛头河交汇处樊河西岸的台地上，西南至赵

---

① 早期秦文化联合考古队：《2006 年礼县大堡子山祭祀遗迹发掘简报》，《文物》2008 年第 11 期；赵化成、王辉、韦正：《礼县大堡子山秦子"乐器坑"相关问题探讨》，《文物》2008 年第 11 期。

② 梁云：《西新邑考》，《古代文明研究中心通讯》总 31 期，2006 年。

③ 早期秦文化联合考古队：《牛头河流域考古调查》，《中国国家博物馆馆刊》2010 年第 3 期。

充国墓地，东北以陈家大沟为界，长约 1500 米，行政区划属于白土崖村、李崖村、仪坊村。遗址背山面河，地形较为平坦开阔，西北高东南低，海拔 1370～1450 米。大体以清水县至张川县旧公路及天平铁路为界，其东南部为一级台地，面积约 50 万平方米；其西北部为二级台地，面积在 50 万平方米以上。遗址总面积至少在 100 万平方米以上。2010、2011 年进行了两次发掘。

李崖遗址二级台地西南部有一座地面可见残段城墙的古城，被称之为白土崖古城。为搞清楚该古城的年代及性质，2010 年首先钻探和发掘该古城遗址。通过对城内建筑基址、灰坑以及城墙的解剖发掘，确定了该城始建于北魏。结合文献记载，初步判断该城是北魏时期的清水郡城。2010 年在二级台地白土崖古城内外钻探面积约 30 万平方米，没有发现西周时期的重要遗迹单位。后将钻探重点移至一级台地中部进行，钻探面积约 5 万平方米，发现十多座土坑竖穴墓及数十座灰坑，随后开探方 5 个，发掘了 4 座土坑竖穴墓和 20 余座灰坑，年代均为西周时期。

2010 年度的发掘取得初步成果，表明了李崖遗址的重要性。但 2010 年发掘的西周时期遗迹单位尚少，遂于 2011 年度继续进行发掘。钻探工作于 6 月初提前进行，主要在一级台地东北部钻探，至 11 月底包括 2010 年在内，一级台地钻探面积约 20 万平方米，共探明竖穴土坑墓 60 余座、灰坑百余座，没有发现夯土建筑迹象。根据钻探提供的线索，2011 年度以发掘墓葬为主，并在墓葬探方范围内清理灰坑。共开探方 18 个（包括扩方），除了在 2010 年发掘点附近一级台地中部布方发掘 2 座墓葬外，主要发掘区移至一级台地东北部。由于墓葬分布相当零散，各探方多不相连，地层堆积亦有所不同，但大致接近。

2010、2011 年两次共发掘竖穴土坑墓 19 座，按照规模大小可分为三类：较大的长约 3.8 米、宽在 1.3 米以上，中等的长约 3 米、宽 1 米以上，较小的长约 2.5 米以下、宽 1 米以下。前两种有棺有椁，后一种多有棺无椁。墓葬均未被盗，随葬品主要为陶器，仅在 M22 发现一件铜戈。随葬陶器最多的有 26 件，一般为 5～10 件，最少的仅 1 件，2 座墓无随葬品。其中，有 13 座墓为东西方向（西偏北）、直肢葬、人架头向西、有腰坑殉狗，随葬陶器多为鬲、簋、盆、罐组合，部分陶鬲、陶簋具有显著的商式风格，其余的大体与关中西周文化陶器相似。另外有 4 座墓同样为东西向（西偏北）、直肢葬、头向西、有腰坑殉狗，但仅随葬寺洼文化陶罐各 1 件，这几座墓是寺洼文化墓葬。

清水李崖遗址发掘的近 20 座竖穴土坑墓均属于西周时期，初步判断其年代集中在西周中期偏早阶段，少数墓葬可早至西周早期偏晚阶段。从葬俗及随葬品看，除去几座寺洼文化墓葬外，其余的应为早期秦文化墓葬，并且是迄今所见年代最早的一批秦文化墓葬。从钻探情况看，已钻探尚未发掘的 60 余座土坑竖穴墓，其时代和性质亦大致相当。此外，发掘的数十座灰坑及文化层中出土的大量陶片（正在整理与复原）与墓葬所出陶器相似，其年代与文化性质亦相同①。

2. 甘谷毛家坪遗址钻探与发掘

20 世纪 80 年代甘谷毛家坪遗址的发掘，首次发现了西周时期的秦文化遗存，但由于发掘面积较小，发现的遗迹、遗物还不够丰富，特别是对其年代上限还存在较大争议。最近，李学勤先生披露了清华藏楚简《系年》中有关秦人西迁历史的一段记载，并发表了《清华简关于秦人始源的重要发现》的论文（《光明日报》2011 年 9 月 8 日 11 版）。据李学勤考证，周公东征杀飞（廉）并西迁秦人于邾圉。所谓邾圉即今天甘肃甘谷县西南的朱圉山，毛家坪遗址就在朱圉山附近。因而，毛家坪遗址的重要性便突显出来，因而有必要做进一步的调查与发掘。自 2012 年 3 月开始，早期秦文化联合考古队便开始了对毛家坪遗址的全面钻探和较大规模的发掘，这项工作预计将持续 2～3 年。目前，已经对遗址沟东区进行了部分钻探，新发现百余座墓葬。从钻探情况看，估计该遗址面积较过去的大得多，大约在 60 万平方米以上。目前，发掘工作还在继续，相信会有重要的发现。

三　主要收获及初步认识

（1）20 世纪 80 年代甘谷毛家坪遗址的发掘首次揭示出早期秦文化的初步面貌。2004 年以来在西汉水上游和渭河上游的考古调查，以及西山、大堡子山、李崖、毛家坪遗址较大规模的发掘，使我们对早期秦文化的文化特征、年代范围、地域分布、聚落形态、经济类型等有了更全面的了解。特别是几处城址的发现，为探寻秦人早期都邑及秦公葬地提供了重要资料。

（2）李崖遗址发掘的 10 多座竖穴土坑墓均为东西方向，直肢葬、头向西、带腰坑殉狗（已钻探出的 60 多座墓亦大致相同），这与 2005 年发掘的礼县西山西周晚期铜礼器墓以及甘陕地区数十座春秋时期出铜礼器的秦国高等级贵族墓的葬俗完全一致，因而，这批墓很可能是早期秦人嬴姓宗族的遗存。有关这批墓葬的确切年代目前还有不同看法，初步判断大多集中于西周中期偏早阶段，少数可能早至西周早期偏晚。值得特别关注的是，随葬品中有相当一部分陶器具有显著的商式风格，如方唇分裆鬲、带三角纹的陶簋等，再加上腰坑殉狗的葬俗，表明早期秦文化与商文化有着某种渊源关系（但西向葬俗与典型的商文化墓又不同），再结合文献记载商代晚期秦先祖曾与商王朝关系密切，从而可以肯定秦人、秦文化是东来的，这是早期秦文化研究的重大突破。

---

① 早期秦文化联合考古队：《甘肃清水李崖遗址考古发掘获重大突破》，《中国文物报》2012 年 1 月 20 日 8 版。

秦人西迁后,臣服于周,因而受到强势周文化的巨大影响,其文化同时又表现出浓厚的周文化因素是很自然的。

(3) 20 世纪 80 年代发掘的甘谷毛家坪遗址,报告将居址的年代上限定在西周早期,墓葬的年代上限定在西周中期,而从近年关中西周陶器的年代与分期最新研究成果看,毛家坪遗址居址与墓葬的年代最早似不超过西周中期偏晚,即晚于李崖墓葬。李崖、毛家坪的西周秦墓均为东西向土坑竖穴墓,头向西,这与同期周人葬俗明显不同。但毛家坪西周秦墓盛行蜷曲特甚的屈肢葬、多无腰坑殉狗,而李崖西周秦墓均为直肢葬、腰坑殉狗,这种差别当与年代早晚有关,但更可能反映了等级的不同。也就是说,李崖西周秦墓由于年代较早,不出铜礼器,但仍可以认为属于秦人嬴姓宗族成员,即上层统治者的墓葬,而毛家坪秦墓年代稍晚,可能属于秦人一般成员的墓葬。从目前发现看,自西周中期偏晚开始,特别是东周秦墓中大量的屈肢葬兴起,这种葬俗并非秦人原来的文化传统,但来源以及因何原因致使秦人下层的葬俗发生如此大的改变,目前还不清楚。

(4) 秦人、秦文化东来已经没有悬念,但究竟在什么时间,从什么地方,因何原因迁徙而来? 还需要进一步的研究。当年毛家坪遗址发掘后,有学者指出关中西部京当型商文化(壹家堡遗存)可能与早期秦文化来源有关[①]。但问题是京当型商文化缺乏殷墟三、四期的遗存,也就是不见晚期商文化。因而,此说还得不到考古资料的支持。有学者认为毛家坪居址分期的最早年代可到商代晚期,并认为以甘谷毛家坪为代表的早期秦文化源于郑家坡类型先周文化[②]。但从清水李崖遗址的新发现看,一些认识可能需要重新调整。梁云撰文从秦赵同源的角度提出秦人来自山西,是值得重视的新说[③]。但由于山西中南部晚商时期的遗存发现甚少,文化面貌并不清楚,因而这一说还有待于今后的考古工作。

前面已经提到,李学勤最近披露了清华楚简中有关秦人迁徙历史的一段记载[④],清华楚简原文如下:"飞廉东逃于商盍氏。成王伐商盍,杀飞廉,西迁商盍之民于邾圄,以御奴且之戎,是秦之先,世作周服。"据李学勤考证,周公东征杀秦先祖飞(廉)并西迁商奄之民于邾圄,于是秦人便从东迁到了西。所谓邾圄即今天甘肃甘谷县西南的朱圄山,按道理说,新出土的文献资料应当是很有力的证据,但为何这一说却与史记

---

① 刘军社:《壹家堡类型文化与早期秦文化》,《秦文化论丛(第三辑)》,西北大学出版社,1994年。

② 滕铭予:《秦文化起源及相关问题再探讨》,《中国考古学跨世纪的回顾与前瞻》,科学出版社,2000 年;滕铭予:《秦文化:从封国到帝国的考古学观察》,学苑出版社,2003 年。

③ 梁云:《论嬴秦西迁及甘肃东部秦文化的年代》,《古代文明研究通讯》总第四十九期,2011 年。

④ 李学勤:《清华简关于秦人始源的重要发现》,《光明日报》2011 年 9 月 8 日 11 版。

的记载明显不同？就目前的发现看，毛家坪遗址距离朱圉山最近，并且是这一带最大的秦文化遗址。但毛家坪遗址的年代大致不早于西周中期偏晚，并且也看不出与商文化有何联系。李崖遗址秦文化墓葬确实有浓厚的商文化遗风，但墓葬年代也到不了西周早期偏早的成王时期，并且该地点距离甘谷朱圉山有200多千米的路程。总之，从考古学文化角度尽管已经解决了秦族、秦文化东来这一学术悬案，但要找到渭河上游早期秦文化的直接源头——或关中、或山西、或山东，还需要做大量的考古工作和深入的研究。

（5）关于早期秦文化与西戎文化的关系问题。

渭河上游、西汉水流域与早期秦文化大体同时代还有丰富的寺洼文化遗存，其分布有一定的规律性。一般干流和较大的支流比较开阔平坦的河谷地带多为早期秦文化遗址分布，而干流或支流中河谷狭窄、地形较为险峻处多寺洼文化分布。诚然，某些遗址既有寺洼文化遗存，也有早期秦文化遗存，如甘肃礼县西山遗址、清水李崖遗址等。我们曾认为寺洼文化可能是西戎之一的犬戎遗存。文献记载，早期秦人是在与西戎不断斗争的过程中壮大起来的。同一地段、乃至同一遗址早期秦文化与寺洼文化同时存在的现象，反映了秦族与西戎此消彼长的历史事实，但也存在着早期秦人与寺洼人曾经和睦相处并且通婚的可能性。

执笔：赵化成

2012 年 10 月

"过渡类型"遗存与西城驿文化[*]

李水城

（北京大学考古文博学院）

一

1986 年，我们在甘肃河西走廊进行的史前考古调查过程中，发现一种内涵较独特的遗存。最早是在金塔县文化馆见到 2 件无论造型、还是彩绘花纹都很别致的彩陶罐，乍看很像是马厂文化的东西，又有点四坝文化的味道，但却很难确认其归属。随后我们在酒泉干骨崖遗址调查时采集到一批泥质红陶、橘红陶或橘黄陶残片，器类多为双耳罐、单耳罐和小口壶等。彩陶较多，流行黑彩几何纹，颜料不显浓稠，花纹笔触较流畅，特点是同样兼有马厂文化和四坝文化的某些特征。总体看来，此类遗存自身特点突出，类似遗物在酒泉市博物馆、山丹县博物馆也有少量藏品。在 1987 年进行的文物普查中，相继在酒泉西河滩、金塔二道梁和缸缸洼等地也发现有类似遗存[①]。鉴于考古资料匮乏，加之缺少地层关系和共存证据，对于如何确定此类遗存的性质、归属和年代，一时难作决断，只好暂时将其归入马厂文化晚期。

1987 年夏，我们在酒泉干骨崖墓地进行发掘，又有一些新发现。最重要的是在该墓地南区 T14 内发现了此类遗存与四坝文化之间的地层叠压关系，对解开此类遗存的谜团具有决定性的意义。

T14 的堆积很简单，从上到下共分四层（图一）。

第 1 层：表土或现代扰土，厚 0.2 米左右。土色灰，泛黑，质地较坚硬，内含较多细碎砂砾和少量陶片。

第 2 层：为含较多砂砾的灰褐色土，厚 0.35 ~ 0.5 米。质地较坚硬，包含遗物不

---

* 本项研究得到国家社会科学基金重大项目"史前时期中西文化交流研究"（项目号：12&ZD151）资助。

① 甘肃省文物考古研究所、北京大学考古文博学院：《河西走廊史前考古调查报告》，文物出版社，2011 年。

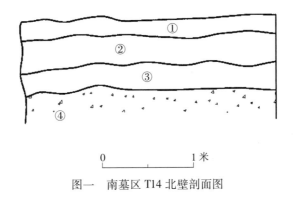

0　　　　　　　　　1 米

图一　南墓区 T14 北壁剖面图

多，主要为陶片。

　　第 3 层：为含较多砂砾的灰褐色土，厚约 0.4 米。质地较坚硬，与第 2 层差异不是很大。包含物主要为少量的碎陶片。

　　第 4 层：疑为生土，质地坚硬，颜色与第 3 层接近。包含物多为个体稍大的角砾，无任何遗物。

　　T14 第 2 层出土遗物多为夹砂红褐陶、灰褐陶、灰陶和少量的泥质红陶。彩陶的特点是器表施紫红色、黄白色陶衣，绘黑彩横竖条带几何纹。彩绘颜料显得浓稠，画面线条滞涩，不甚流畅。夹砂素陶装饰简单，个别饰压印纹等。可辨器类多为双耳罐、筒形罐盖、器盖、方盒、大口罐、瓮等（图二）。

　　T14 第 3 层所出遗物以夹砂红陶、红褐陶为主，部分橙黄陶、橙红陶和灰褐陶。彩陶多施红衣或红褐衣，以绘黑彩为主，极个别绘红彩。花纹流行横竖线、斜线组成的

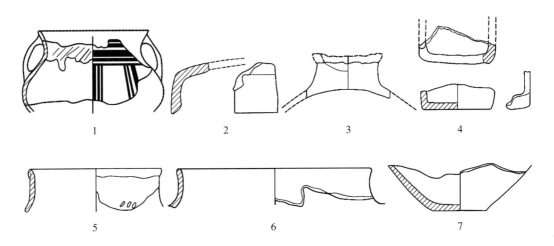

图二　T14 第 2 层出土的四坝文化陶片

1. 双耳罐（T14 上:9）　2. 筒形罐器盖（T14 上:1）　3. 器盖（T14 上:8）　4. 陶方盒（T14 上:2）　5、6. 罐口（T14 上:4、6）　7. 罐底（T14 上:3）

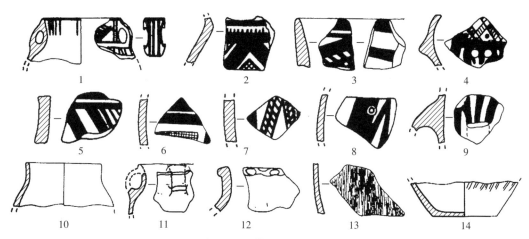

图三　T14 第 3 层出土陶片

1~4. 彩陶罐（T14 下:1、2、10、19）　5~9. 彩陶片（T14 下:3、20、25、33、27）　10、11. 罐口（T14 下:35、37）　12~14. 纹饰陶片（T14 下:40、13、41）

条带或网格纹。所用颜料不显浓稠，画面线条流畅。夹砂陶分为夹细砂、夹粗砂两类，部分饰细绳纹、篮纹、压印纹、附加堆纹等。可辨器类主要为双耳罐、堆纹口罐、小口罐、瓮等（图三）。

T14 第 2 层所出遗物属于典型的四坝文化；第 3 层所出遗物与地表采集的那种新的遗存相同，应属同类性质。考虑到第 3 层出土物与永昌鸳鸯池为代表的河西马厂文化有相似之处，但又有所区别，估计其年代要晚于后者。特别是所出遗物中还混杂个别饰篮纹、绳纹的陶片，很像是齐家文化的东西，可见它们之间存在联系。以上诸点中，最重要的是从地层上解决了此类新遗存的年代早于四坝文化，晚于河西地区的马厂文化，所在位置恰好处在这两支史前文化之间，具有承上启下的过渡性质。有鉴于此，我们认为应将干骨崖 T14 第 3 层代表的遗存作为一个独立的文化发展阶段，并建议暂命名为"过渡类型"遗存①。同时希望，一旦日后发现内涵更加丰富、性质单纯的遗址，再行调整并给予新的文化命名。

二

"过渡类型"遗存在河西走廊史前文化的发展序列上占有重要位置。但学界至今对其缺乏深入的了解，以至于时常有人将其与马厂文化或齐家文化混为一谈。因此很有必要对此类遗存展开进一步的讨论。可喜的是，自 20 世纪 90 年代以来，在河西走廊及

① 李水城:《四坝文化研究》,《考古学文化论集（三）》,文物出版社,1993 年;李水城:《河西地区新见马家窑文化及相关遗存》,《苏秉琦与当代中国考古学》,科学出版社,2001 年。

周边地区不断有一些新发现，极大地充实了"过渡类型"的内涵①。特别重要的是还发现有内涵单纯的"过渡类型"遗址和墓葬，为深入探讨"过渡类型"的性质、年代、分布以及与周边其他考古学文化的关系提供了重要资料。在行将讨论之前，有必要对历史上的重要发现做一粗略的梳理。

　　1957 年，在甘肃武威皇娘娘台墓地首次发现了"过渡类型"彩陶，器类全部为彩陶双耳罐②。发掘者当时已注意到此类遗存带有马厂文化的某些特征，但却将其看做是齐家文化来源于马厂文化的佐证③。1975 年，甘肃省对皇娘娘台遗址做了第四次挖掘，在 M30、M31、M32 和 M47 等齐家文化墓内再次出土少量的"过渡类型"彩陶，但仍延续了以往的解释④。直至 20 世纪 80 年代，我们通过对皇娘娘台墓地所出彩陶的深入分析，认为该址的彩陶可分为甲、乙两组。甲组属于齐家文化，特点是用红彩绘制画面疏朗的几何纹；乙组属于"过渡类型"，特点是用黑彩绘画较繁缛的几何纹。从器形和花纹的变化看，还可将后者再分成两群："A"群接近河西地区的马厂文化；"B"群接近四坝文化⑤。这一研究首次揭示出齐家文化墓地共存"过渡类型"彩陶的特殊现象。

　　这以后，再次发现"过渡类型"遗存是在 20 世纪的 80 年代末至 90 年代初。考古工作者在新疆哈密发现一座史前墓地，清理古墓 700 余座，出土大批遗物⑥。据最初发表的资料可知有两组性质不同的遗存⑦。其甲组与四坝文化基本相同；乙组则以造型奇特的贯耳直腹圜底罐为代表，器表满绘黑彩折线、水波等几何纹，为以往所不见的新内容⑧。直到 1999 年，《新疆文物古迹大观》方才披露该墓地 M550 随葬的 1 件彩陶双耳罐⑨。此器大概就是早前有学者指出的所谓马厂文化的陶器⑩。实际上这是一件典型

---

① 甘肃省文物考古研究所、北京大学考古文博学院：《河西走廊史前考古调查报告》，文物出版社，2011 年。

② 甘肃省博物馆：《甘肃武威皇娘娘台遗址发掘报告》，《考古学报》1960 年第 2 期第 53 页。

③ 中国社会科学院考古研究所编：《新中国的考古发现与研究》第 122 页，文物出版社，1984 年。

④ 甘肃省博物馆：《武威皇娘娘台遗址第四次发掘》，《考古学报》1978 年第 4 期第 421 页。

⑤ 李水城：《四坝文化研究》，《考古学文化论集（三）》，文物出版社，1993 年；李水城：《河西地区新见马家窑文化及相关遗存》，《苏秉琦与当代中国考古学》，科学出版社，2001 年。

⑥ 因该墓地分布在哈密林场办事处和雅满苏矿驻哈密采购供应站的院内，曾被命名为"林雅墓地"。后来因为在墓地上方修建一条名为天山北路的道路，遂改为"天山北路墓地"。

⑦ 哈密文物志编纂组：《哈密文物志》，新疆人民出版社，1993 年；哈密地区文物管理所、博物馆：《哈密古代文明》，新疆美术摄影出版社，1997 年。

⑧ 李水城：《从考古发现看公元前二千纪东西方文化的碰撞与交流》，《文化的馈赠——汉学研究国际会议论文集（考古学卷）》，北京大学出版社，2000 年。

⑨ 新疆文物事业管理局、自治区文物考古研究所等：《新疆文物古迹大观》第 112 页，图版 0261，新疆美术摄影出版社，1999 年。

⑩ 水涛：《新疆青铜时代诸文化的比较研究》，《国学研究（第一卷）》，北京大学出版社，1994 年。

的"过渡类型"彩陶。后来，新疆学者对该墓地进行分期，也披露出更多的"过渡类型"材料[①]。从而证实天山北路墓地包含有三组性质不同的文化遗存。其中，年代最早的以 M550 所出"过渡类型"彩陶为代表；其次才是前面所提到的甲、乙两组遗存[②]。已知"过渡类型"早于甲组（四坝文化），但与贯耳直腹圜底罐为代表的乙组遗存关系不明。

2000 年，在甘肃敦煌南湖林场东南的西土沟调查发现一批遗址。在编号乙的地点采集有少量的"过渡类型"彩陶残片。特点是器表施黄白色陶衣，绘黑彩几何纹，器领（颈）以下位置等距离戳印圆形小凹窝，器腹最大径处捏制乳突[③]。这是在敦煌境内首次发现的史前时期的彩陶，同时也证实"过渡类型"的分布已进入敦煌。至于这批遗物到底出自墓葬？还是遗址？是否还有其他遗物共存，简报均未交代。

2001 年，西北大学等单位在瓜州（原安西县）潘家庄发掘了 3 座史前时期的墓葬（编号 M1、M2、M3）。墓穴均作不规则圆角窄长条状的竖穴土坑形制，墓主头向北（偏东或偏西），葬式较杂，三座墓分别为仰身直肢、乱骨葬和上肢扰乱葬。随葬组合包括彩陶双耳罐、素面双耳罐、单耳罐、石器及小件装饰等。其中，双耳罐分小口瘦高型和大口矮胖型，通体绘黑彩几何纹。夹砂陶素面为主，常见将器口外侧加厚或施附加堆纹者；肩部贴塑疏朗的细泥条折线纹，器腹最大径捏制乳突[④]（图四）。潘家庄的发现非常重要，这是在河西走廊首次发现内涵单纯的"过渡类型"墓葬和随葬组合，填补了以往的空白，极大地丰富了"过渡类型"的内涵，对于深化了解此类遗存具有重要价值。

1987 年曾在酒泉西河滩遗址采集到少量"过渡类型"彩陶片[⑤]。2003~2004 年，甘肃省文物考古研究所等单位对该址作了正式发掘，清理出房屋、窖穴、陶窑、畜栏、墓葬等一大批遗迹，出土遗物包括"过渡类型"的彩陶双耳罐、单耳罐，齐家文化的双耳尊及篮纹、绳纹、方格纹陶片等[⑥]。这一发现再次证实了"过渡类型"与齐家文化

---

① 吕恩国、常喜恩、王炳华：《新疆青铜时代考古文化浅识》，《苏秉琦与当代中国考古学》，科学出版社，2001 年。

② 李水城：《天山北路墓地一期遗存分析》，《纪念俞伟超先生文集》，文物出版社，2009 年。

③ 西北大学考古系、甘肃省文物考古研究所、敦煌市博物馆：《甘肃敦煌西土沟遗址调查试掘简报》，《考古与文物》2004 年第 3 期。

④ 西北大学考古专业、甘肃省文物考古研究所、安西县博物馆：《甘肃安西潘家庄遗址调查试掘》，《文物》2003 年第 1 期。

⑤ 甘肃省文物考古研究所、北京大学考古文博学院：《河西走廊史前考古调查报告》，文物出版社，2011 年。

⑥ 甘肃省文物考古研究所：《酒泉西河滩新石器晚期—青铜时代遗址》，《2004 中国主要考古发现》，文物出版社，2005 年。

有共存关系。

2004 年，在内蒙古阿拉善左旗西北约 290 千米外、力吉苏木一处名为苏红图的地方发现一座史前遗址。2007 年[①]和 2011 年[②]分别作了复查，采集遗物中有部分"过渡类型"的泥质或夹细砂橙黄陶、红陶和橙红陶彩陶片（图五）。这一发现将"过渡类型"的分布面向北推进到了中蒙边界附近。

2006 年，青海省文物考古研究所在祁连山南侧的大通河上游发掘了长宁遗址，从发表的有限资料可知，该址出土物与武威皇娘娘台墓地异常接近，属于典型的齐家文化。在该址 F7、H43 和 H76 等单位出土了少量"过渡类型"的彩陶双耳罐和双耳盆，这是继皇娘娘台、西河滩之后再次发现"过渡类型"与齐家文化有共存关系，并证实"过渡类型"的文化因素已经渗透到祁连山南麓的青海境内[③]。

2009 年，甘肃省文物考古研究所在民乐县六坝镇五坝村发掘一座史前墓地，清理新石器时代晚期墓葬 53 座。其中包括一批"过渡类型"墓葬。从简报发表资料可知，

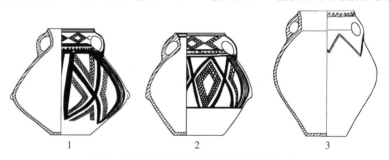

图四　甘肃瓜州潘家庄 M2 随葬陶器组合

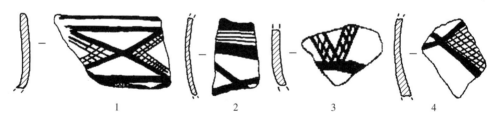

图五　内蒙古阿拉善盟苏红图遗址采集"过渡类型"彩陶片
1. 彩陶罐（SC2386）　　2~4. 彩陶片（SC2388、SC2389、SC2387）

① 赵明辉、傲云格日勒、巴戈那：《内蒙古阿拉善左旗苏红图发现大型细石器制作场》，《中国文物报》2007 年 8 月 1 日。

② 北京大学考古文博学院、内蒙古阿拉善盟博物馆：《内蒙古阿拉善左旗苏红图遗址调查简报》，待刊。

③ 青海省文物考古研究所：《青海大通长宁遗址》，《2006 中国重要考古发现》，文物出版社，2007 年。

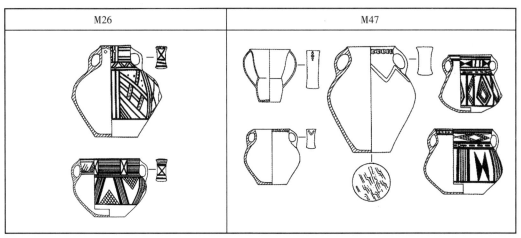

图六　甘肃民乐五坝村 M26、M47 随葬陶器组合

（引自《甘肃民乐五坝史前墓地发掘简报》，《考古与文物》2012 年第 4 期）

此地的"过渡类型"墓葬可分两类：一类性质单一。以 M26 为例，这座竖穴土坑墓随葬组合为单一的"过渡类型"彩陶（图六）。另一类性质较杂。以 M47 为例，这座竖穴偏洞室墓的随葬陶器以"过渡类型"为主，但还共存 1 件典型的齐家文化双大耳罐①。五坝村的"过渡类型"墓均行仰身直肢葬，墓主头朝南②（图六）。

20 世纪 40 年代，夏鼐、裴文中两位先生先后在张掖西城驿附近的黑水国做过考察，并采集有个别早期遗物③。1992 年，在黑水国南城西侧沙丘中终于找到了这座消失多年的遗址，并陆续采集到细石器、打制磨制石器、彩陶片、冶炼矿渣、铜矿石、小件铜器等遗物④。2007 年夏，甘肃省文物考古研究所、北京大学考古文博学院等单位曾调查该址，采集有"过渡类型"、齐家文化和四坝文化的遗物⑤。2010 年至今，甘肃省文物考古研究所等单位对该址进行了连续发掘，其重要发现有：第一，清理出不同形制的地面建筑和土坯建筑，特别是后者为首次发现。第二，出土一批与冶炼有关的遗存，如铜矿石、炼渣、石范、冶炼炉壁残块、石鼓风管及小件铜器等，显示出当

---

① 民乐五坝村发掘简报将 M47 定为齐家文化性质，但此墓随葬的 6 件陶器中有 5 件属"过渡类型"，仅有 1 件齐家文化的双大耳罐。此墓应属"过渡类型"遗存。

② 甘肃省文物考古研究所、张掖市文物保护研究所、民乐县博物馆：《甘肃民乐五坝史前墓地发掘简报》，《考古与文物》2012 年第 4 期。

③ 甘肃省文物考古研究所、北京大学考古文博学院：《河西走廊史前考古调查报告》，文物出版社，2011 年。

④ 吴正科：《丝路古城黑水国》，甘肃人民出版社，2008 年。

⑤ 甘肃省文物考古研究所、北京大学考古文博学院：《河西走廊史前考古调查报告》，文物出版社，2011 年。

时已掌握了采矿和冶炼铜金属的工艺。第三，发现有大麦、小麦、粟、黍等人工栽培的粮食作物，对了解当时的农业生产、作物品种及经济形态提供了重要资料①。

除上述发现以外，在酒泉三奇堡②、肃南菠萝台子③也发现有"过渡类型"的彩陶；在古浪、玉门等地还有一些零星采集品④。

三

"过渡类型"发表的资料并不多。为能准确把握此类遗存的性质和特征，本文重点选择了文化性质单一的遗址和墓葬资料，试就"过渡类型"的文化内涵、属性、特征、分布、年代以及来源和去向做深入的考察。

"过渡类型"的石器、骨器和小件装饰在瓜州（原安西县）潘家庄和民乐五坝村等地有发现。其中，石器分三类：一类为细石器，所见有石叶、石镞、刮削器、尖状器、小石片、石核等。另一类为磨制石器，主要有圆角长方形穿孔石刀、石斧、权杖头等。第三类为打制石器，如带柄石斧、盘状器等。骨器所见有匕、锥、齿状器等。在民乐五坝村还发现有随葬羊距骨和两侧出齿的鞋底状"骨牌"。随葬羊距骨的现象在整个北亚和中亚地区都很流行，鞋底状"骨牌"的功能和用途不明。在潘家庄墓地出有绿松石和各类小珠子组成的串饰⑤。

"过渡类型"的陶器均为手制，器类包括双耳罐、单耳罐、四耳罐、豆、壶、双耳盆、带嘴罐和陶瓮等。素陶有泥质和夹砂之分，后者做工较粗，装饰也很简单，常见将器口外缘加厚或饰附加堆纹；肩部贴塑泥条折线堆纹；器耳施压印、刻划纹；器腹最大径处捏制乳突；部分器底压印席纹。彩陶数量较多，以泥质红陶或橙红陶为主，器表经打磨，施红衣或黄白衣，绘黑彩（个别红彩），画面构图极富规律性。如彩陶罐器领部通常绘菱形网格、倒三角网格或对三角纹，部分大口双耳罐或双耳盆领部绘"X"纹并间隔横条带纹；器口内彩绘折线纹或弧边三角纹；肩部流行连续点状纹或梳齿纹；腹部主花纹两分结构，流行粗细复合线纹、菱形网格纹、棋盘格纹等，空白处填补"X"、对三角、折线或"蜥蜴"纹。器耳多绘"X"、横竖条带或交叉粗疏网格

---

① 王辉、陈国科：《甘肃张掖西城驿遗址》，《2011 中国重要考古发现》，文物出版社，2012 年。
② 酒泉市博物馆藏品，本人于 2008 年参观所见。
③ 张掖市文物管理局：《张掖文物》第 48 页，甘肃人民出版社，2009 年。
④ 1990 年，我们在葫芦河流域开展环境考古调查时，曾在甘肃静宁县文管所的库房内发现 1 件"过渡类型"彩陶双耳罐，其形态与武威皇娘娘台墓地所出接近。据该所工作人员介绍，此器收购于兰州东侧的甘草店，估计很可能是从河西走廊东部外流出来的。
⑤ 这些"骨珠"的质地未做检测，估计它们并非骨质，而是用某种特殊物质烧制的"料珠"一类。有关此类遗物的讨论将另文发表。

纹。内彩仅见于豆盘内，绘有连续菱格、三角折线、棋盘格、网格折线等组合纹样，画面十分繁缛。另外还有一个突出特点是，常常在彩陶罐类器的颈下、器耳上下、豆盘周边等距离地戳印用于镶嵌的圆形小凹窝。

在张掖、金塔、酒泉等地的"过渡类型"遗址多次发现与采矿和金属冶炼有关的遗物。如西城驿遗址就出土有铜矿石、炼渣、炼炉壁残块、石范、石鼓风管及铜刀、锥子、铜泡、铜环、铜条等小件工具或饰物。可见当时已掌握了从矿石开采、选矿、冶炼、铸造、锻造等一整套的金属制造技术，并很有可能形成了具有一定专业化分工的生产组织和相当的产业规模。

"过渡类型"墓葬发现不多，所见多为圆角长方形竖穴土坑形制，个别竖穴偏洞室结构，东西向排列，葬式分为仰身直肢、上肢扰乱葬和乱骨葬。同一墓地内的墓主头向一致（朝北或朝南）。在酒泉西河滩、张掖西城邑等地发掘清理的房屋分方形、长方形和圆形，结构分半地穴、平地起建和土坯搭建三种，显示出较为稳定的生活聚落形态。

在张掖西城驿遗址出有相当数量的大麦、小麦、粟、黍等人工栽培作物籽粒，可见此时在河西走廊一方面在延续传统的粟、黍类旱地作物种植，另一方面随着麦类作物的引入，对原有作物品种会产生一定的冲击。随着时间的推移，麦类作物的种植比例会加大，并逐渐取代前者。考古出土的动物骨骼显示，当地牛、羊等反刍类食草动物逐渐增多。在酒泉西河滩还发现有占地面积较大的牲畜围栏，可见其畜养业比重有加大的趋势。

"过渡类型"的分布范围广阔，现有遗址点的四至已波及大西北四个省区。其范围东起甘肃古浪县，西抵新疆哈密市，北至内蒙古阿拉善左旗，南达青海大通县。其分布核心区则在河西走廊，特别是张掖以西地区。有趣的是，目前所知文化性质单一的"过渡类型"遗址也仅分布在酒泉以西，如瓜州（潘家庄墓地）、敦煌（西土沟乙地点）及新疆的哈密（天山北路墓地）。在酒泉以东，"过渡类型"往往与齐家文化共存。如有些齐家文化的墓葬（甘肃武威皇娘娘台）或遗址（青海大通长宁）中出有少量"过渡类型"的彩陶；有的"过渡类型"墓葬则出现个别齐家文化的典型器（甘肃民乐五坝村）。

"过渡类型"的前身为河西马厂文化。两者的共性不仅显示在丧葬习俗等方面，也更多地表现在陶器组合、器形和装饰上，甚至不少细节元素都很一致，如器颈下和器耳上下戳印圆形小凹窝、器腹捏制乳突等。相较之河湟地区，河西马厂文化的变异幅度较大，区域色彩更加浓郁，其分布西界也似乎止步于酒泉一线[①]。我们曾将河西地区的马厂文化分成三组：甲组特征与河湟地区相同，年代也早，但在河西走廊罕见；乙组以永昌鸳鸯池、武威磨嘴子、张掖西闸、高台直沟沿等遗址为代表；丙组以酒泉高苜蓿地、西高疙瘩滩遗址为代

① 截至目前，在酒泉、金塔以西尚未发现典型的马厂文化遗址。

表①。看来，乙、丙两组之间应存在早晚承继关系，最终经"过渡类型"遗存演变到四坝文化。

20 世纪 80 年代，我们曾就皇娘娘台墓地发现的"过渡类型"彩陶做过讨论。认为其"A"群特征接近河西马厂文化，"B"群接近四坝文化，此论至今看来仍大致不谬，但还需要进一步完善。通过梳理近年来的考古新发现并加以比较研究，可将"过渡类型"遗存分为三组：

第一组：以甘肃酒泉三奇堡、武威皇娘娘台等地出土彩陶为代表，所见主要为彩陶双耳罐。特点是造型略显矮胖，器口大小适中，彩陶花纹已形成"过渡类型"特有的风格，如器领绘连续菱格纹，器腹用粗线条等量分割画面，再用纤细的几何线条绘制"Ⅱ"形网格纹、菱格纹、粗细条带纹等（图七，上）。

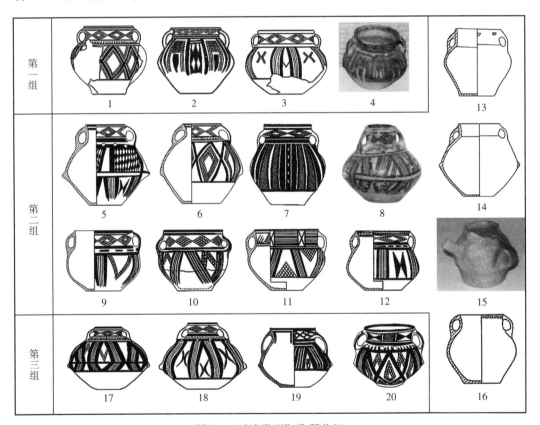

图七　"过渡类型"陶器分组

第一组：1～3. 武威皇娘娘台（M6、57M1、M6）　4. 酒泉三奇堡（采）

第二组：5、6、9、13、14. 瓜州潘家庄（M1:1、M2:2、M3:2、M3:1、M3:4）　7、10. 金塔砖沙窝（JZH－A003、JZH－A002）　8. 玉门采　11、12、15、16. 民乐五坝村（M26:2、M47:4、采、M47:1）

第三组：17～19. 武威皇娘娘台（采、采、M30:2）　20. 哈密天山北路（M550）

---

①　李水城：《河西地区新见马家窑文化及相关遗存》，《苏秉琦与当代中国考古学》，科学出版社，2001 年。

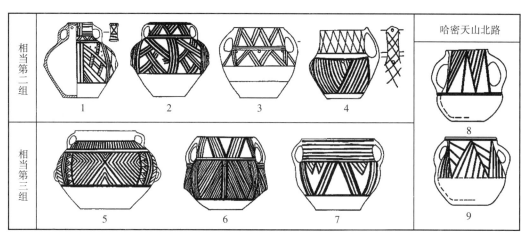

图八 "过渡类型"细线几何纹彩陶

1. 民乐五坝村（M26：1）　2～4. 金塔二道梁（JE044、JE045、JE048）　5. 金塔缸缸注（JG052）　6、7. 金塔二道梁（JE046、JE047）　7、8. 哈密天山北路

第二组：以甘肃瓜州潘家庄、敦煌西土沟、酒泉干骨崖、金塔榆树井（砖沙窝）、张掖西城驿、民乐五坝村、内蒙古阿拉善苏红图、新疆哈密天山北路等遗址为代表。武威皇娘娘台、青海大通长宁等齐家文化遗址也有少量发现。本组的特征是，瘦高型彩陶罐器腹最大径常捏制乳突；腹部花纹两分或四分，个别还分上下层。继续沿用粗线条勾勒画面主体结构，再用纤细的几何线条绘并列竖线、相向粗细斜线、菱形网格、折线网格等。素面陶有双耳罐、单耳罐、敞口罐、带嘴罐等，装饰简单，主要有附加堆纹、折线蛇形堆纹、压印纹等（图七，中）。

第三组：以武威皇娘娘台墓地出土及采集的部分彩陶为代表，哈密天山北路墓地也有所见。本组的特点是，彩陶罐折腹明显，器腹最大径捏制乳突；腹部花纹两分或四分，延用粗线条勾勒主纹样，再用细线条绘相向的粗细斜线、菱形网格、折线网格，空白处用折线网格、X、菱格、简化蜥蜴纹等补白（图七，下）。

以上三组中的第一组还保留有河西马厂文化的元素，但"过渡类型"的雏形已然铸就，系"过渡类型"早期。第二组完全摆脱了河西马厂文化的藩篱，为"过渡类型"的主流和中期阶段。第三组已显露出四坝文化某些特征，是为"过渡类型"的晚期。以上三组遗存清晰地显示出"过渡类型"的演变轨迹，以及它与河西马厂文化和四坝文化的早晚承继关系。

在"过渡类型"遗存中还有一类与上述三组彩陶风格迥异的花纹。特点是全部用纤细的几何线条绘画折线、横线、网格、编织、垂弧等纹样。通过对其器形和花纹的观察，此类中的偏早者可归入前述第二组，如民乐五坝村 M26 两件彩陶的共存关系，可以佐证。偏晚者可归入前述第三组，其器形和花纹与四坝文化接近。此类风格的彩陶多见于民乐、张掖、酒泉和金塔等地，在哈密天山北路也有发现，但所绘细线三角斜线、叶脉纹与河西地区不同，地方色彩更为突出（图八）。

四

"过渡类型"的分布空间广阔，延续时间也较长，加之其文化面貌与河西走廊以往所见任何一支考古学文化均不同，已经具备了命名为新的考古学文化的条件。

综合考虑，在现有"过渡类型"遗址中，甘肃张掖西城驿发现的遗迹、遗物最为丰富、全面，包括有生活聚落、不同结构的房屋建筑、窖穴、陶窑、墓葬以及一大批陶器、骨器、石器、装饰品、铜矿石和冶炼金属遗物、铜器、各类粮食籽粒、动物骨骼等，具有充分的代表性。为此本文特别建议，可以"西城驿文化"这一新的命名取代"过渡类型"的旧称。

西城驿文化集中分布在甘肃河西走廊，并向四处蔓延扩散。其中，向西的一只已进入新疆东部的哈密市；向北远达内蒙古阿拉善左旗北部边境；往南，其文化因素渗透到青海大通一带。可谓继河西马厂文化之后，分布范围跨越西北四个省区、颇具影响力的一支新的考古学文化。

西城驿文化的确立对于构建河西走廊及周边地区的史前文化序列具有非常重要的意义。研究表明，最早进入河西走廊的是马家窑文化，其在河西分布的西界止步于酒泉。继之而起的是半山文化和以永昌鸳鸯池、武威磨嘴子为代表的河西马厂文化，前者的分布西界在民乐，后者亦未超越酒泉。西城驿文化兴起后，进一步向西、向北发展，分布空间大大超前。也就在这个时期，齐家文化西进河西走廊，亦止步于酒泉、金塔一线，再西则不见其踪迹。有意味的是，在张掖以东，西城驿文化与齐家文化接触频繁，常见你中有我、我中有你的共存现象。这也恰好表明，正是由于有了两者的长期共存和交互，才共同孕育出了四坝文化。

以往我们将西城驿文化的年代估计在距今4000年上下，这主要出于如下推理。已知四坝文化出现在公元前1950年，如其源自西城驿文化，那么，前者的年代上限即为后者的年代下限。也就是说，西城驿文化在公元前1950年左右演变为四坝文化。同理，已知马厂文化于公元前2300年形成，估计它在经历了150年左右发展为西城驿文化。那么，后者应出现在公元前2150～前2100年之间。依此，西城驿文化的年代跨度大致应在公元前2100～前1950年。以上仅为假想年代，其真实年代还应以日后检测的科学数据为准。

在河西走廊的张掖、酒泉、金塔等地的西城驿文化遗址曾多次发现与采矿和冶金有关的遗存，如西城驿遗址就出有铜矿石、炼渣、石范、炼炉壁残块、鼓风管、铜器小件等冶炼遗迹、遗物，显示出该文化的社会发展阶段已进入青铜时代早期。根据上述发现，再联想到河西走廊地下蕴藏的矿产资源，有理由得出这样一个认识，即西城驿文化很有可能代表了中国西部系统掌握了采矿和金属冶炼制造业的一个特殊群体，并在走廊西部形成了早期的"冶金中心"，而且有可能还是相关产品的"贸易中心"和集散地。或许正是因为存在这样一个中心，才对齐家文化产生了强大的吸引力，促使其迫不及待地西进，并与西城驿文化建立了密切的联系。在这个交互进程中，齐家文化还将从西城驿文化习得的冶金术和相关产品继续东传，在早期东西文化交流的大潮中扮演了重要角色。西城驿文化之后，这个"冶金中心"和技术体系自然而然地传给了四坝文化，后者又将其发展到更高水准。

西城驿文化所在的河西走廊、东疆及内蒙古西北部这个广阔区域恰好位于东西交往之要冲，向西可达西域、中亚乃至遥远的西亚、欧洲；向东穿越陇山即为中原大地；向北出阿勒泰进入俄罗斯南西伯利亚，穿越蒙古戈壁可北上外贝加尔；向南出祁连山扁都口可达河湟谷地。掌控这条重要的地理通衢对于西城驿文化的发展具有重要的战略意义，也因此成就了它在早期东西文化交流中的关键角色。现有的考古发现和研究证实，中原与西方最早接触的时间可追溯到公元前3000年以前（仰韶晚期至马家窑文化阶段），但在最初的一千年进程十分缓慢、规模也很有限。待进入公元前三千纪末，即西城驿文化形成之后，东西方的文化交往规模加大、速度加快，最明显的证据就是这一时期冶金术、麦类作物、反刍食草类动物等一系列文化特质的东传和引入。

西城驿文化与齐家文化共存的现象还涉及一个值得思考的问题。此类现象多见于中原地区以外的边陲，内地罕见。按照常规，同时期的考古学文化分别占有各自的领地，早晚变化表现为线性发展关系。有趣的是，西城驿文化与齐家文化既有共享的地域，也拥有各自的独立空间。类似案例还有河湟地区的唐汪文化，它既与辛店文化共存，也常常出没于卡约文化，三者又分属不同的考古学文化。如何诠释此类文化现象？是不同群体之间发生了融合？还是不同文化之间存在着陶器的贸易？抑或其他？……这类特殊的现象为我们认识中原核心区域以外边远地区的史前文化发展提供了另类的演进模式，或许这恰好验证了文化人类学中的新进化论和文化生态学所倡导的"多线进化"理论是普遍存在的历史规律。

2014 年春，初稿
2014 年夏，定稿于北京蓝旗营

西城驿遗址二期遗存文化性质浅析

陈国科[1、2]　王　辉[2]　李延祥[1]

（1. 北京科技大学冶金与材料史研究所　2. 甘肃省文物考古研究所）

2010 年以来，甘肃省文物考古研究所、中国社会科学院考古研究所以及北京科技大学冶金与材料史研究所对张掖西城驿遗址进行了发掘，获取了一批有关河西走廊新石器—青铜时代文化序列及早期冶金技术的重要资料。结合陶器和其他遗存特征及层位关系，该遗址文化遗存大体分为三大期：一期为马厂晚期遗存；二期文化遗存较为复杂，包含了多种文化因素；三期为四坝文化早段遗存。本文试以西城驿 2010 年发掘所获陶器为主，结合近年来河西地区新发现的一些资料，对西城驿二期遗存的文化因素进行初步的分析，以确定二期遗存的文化性质。

一　西城驿二期陶器分析

西城驿遗址二期遗存主要包括⑤ ~ ⑩文化层及各文化层下开口的遗迹单位，这些文化层和遗迹单位中出土的陶器可分为 A、B、C、D 四组。整体来看，D 组主要出现在第 6、5 两层，数量极少，可划为二期晚段；A、B、C 三组共存较多，A 组在二期早段较多，往后逐渐减少，B、C 两组在二期中段时几乎平分秋色。如对 H24、H23、H20 的统计分析，H24 开口于⑧e 层下，可划为二期早段，H20 和 H23 同开口于⑦e 层下、打破⑧a 层，可划为二期中段，H24 早于 H20 和 H23，H20 和 H23 可能同时。H20 出土陶器中 A、B、C 三组所占比例分别为 12.5%、31.25%、56.25%；H23 出土陶器中 A、B、C 三组所占比例分别为 13.33%、46.67%、40%；H24 中不见 C 组陶器，仅见 A、B 组陶器，且所占比例相当（图一）。

A 组　多为泥质红陶或夹砂褐陶，采用泥条盘筑制作。器形主要为彩陶盆和双耳罐。彩陶盆均为泥质红陶，紫红陶衣，内外饰黑彩。可分为两类：A 类有双颈耳（图二，1 ~ 3），B 类无耳（图二，4 ~ 6）。多内饰横道平行条纹、连续弧边三角纹、斜道平行线纹，外饰平行条带纹、"X" 形纹。无耳彩陶盆较双颈耳彩陶盆占有更大比例。从层位关系来看，A 类盆较 B 类盆出现略早，延续略晚，两类盆在部分单位内共存。

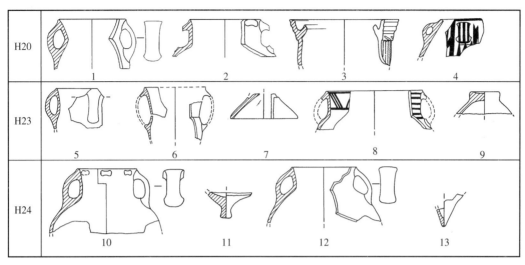

图一　H20、H23、H24 出土陶器

1. 双耳罐（H20：P1）　2. 盲鼻双耳罐（H20①：P6）　3. 斝（H20③：P1）　4. 彩陶双耳罐（H20④：P5）　5. 双耳罐（H23②：P1）　6. 大双耳罐（H23③：P3）　7. 器盖（H23⑧：P5）　8. 双颈耳盆（H23③：P1）　9. 器盖（H23⑧：P6）　10. 盲鼻双耳罐（H24①：P1）　11. 器足（H24①：P5）　12. 无盲鼻双耳罐（H24①：P2）　13. 器足（H24①：P6）

双耳罐多为夹粗砂褐陶，素面，侈口，圆唇，双颈耳，耳与器口基本齐平，器表磨光，有烟炱。依其口沿外有无盲鼻可分为 A、B 两类：A 类无盲鼻（图二，7），B 类沿外有横置盲鼻（图二，8、9）。A 类双耳罐在西城驿二期的出现与消失都较 B 类要早，在 H24 中两类罐共存。

　　B 组　以橙黄陶为主，有少量灰陶，泥质陶（夹细砂）与夹粗砂陶各占一定比例，陶质坚硬，有平底器、三足器，多采用泥条盘筑法制作，部分经慢轮修整。器形主要有双大耳罐、高领罐、双耳罐、侈口罐、子母口罐、盆、器足等。纹饰以绳纹、篮纹为主。尚没有发现重叠的倒三角纹、对角三角纹等被视为典型齐家文化的纹样。器形以盆数量最多，次为双大耳罐、高领罐，其余各类数量相对较少（图三）。

　　盆的形制多样，可以分为三类：A 类为敞口斜沿，弧腹（图三，8）；B 类为敞口，斜腹（图三，9）；C 类为敞口，窄沿，斜腹（图三，7）。双大耳罐多侈口，圆唇，束颈，大宽耳（图三，1）。多为泥质或泥质夹细砂，在⑨a 层中出现，⑦d 层后不见。此外有麦粒状绳纹侈口罐（图三，2）、双耳罐（图三，3）、高领罐（图三，4）、斝（图三，5）等。该组陶器以平底器为主，存在少量三足器器足（图三，6）。从 H15、H20、H23 来看，B 组共存陶器为高领罐、侈口罐、C 类盆，双大耳罐、高领罐、斝，高领罐、双耳罐、器座，在第⑥层、第⑦层各地层中，多为高领罐与盆或侈口罐与盆共存。此类陶器在第二期遗存中始终存在，在西城驿遗址第三期遗存中依然零星可见。

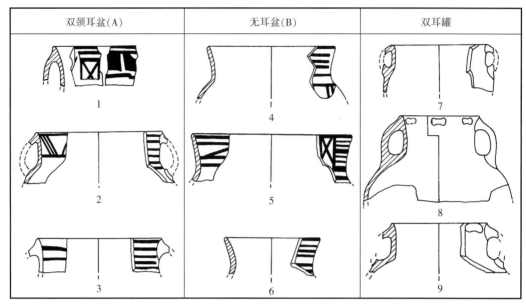

图二　西城驿二期 A 组陶器

1. T0301⑧c：P1　2. H23③：P1　3. T0101⑦c：P1　4. T0301⑧c：P2　5. T0101⑧a：P1　6. H8⑤：P6　7. T0301⑩b：
P2　8. H24①：P1　9. H20①：P6

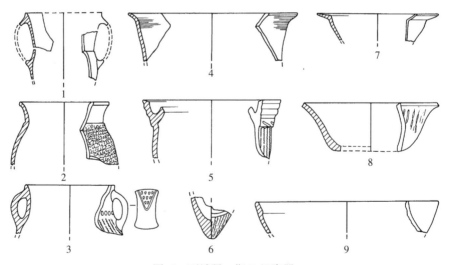

图三　西城驿二期 B 组陶器

1. 双大耳罐（H23③：P3）　2. 侈口罐（H15④：P1）　3. 双耳罐（H8⑤：P1）　4. 高领罐（H15②：P4）　5. 斝
（H20③：P1）　6. 器足（H8⑤：P10）　7~9. 盆（H15①：P3、T0301⑦d：P7、T0301⑦c：P3）

　　C 组　彩陶为手制泥质或夹细砂红陶，施黑彩。与耳对应的最大腹径两侧各有一
乳突。在彩陶罐颈肩部及耳部有小圆坑，用以镶嵌装饰品。口沿内侧及器表饰彩，纹
饰多为横道平行线、条带纹及竖道条、带纹组合、菱形格纹、菱形块纹、"X"形纹、

对三角纹等。粗砂陶多为素面红褐色，部分饰刻划纹、戳印纹、附加堆纹、绳纹等。器形主要有彩陶罐、彩陶双耳罐、彩陶单耳罐、彩陶壶、彩陶盆、双耳罐、凸棱罐、侈口罐、盆、器盖、纺轮以及少量三足器等（图四）。

彩陶罐在彩陶中占有较大比重，在⑩b层中有零星发现，第⑦、第⑥层中出土较多，第⑤层中基本不见。多侈口，圆唇，短颈。夹细砂，红陶。器表磨光，饰黑彩（图四，1）。

彩陶双耳罐，依其形制可以分为三类：A类罐颈较直，侈口，圆唇，双颈耳，沿内外均饰黑彩，口内侧多饰横条纹及竖道短条纹，外饰平行条间以菱格纹（图四，6）；B类罐颈微束，侈口，圆唇，窄桥形耳，黑彩，多在口沿内外均饰彩，耳上饰平行条纹或网格纹（图四，7）；C类罐为切口罐，敛口，桥形耳，夹粗砂褐陶，施橙黄陶衣，饰竖道条纹及对三角纹（图四，3）。

彩陶单耳罐，侈口，圆唇，短颈，单桥耳，鼓腹，平底。夹细砂红陶，施黄陶衣，饰黑彩。口内侧饰平行线纹，口外侧饰平行条纹以及由竖道宽带纹界定的几何纹组合

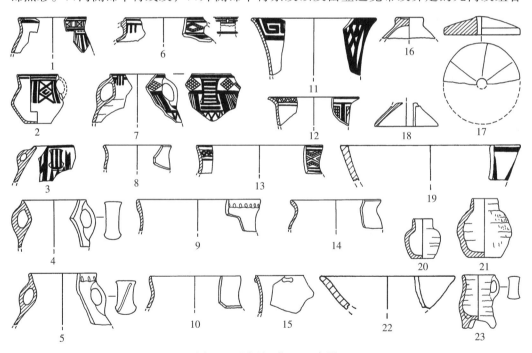

图四 西城驿二期 C 组陶器

1. 彩陶罐（T0301⑩b：P1） 2. 彩陶单耳罐（M4：1） 3、6、7. 彩陶双耳罐（H20④：P5、H8⑥：P1、H8⑥：P4）
4、5. 双耳罐（H20：P1、T0301⑥d：P7） 8、13、19. 彩陶盆（T0301⑤b：P5、T0301⑦a：P1、T0301⑦d：P1） 9. 凸棱罐（T0301⑥e：P1） 10. B类侈口罐（T0301⑥c：P3） 11、12. 彩陶壶（T0301⑥b：P1、T0301⑥d：P6） 14、22. 盆（T0301⑨a：P1、T0301⑧b：P3） 15. A类侈口罐（T0301⑧b：P1） 16. 器盖（H23⑧：P6） 17. 纺轮（H8⑤：P12） 18. 器座（H23⑧：P5） 20、21. 小罐（T0202⑤a：10、H7①：1） 23. 羿（M4：2）

（图四，2）。

彩陶壶，可分为两类：A 类为窄斜沿，圆唇，长颈略斜，夹细砂红陶，饰黑彩（图四，12）；B 类侈口无沿，喇叭口，方圆唇，长束颈，夹细砂红陶，施黄陶衣，饰黑彩，器表磨光（图四，11）。

彩陶盆，形制较为多样，可以粗略划分为三类：A 类为罐式盆（图四，13），B 类为深腹盆（图四，8），C 类为盘式盆（图四，19）。

双耳罐，依其耳部特征可以将其划分为两类：A 类器耳与器口基本齐平（图四，4），B 类器耳低于器口（图四，5）。从可辨器形来看，双耳罐在 C 组器物中所占比重最大。

盆，可以分为两类：A 类为敞口浅腹，其形制与 C 类彩陶盆相近（图四，22）；B 类为敞口深腹，其形制与 B 类彩陶盆相近（图四，14）。

此外有凸棱罐（图四，9）、侈口罐（图四，10、15）、斝（图四，23）、小陶罐（图四，20、21）、器盖（图四，16）、器座（图四，18）、纺轮（图四，17）等。

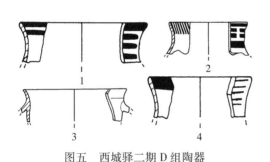

图五　西城驿二期 D 组陶器

1、3、4. 彩陶罐（T0301⑤b：P4、T0301⑥c：P1、T0301⑤a：P3）

2. 彩陶盆（T0301⑥c：P5）

D 组　为夹细砂红陶，施紫红陶衣，饰黑彩，黑彩浓厚，略凸出于器表。器形主要为彩陶盆、彩陶罐。彩陶盆如 T0301⑥c：P5，侈口，圆唇，颈微束，圆弧腹，双腹耳。黑彩脱落严重（图五，2）。彩陶罐如 T0301⑥c：P1，侈口，圆唇，颈微束。内饰斜道平行线纹、横道条纹或平行条纹，外饰平行条纹间以"＝"纹（图五，1、3、4）。

二　河西地区新见同类遗存

除武威皇娘娘台、山丹四坝滩、酒泉干骨崖、金塔榆树井、金塔二道梁等遗址外，近几年随着河西地区考古工作的全面开展，与西城驿二期相近的遗存在调查、发掘中多有发现，主要有瓜州潘家庄、兔葫芦，敦煌西土沟，酒泉西河滩，金塔三个锅庄滩、缸缸洼、火石梁，民乐五坝、东灰山（图六，25）等遗址。

金塔三个锅庄滩墓地因盗掘破坏，墓葬形制及葬具、葬式等都不明了，陶器可辨识的器形有彩陶盆、彩陶罐及夹砂罐等。彩陶均为泥质或泥质夹细砂红陶，手制，黑彩，施紫色或紫红陶衣。多内外施彩，内彩多见于盆口沿内部。纹饰多为几何纹及其组合，有横、竖平行线及斜道平行线、八卦纹、三角纹、重叠对三角纹、重叠倒三角

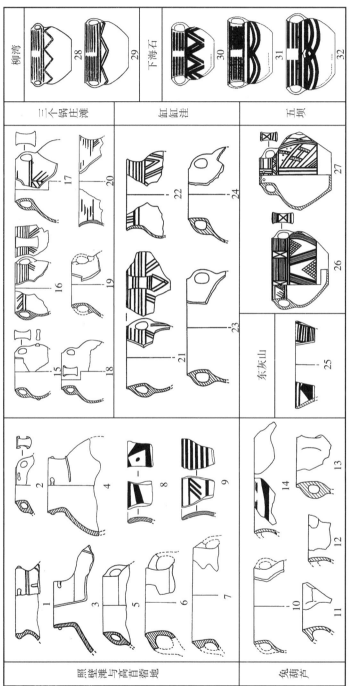

图六　河西地区发现的西城驿 A 组遗存

1.突纽小罐（高苜蓿地 87JG-I-037）　2.双耳罐（高苜蓿地 87JG-0-002）　3.突纽彩瓮（高苜蓿地 87JG-0-001）　4.小口罐（照壁滩 87JFZ-II-003）　5.双耳罐（高苜蓿地 87JG-0-001）　6,7.双耳罐（照壁滩 87JFZ-II-017,87JFZ-II-018）　8,9.彩陶片（高苜蓿地 87JG-I-002,87JG-I-005）　10~13.双耳罐（兔葫芦 08GT:1,3,7,5）　14.彩陶片（兔葫芦 08GT:4）　15,18,19.双耳罐（三个钢庄滩 08JS:65,2,25）　16,17.彩陶片（三个钢庄滩 08JS:9,42）　20.彩陶盆（三个钢庄滩 08JS:14）　21.彩陶双耳罐（缸缸洼 08JG:55）　22.彩陶罐（缸缸洼 08JG:46）　23,24.双耳罐（三个钢庄滩 08JG:103,107）　25.彩陶盆（五坝 M26:2）　26.彩陶盆（五坝 M26:1）　27.彩陶壶（五坝 M26:1）　28,29.彩陶双耳盆（柳湾 760:31,926:39）　30~32.彩陶双耳盆（下海石 M1:7,8,12）

纹、连续三角形带状纹、菱形网格纹等。夹砂陶多为灰色或灰褐色双耳罐，以肩部饰斜凸棱和沿外饰泥突或凹窝纹的罐最具特点（图六，15~20）。

兔葫芦遗址发现少量彩陶盆及双耳罐，彩陶盆为夹细砂红陶，器表磨光，施紫红陶衣，饰黑彩。侈口，圆唇，束颈，颈肩部有双耳，耳与口沿基本齐平。沿内为连续三角带状纹。罐可分两类：A 类耳与器口齐平，B 类双耳略低于器口，均为侈口，圆唇，束颈（图六，10~14）。

三个锅庄滩及兔葫芦所见此类陶器均为西城驿 A 组遗存。

据简报公布资料来看，潘家庄共清理墓葬 3 座，主要随葬品有彩陶罐、褐陶罐、石器、骨饰等（图八，1~7）。彩陶罐均为双耳罐，手制，泥质红陶，施黑彩。与耳对应的最大腹径两侧各有一乳突。在彩陶罐颈肩部及耳部有小圆坑。口沿内及器表饰彩，纹饰多为横道平行线、条、纹组合及菱形格纹、菱形块纹、"X"形纹、对三角纹等。褐陶，手制，均为平底罐，以双耳罐为主。部分器物口沿外饰一周附加堆纹，上有戳印纹。少量腹部贴饰一周波折状蛇形纹[1]。敦煌西土沟遗址出土器物中彩陶双耳罐乙：1 形制与潘家庄遗址所出彩陶罐 M1：1、M2：1、M2：2，及甘肃武威皇娘娘台 57M1、M9、M32 所出彩陶罐相似（图八，24~27）。陶罐口沿的压印纹饰，与潘家庄遗址出土的陶罐 M1：3、M2：3 口部的指窝压印纹有较强的一致性[2]。瓜州潘家庄遗址及敦煌西土沟遗址所见仅 C 组陶器。

酒泉西河滩、金塔缸缸洼遗址，与西城驿二期遗存所包含文化因素最为接近，均包含有 A、B、C 三组陶器。缸缸洼遗址所见 A 类陶器主要为泥质红陶，施紫红陶衣，饰黑彩，纹饰多为八卦纹及平行条线纹组合，器形以盆为主，与三个锅庄滩墓地所见同类器相近（图六，21~24）；B 组陶器以泥质为主，夹砂次之，主要有罐、器盖等（图七，6~8）；C 组可分为夹粗砂和泥质（夹细砂）两种，以素面为主，彩陶次之，此外有绳纹、刻划纹、堆纹、戳印纹等。可辨器形有彩陶壶、彩陶罐、盆、双耳罐、壶、器盖、纺轮等（图八，12~23）。与缸缸洼相邻的火石梁遗址，不见 A 组彩陶，仅见 B、C 两组陶器。B 组陶器主要有高领罐、盂、杯等（图七，1~4）。C 组陶器主要有彩陶罐、彩陶盆、彩陶壶、彩陶杯、双耳罐、器盖等（图八，28~33）。

2009 年，甘肃省文物考古研究所对民乐五坝墓地进行了发掘，该墓地也发现了与

---

① 西北大学考古专业、甘肃省文物考古研究所、安西县博物馆：《甘肃安西潘家庄遗址调查试掘》，《文物》2003 年第 1 期。

② 西北大学考古系、甘肃省文物考古研究所、敦煌市博物馆：《甘肃敦煌西土沟遗址调查试掘简报》，《考古与文物》2004 年第 3 期。

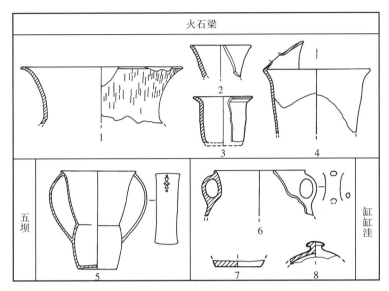

图七　河西地区发现的西城驿 B 组遗存

1. 高领罐（火石梁 08JH：16）　2、3. 杯（火石梁 08JH：101、83）　4. 盂（火石梁 08JH：1）　5. 双大耳罐（五坝 M47：3）　6. 双耳罐（缸缸洼 08JG：1）　7. 器底（缸缸洼 08JG：9）　8. 器盖（缸缸洼 08JG：7）

西城驿二期遗存类似的遗存（图七，5；图八，8～11），而且发现 B 组、C 组陶器共存的墓葬①。此外，新疆天山北路墓地一期文化遗存也有此类陶器②。

三　文化属性的初步认识

A 类遗存陶器器形相对单一，彩陶以彩陶盆所占比重最大，这里所见双耳彩陶盆与青海柳湾马厂墓葬所出 Ⅱ 型 Ⅰ 式侈口双耳罐（760：31、926：39）③（图六，28、29）及红古下海石马厂墓地出土双耳彩陶盆④、双耳彩陶罐（M1：7、8、12）⑤ 形制极为接近，但在器形方面，河西所见 A 类遗存中彩陶盆的腹部更深，纹饰更为简约疏朗（图六，30～32）。河西地区已知马厂类型遗址近 50 处，李水城将其归纳为三组：甲组以山丹四坝滩所出彩陶瓶、彩陶钵为代表，乙组以永昌鸳鸯池为代表，丙组以酒泉高首

---

① 甘肃省文物考古研究所、张掖市文物保护研究所、民乐县博物馆：《甘肃民乐五坝史前墓地发掘简报》，《考古与文物》2012 年第 4 期。

② 李水城：《天山北路墓地一期遗存分析》，《俞伟超先生纪念文集》，文物出版社，2009 年。

③ 青海省文物管理处考古队、中国社会科学院考古研究所：《青海柳湾》，文物出版社，1984 年。

④ 甘肃省文物考古研究所：《兰州红古下海石——新石器时代遗址发掘报告》，科学出版社，2008 年。

⑤ 甘肃省文物考古研究所：《甘肃海石湾下海石半山、马厂类型遗址调查简报》，《考古与文物》2004 年第 1 期。

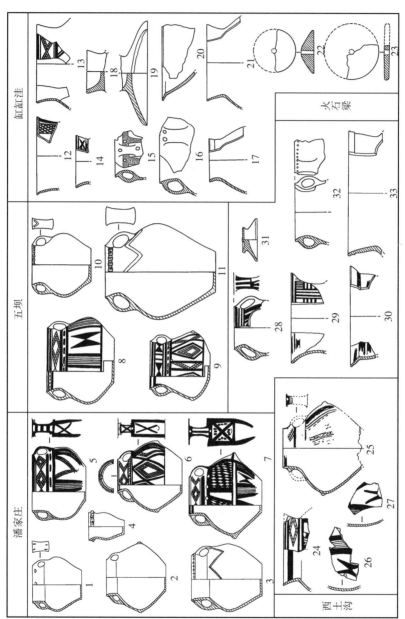

图八　河西地区发现的西城驿 C 组遗存

1~3.双耳罐 (潘家庄 M3:1，M3:4，M1:3)　4.鋬耳罐 (潘家庄 M1:2)　5~7.彩陶双耳罐 (M3:2，M2:2，M1:1)　8、9.彩陶双耳罐 (五坝 M47:4，2)　10、11.双耳罐 (五坝 M47:1，5)　12.彩陶壶 (缸缸洼 08JG:51)　13、14.彩陶罐 (缸缸洼 08JG:34，35)　15、16.双耳罐 (缸缸洼 08JG:73，78)　17、21.侈口罐 (缸缸洼 08JG:82，102)　18、19.器盖 (缸缸洼 08JG:95，91)　20.盘 (缸缸洼 08JG:79)　22、23.纺轮 (缸缸洼 08JG:130，131)　24.彩陶壶 (西土沟乙:3)　25.彩陶双耳罐 (西土沟乙:1)　26、27.彩陶罐残片 (西土沟乙:2，4)　28.彩陶双耳罐 (火石梁 08JH:19)　29.彩陶壶 (火石梁 08JH:18)　30.彩陶盆 (火石梁 08JH:25)　31.器盖 (火石梁 08JH:52)　32.双耳罐 (火石梁 08JH:76)　33.侈口罐 08JH:79)

蓿地、照壁滩遗址为代表①。从器物形制来看，A类遗存与高苜蓿地、照壁滩遗址较为接近，但仍有区别，应是马厂晚期遗存，年代与高苜蓿地、照壁滩遗址所见马厂文化遗存年代相当（图六，1~9）。

B组陶器中的大双耳罐、高领罐、篮纹盆等，都是甘青地区所见齐家文化的典型器物。以往认为齐家文化分布的西界仅达河西走廊的武威地区，最西界未能超越甘肃永昌县②。而近几年的考古发现证明，在河西走廊的西段地区亦多见齐家文化的陶器。但是除了在民乐五坝的墓地有个别单纯的齐家墓葬外，不论从酒泉西河滩遗址，还是金塔缸缸洼、火石梁遗址来看，均没有单一的齐家文化遗存。李水城对河西走廊西部齐家文化的存在曾做了两种估计：一种可能是，有少量齐家文化因素进入走廊西部，并与那里的马厂文化或"过渡类型"遗存并存；另一种可能是，即便在走廊西部发现了个别齐家文化的因素，但尚不足以证明齐家文化的居民进入到这一地区，或可将这些齐家文化遗存视为贸易、交换的结果③。通过对西城驿遗址的发掘，我们发现，齐家陶器在第二期文化遗存中大量存在。在部分地层及遗迹单位中很难看出哪组陶器在数量上更占有优势，所以对于B组齐家陶器，目前很难将其认为是个别文化因素影响、传播或贸易交换的结果，应该是齐家文化进入河西走廊中西部后与马厂文化晚期和"过渡类型"共存。

C组陶器早在1986年北京大学、甘肃省文物考古研究所在进行河西史前考古调查中便已被识别出来。当时调查人员认为这类遗存有别于马厂，也不同于齐家和四坝文化，然而又与这三种文化有着一定的联系。李水城先生通过研究首次提出"过渡类型"这一概念，将这类遗存视为马厂文化向四坝文化的过渡遗存；并将皇娘娘台遗址1957年及1975年所出彩陶进行了比较研究，将其划分为两组：甲组绘红彩，数量不多，为齐家文化特有的传统器形和花纹；乙组绘黑彩，有红衣，数量亦不多，其器形、花纹靠近河西马厂类型，但又表现出某些独特风格，即"过渡类型"彩陶④。1987年甘肃省文物考古研究所、北京大学考古学系对干骨崖墓地进行了发掘，在T14内发现一条沟，沟内包含物可分为上下两层，上层属四坝文化，下层陶片不少与皇娘娘台所出黑彩陶器图案一致⑤。这也从层位关系上印证了四坝文化与该类遗存的相对年代关系⑥。通过近几年的调

① 李水城：《河西地区新见马家窑文化遗存及相关问题》，《苏秉琦与当代中国考古学》，科学出版社，2001年。
② 李水城：《四坝文化研究》，《考古学文化论集（三）》，文物出版社，1993年。
③ 李水城、水涛、王辉：《河西走廊史前考古调查报告》，《考古学报》2010年第2期。
④ 李水城：《四坝文化研究》，《考古学文化论集（三）》，文物出版社，1993年。
⑤ 李水城：《四坝文化研究》，《考古学文化论集（三）》，文物出版社，1993年。
⑥ 李水城：《河西地区新见马家窑文化遗存及相关问题》，《苏秉琦与当代中国考古学》，科学出版社，2001年。

查、发掘，我们认识到河西地区确实存在着 C 组彩陶代表的一类遗存，主要分布在河西走廊，东起武威，西至瓜州、敦煌，南及民乐，北抵金塔的全部地区，甚至远达新疆东部，在青海及内蒙古境内也有发现。就目前所发现地点来看，主要分布在张掖、酒泉地区，集中在黑水河流域。从目前的考古资料来看，以酒泉为界，以西地区 C 组类遗存单独出现，以东地区 C 组往往会与 A 组、B 组等共存。

D 组陶器主要为夹细砂红陶，施紫红陶衣，饰黑彩，黑彩浓厚，略突出于器表。这也是与 C 组陶器清淡黑彩最明显的区别。D 组陶器与西城驿遗址二期遗存所见陶器风格一致。二期陶器与民乐东灰山、玉门火烧沟所见最为相近，是典型的四坝文化早段遗存。

四　相关问题的讨论

（1）各组遗存之间的关系。C 组陶器确实区别于 A 组和 B 组，其形制与 D 组遗存中的主体因素更为相近，在无彩陶器上尤其能体现出其延续性。但 A、B、C 三组陶器，在有些器物上其形制又极为相似，如 C 组 A 类侈口罐，在器形上与 B 组齐家高领罐相近，C 组 A 类侈口罐，在器形上与 A 组 B 类罐相近，沿外有盲耳；B 组 B 类盆与 C 组 A 类盆、C 组 C 类彩陶盆器形相近，A 组 B 类彩陶盆与 C 组 A 类彩陶盆相近；在火烧沟，曾发现器形与 B 组相同大双耳罐和豆。在西城驿遗址的最下层为单纯的马厂晚期遗存，上层为四坝文化遗存，中间是含有马厂文化晚期、齐家文化、"过渡类型"、四坝文化等遗存的混合体。这种现象表明马厂晚期和齐家文化在河西走廊的中部发生了融合，之后形成了李水城先生所命名的"过渡类型"，偏早阶段接近马厂晚期，偏晚阶段则更接近四坝文化[①]。且齐家文化与"过渡类型"有长时期的共存，对四坝文化的形成产生重要影响。

（2）从目前已知的河西走廊铜石并用时代—青铜时代文化发展趋势观察，马家窑、半山、马厂文化先后进入河西走廊，齐家文化随后也进入了河西走廊，在走廊这两支人群相遇，文化也发生了交融。西城驿遗址发现的齐家文化遗存的年代属于齐家文化中期，早于齐家坪，年代大体与马厂晚期相当[②]。从陶器的特征来看，河西走廊齐家文化结束的时间远早于洮河流域。这可能与齐家文化和马厂文化融合以及河西走廊"过渡类型"的形成有关。

（3）西城驿二期遗存和"过渡类型"的问题。作为西城驿二期遗存中的 C 组遗

---

① 李水城：《四坝文化研究》，《考古学文化论集（三）》，文物出版社，1993 年。

② 王辉：《甘青地区新石器—青铜时代考古学文化的谱系与格局》，《考古学研究（九）》，文物出版社，2012 年。

存，在武威皇娘娘台 1957 年及 1975 年的发掘中已经被发现，但当时将其视为马厂过渡到齐家的证据，未进行区分命名。1987 年于干骨崖墓地 T14 下层又发现了此类陶器，这也从层位关系上印证了该类遗存早于四坝文化的相对年代关系，C 组遗存被暂时命名为"过渡类型"。"过渡类型"的提出为四坝文化的来源找到了一个源头。但李水城所定义的"过渡类型"遗存本身就包含了马厂文化和齐家文化这两种文化的因素，其内涵本身就是一个复杂的混合体，其中的大多数陶器都能在马厂文化和齐家文化中找到。而以"过渡类型"这样的名称来命名这类遗存只是权宜之计。西城驿遗址的发掘完整地揭示了"过渡类型"的文化内涵，可以"西城驿文化"替代原来"过渡类型"的旧称。

（4）西城驿文化的内涵。西城驿文化主要分布在河西走廊，河西区域是张掖以西地区，西达东天山地区。在石器中既有打制石器和磨制石器，也有细石器。陶器均为手制，器类主要有双耳罐、单耳罐、四耳罐、豆、壶、双耳盆和陶瓷等，器口外多饰附加堆纹，耳部饰压印纹和刻划纹，肩部有类似蛇的折线纹，部分肩部有凹坑粘贴或镶嵌石、贝、蚌类的圆珠或圆片饰，腹部有乳突。彩陶数量较多，施红色或黄白色陶衣，绘黑彩，个别为红彩。彩陶图案主要为菱形网纹、倒三角网纹、对三角纹、折线纹、弧边三角纹、连续点状纹、粗细复合线纹、棋盘格纹、蜥蜴纹等。墓葬多见长方形竖穴土坑墓，有竖穴偏洞室墓。房屋主要有半地穴、平地起建和土坯垒砌三种建筑方式，形状有圆形、长方形和方形多种。西城驿文化的人们栽培粟、黍、大麦、小麦等作物，饲养有绵羊、猪、黄牛、狗等，呈现出混合型的生业形态。在黑水河流域已调查发现的西城驿文化遗址中多见与冶金相关的遗物，表明其有较发达的冶铜技术。西城驿文化的年代，据中国社会科学院考古研究所张雪莲先生[14]C 测年，8～7 层年代为公元前 2100～前 1900 年，6～5 层为公元前 1880～前 1680 年。

新见寺洼类文化遗存的初步认识

张天恩

（陕西省考古研究院）

寺洼文化是我国西北地区著名的青铜文化，自瑞典人安特生 1924 年发现，于今已近 90 年。其独特的文化面貌，及与商周文化的联系一直吸引着学术界的关注，但对其年代、分期、延续发展情况，以及文化属性等方面的研究，依然存在许多问题。这一方面是因该文化的陶器形态比较固化，较难把握其发展特点，另一方面则与过去的考古工作开展不足，资料较少有关。近年甘肃岷县占旗、临潭磨沟、陕西黄陵寨头河等地连续发现了寺洼文化或与之相关的墓地，收获颇丰，为我们进一步探讨有关问题提供了较好的条件。本文拟就这些新发现略陈管见，以待方家批评。

一 黄陵寨头河墓地与寺洼文化去向的观察

陕西黄陵县寨头河墓地的发掘，缘于延安市南沟门水利枢纽工程建设的需要。2011 年 4～12 月，陕西省考古研究院等单位对水库淹没区勘探发现的 90 座墓葬、2 座马坑和 1 处方坑进行了全部揭露，出土了大批具有鲜明的文物，呈现出比较复杂的文化面貌，文化性质被判定为战国魏国边陲戎人墓地[①]。依据发掘资料，可知其文化内涵较复杂，既有代表来自陇东的 A 类西戎文化因素，又有属于中原地区三晋文化的 B 类因素，还有少量欧亚草原东部因素的 C 类北方系青铜文化遗存[②]。

如果认真分析的话，所谓的 A 类因素还应该分为两类。甲类为报告和研究文章所强调的与甘谷毛家坪 B 组遗存类似的铲足鬲、单耳罐、双耳罐、高领罐等陶器（图一，上排），基本为夹砂红褐陶，器表色泽不匀，红、灰、黑相杂，素面，肩颈部或耳面饰有刺、划纹，部分罐口沿加泥条或有小錾。

---

① 陕西省考古研究院、延安市文物研究所、黄陵县旅游文物局：《陕西黄陵寨头河战国戎人墓地发掘简报》，《考古与文物》2012 年第 6 期。

② 孙周勇、孙战伟、邵晶：《黄陵寨头河战国墓地相关问题探讨》，《考古与文物》2012 年第 6 期。

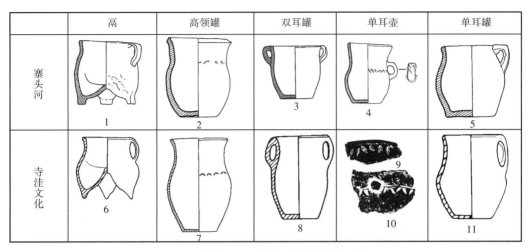

图一　寨头河墓地与寺洼文化陶器比较

上排：寨头河墓地 1. M11∶7　2. M61∶1　3. M87∶4　4. M44∶1　5. M11∶2

下排：九站遗址 6. M65∶4　7. M9∶36　8. M59∶3　9. T3④C∶5　10. T2④C　11. M20∶10

　　此类遗存虽可认为与毛家坪 B 组相关，但后者可能与寺洼文化有某种承继关系，赵化成先生早就意识到这点①。而从陶器的制作工艺、形制特征来看，寨头河 A 类遗存与寺洼文化的相似程度，实际上可以说是有过之而无不及。陶色斑驳，口沿加泥条，不饰绳纹等均保持了寺洼文化（图一，下排）的主要特征，这些方面甚至都超过了毛家坪 B 组遗存与寺洼文化的相似程度。所以，其与寺洼文化呈现的传承关系，似非间接源自毛家坪 B 组，而是渊源自有，无需曲迂以求。

　　其被考虑到与毛家坪 B 组的关联，是出于寺洼文化年代的下限为西周晚期，与寨头河墓地上限不超过战国早期存在较长时间距离的考虑。但寺洼文化陶器演变比较迟缓，时代特征不明显，许多墓地的分期都相当困难，往往是据有共存的其他商周文化遗物判断。如果缺少参照，就难以认定，寨头河陶器与合水九站②所出者有不少类似者，就是此原因。原被认为较晚陶器沿用了多长的时段，没有办法肯定，不排除会晚到春秋。至于寨头河的器类较寺洼文化为少，这是因为其吸收的晋系和其他文化因素，取代了原有的一些用器。如寺洼类陶豆的消失，应与这里较多晋式豆的出现有关。所以，寨头河墓地的这一部分因素，应溯源于寺洼文化。

　　A 乙类因素的数量较少，可见者有灰陶双耳罐、蜻蜓眼玻璃珠等，与张家川马家

① 甘肃文物工作队、北京大学考古系：《甘肃甘谷毛家坪遗址发掘报告》，《考古学报》1987 年第 3 期；赵化成：《甘肃东部秦和羌戎文化的考古学探索》，《考古类型学的理论与实践》，文物出版社，1987 年。

② 王占奎、水涛：《甘肃合水九站遗址发掘报告》，《考古学研究（三）》，科学出版社，1997 年。

塬战国墓地所出同类器较相似①。但后一墓地的时代更晚一些，当是两者有着共同的来源，却不好讲彼此的直接关系，又因其数量过少，可暂予忽略。

考古发现寺洼文化的活动区域主要在洮河流域，西汉水和渭、泾河上游，无逾子午岭以东的线索。寨头河A甲类遗存渊源的线索，让我们感悟到该墓地是东徙的部分寺洼人后裔。他们可能在春秋时期就已融入中原晋系文化中，在战国早期为魏国戍守子午岭以东的河西地区。《左传·襄公十四年传》中有关晋惠公赐姜戎氏南鄙之田的对话，可能道出了墓地的真实历史背景。

至于其他寺洼遗存的去向，也有一些线索。渭河上游偏西地区的可能演化为毛家坪B组族群，当为翼戎的重要组成成分，偏东地区的先后融入秦文化之中，许多战国时期的秦墓地中，屡屡可见铲足鬲的身影，也许正是此情况的反映。马家塬墓地亦不乏铲足鬲、单耳罐等陶器的发现，似说明这一颇具西方特色的文化中，也有寺洼文化的血脉。

二　岷县占旗遗址及寺洼文化的发展状况

甘肃岷县占旗遗址的发掘，也是应水利建设工程需要所进行的考古项目，共清理寺洼文化的墓葬66座、灰坑10个、房址和祭祀遗存2处，出土陶器、铜器等各类文物400余件②。报告虽将墓葬分为早、中、晚三期，但对年代没有作具体判断。出土遗物中有少量齐家和辛店文化因素，并有商及草原文化的影响，显然属于寺洼文化偏早时期的墓葬。

过去将寺洼文化分为寺洼和安国类型，一般认为前者较早，约为商代中晚期到西周初期，后者较晚约当西周。占旗墓地陶器以形体偏低的平沿双耳罐、单马鞍形双耳罐为主（图二），具有临潭磨沟更早的寺洼文化陶器特点（详见后文），并有少量齐家文化因素的腹耳壶、矮柄豆，辛店式陶鬲、双大耳彩陶罐，以及商式青铜戈等（图三），都表明该墓地所处的时代较早，将其归于"寺洼类型"较为恰当。

合水九站遗址的发掘说明，安国类型陶器的年代主要属于西周时期，但也有一部分可早到商代晚期。因此，两类遗存的差别主要是早晚原因，还不好讲存在地域方面的差异。大约在较早阶段，其主要分布在偏西地区，洮河流域发现较多，临洮寺洼山、岷县占旗等遗址为代表。陶鬲数量较少，似只见到分档鬲，与受刘家文化影响的辛店

① 早期秦文化联合考古队等：《张家川马家塬战国墓地2008～2009年发掘简报》，《文物》2010年第10期；甘肃省文物考古研究所、张家川回族自治县博物馆：《2006年度甘肃张家川回族自治县马家塬战国墓地发掘简报》，《文物》2008年第9期。
② 甘肃省文物考古研究所：《甘肃岷县占旗寺洼文化遗址发掘简报》，《考古与文物》2012年第4期。

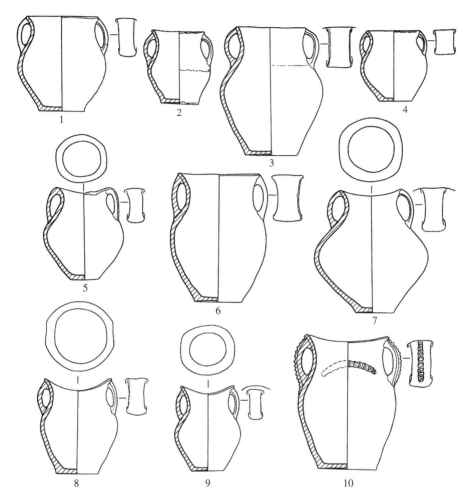

图二　占旗寺洼文化墓地出土陶罐（引自《甘肃岷县占旗寺洼文化遗址发掘简报》图一〇）

1. M25：2　2. M40：1　3. M24：1　4. M25：5　5. M48：4　6. M60：5　7. M25：11　8. M24：3　9. M25：8
10. M25：7

式鬲相似。联裆类陶鬲属于较晚出的器形，可能与周文化在泾渭地区的兴起，并向周
边地区的扩张影响有关，九站寺洼文化地层和灰坑中，就含有较典型先周晚期和西周
式联裆鬲、折肩罐、绳纹盆等陶器。也许，可将联裆鬲的出现与否，看作两类型划分
的主要标志之一。

　　若依此而论，寺洼类型尚处在该文化的发展阶段，分布范围还比较小，主要见于
洮河流域，在其邻近的西汉水上游的礼县等地有所发现。而安国类型则是寺洼文化的
兴盛阶段，分布范围明显扩大，在洮河流域、嘉陵江上游、渭河上游、泾河上游等地
区普遍可见，呈半月形环绕在周秦文化的西北侧。在礼县、秦安、清水等地，与周秦
文化遗址的分布形成对峙或交错的态势。

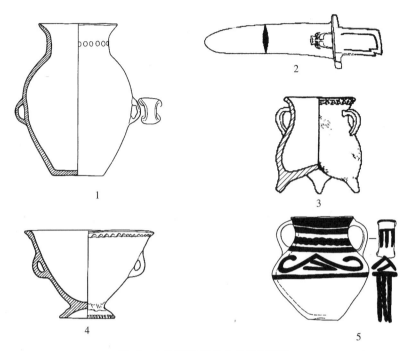

图三　占旗遗址其他文化因素遗物

1、4. 齐家文化腹耳罐、矮柄豆　2. 商式铜戈　3、5. 辛店文化陶鬲、双大耳彩陶罐

　　早期秦文化调查发现，以礼县县城附近西汉水两岸的雷神庙、石沟坪遗址为界，东北是周秦文化的分布区，遗址数达 38 处，西南是寺洼文化密集分布区，遗址数为 22 处①。在大堡子山、赵坪等几个周秦遗址中也采集到少量寺洼文化陶片，并在大堡子山附近的山脚遗址调查发现小型寺洼文化墓地一处。寺洼文化分布区的部分遗址内，也可采集到少量周秦式陶器残片，但目前还未确认有典型的周秦文化遗址。这可让我们了解到，两类文化相邻地区的聚落分布，具有一定的规律。

　　不仅如此，即使在更为偏东的地区，往往也有寺洼文化影响的线索。早在 20 世纪 50 年代，在陕西凤县龙口遗址就发现过寺洼文化的马鞍口陶罐②。1976 年，宝鸡濠峪沟口就发现过寺洼文化墓地，竹园沟 M1 出土有寺洼文化鬲、罐等陶器③。2002 年，宝鸡关桃园遗址也有寺洼文化零星的发现，灰坑和地层中出过较典型的陶鬲和陶罐④。近

①　早期秦文化联合考古队：《西汉水属于周代遗址考古调查简报》，《考古与文物》2004 年第 6 期；张天恩：《甘肃礼县秦文化调查的一些认识》，《考古与文物》2004 年第 6 期。
②　陕西省文物管理委员会：《凤县古文化遗址清理简报》，《文物参考资料》1956 年第 2 期。
③　卢连成、胡智生：《宝鸡強国墓地》，文物出版社，1988 年。
④　陕西省考古研究院、宝鸡市考古工作队：《宝鸡关桃园》，文物出版社，2007 年。

年，甘肃清水西周中期前后的秦人墓葬中，也出土了寺洼文化的陶器①。

这些发现告诉我们，西周时期应是安国类型为代表的寺洼文化发展的巅峰时期，实力强大，在陕甘相邻地区有广泛的分布，长期与周、秦文化为邻，相互有较多的联系和影响。从礼县境内寺洼文化与周秦遗址的分布格局，可相信文献记载与秦人长期相持的西戎之考古学文化，因此得以落实②。在周王朝的西北边缘，再未见其他考古学文化遗存的线索，所以导致西周灭亡的西夷、犬戎，依然可能为寺洼文化的一部分。

三 从磨沟墓地看寺洼文化的起源

甘肃临潭磨沟是至今所见规模最大的齐家文化墓地，勘探发现的墓葬达 1500 余座。发掘墓葬所获的大量信息，不仅是研究齐家文化的宝贵资料，而且是研究齐家与寺洼、二里头等文化的重要线索③。磨沟墓地的文化内涵复杂，据初步的报道观察，至少包括五类文化因素。

（1）齐家文化，属主要因素，是墓地的文化主体；

（2）寺洼文化，次要因素，但有逐渐发展并转为主体文化的迹象；

（3）二里头文化因素，为极少的盉类陶器，属文化影响的反映；

（4）刘家文化因素，极少的鬲类陶器，属相邻地区古羌族之间文化交流表现；

（5）欧亚草原文化因素，极少铜器等，属文化传播影响的线索。

这里我们只涉及寺洼文化，其他从略。

墓地出土陶器主要有两大类。以泥质红陶双大耳罐、腹耳罐、侈口细颈罐、夹砂罐、豆等显系齐家文化遗存，被称为甲类陶器。另一类则以泥质灰陶双耳鼓腹罐、夹砂褐陶双耳罐等为代表，被称为乙类陶器（图四）。其不仅陶质、陶色有别于前者，在器物组合及形制特征方面更有明显差异，相当数量的双耳罐口呈现对称下凹的形态，已初具马鞍形口的特征，故被视为寺洼文化的原始因素。当然这类陶器并非首次面世，同处洮河流域的卓尼县大族坪墓地早年就有发现，被认为对解决寺洼文化的起源，提供了非常重要的线索④。

磨沟乙类陶器的大量发现，让我们清楚地意识到从其发展为寺洼类型几无悬疑。因此，乙类陶器应为早于寺洼类型的文化遗存，若以最初的发现地进行命名的话，不妨称之为"大族坪类型"。

---

① 早期秦文化联合考古队 2010 年发掘资料，待刊。

② 张天恩：《甘肃礼县秦文化调查的一些认识》，《考古与文物》2004 年第 6 期。

③ 甘肃省文物考古研究所、西北大学文化遗产和考古学研究中心：《甘肃临潭磨沟齐家文化墓地发掘简报》，《文物》2009 年第 10 期。

④ 甘南藏族自治州文化局：《甘肃卓尼县纳浪乡考古调查简报》，《考古》1994 年第 7 期。

图四　磨沟寺洼文化大族坪类型 M444 出土的陶器

发掘资料揭示，乙类陶器在墓地中出现的情况主要为两种：其一，往往成组的随葬在部分墓葬内，但一般与随葬甲类陶器的墓葬相间排列，较为有序，并未见到打破叠压。说明两者共时，且可能有较近的关系；其二，两类陶器也会在同一墓穴内出现，但因流行合葬，墓葬普遍埋葬两人或多人（最多为 9 人），两类陶器往往会被分置于不同的骨架旁①，混置的情况较少。进一步说明两类陶器在一定时间范围内的共时关系，更表明各自隶属不同的墓主。

既然乙类陶器种类并非由少渐多，而是成组的与甲类并存，要假设从甲类陶器逐渐发展为乙类，可能与实际难符。也就是说，乙类陶器在墓地中是以组合成熟的形态出现，只隶属于其中的一部分人，甲类又属于同时的另一部分人，故没有理由讲大族坪类型寺洼文化，就是由齐家文化逐渐发展而来。

到了磨沟墓地的晚期，齐家文化因素日见式微，甚至消弭，最终成了大族坪类遗存的一统天下，反映的是齐家文化最后融入寺洼文化的事实。从此点上讲，虽可说寺洼文化极有可能萌发于齐家文化晚期②，或说后者是寺洼文化的重要组成部分，但还不便认为齐家文化就是该类寺洼文化的来源。鉴于墓地内大族坪类型以相对独立的面貌出现较早，并与齐家文化共存了较长的阶段，故相信其自身应有更早的文化源头。

我们熟知，齐家文化陶系以红陶、橘黄陶为主体，相当长的时间内几无冷色调的灰陶。但是，大族坪类型有相当数量的灰色和灰褐色陶器，两类遗存的分野明显，同样说明后者不可能直接脱胎于前者。

---

① 钱耀鹏、周静等：《甘肃临潭磨沟齐家文化墓地发掘的收获与意义》，《西北大学学报》第 39 卷第 5 期，2009 年。

② 甘南藏族自治州文化局：《甘肃卓尼县纳浪乡考古调查简报》，《考古》1994 年第 7 期。

M444 被认识是磨沟寺洼文化早期的典型墓葬①，所出陶器属大族坪类型，其内差不多已无齐家文化的气息。墓内有 2 件¹⁴C 测定样品的年代数据，分别为距今 3090 ± 30 和 3075 ± 35 年，树轮校正年代为公元前 1430 ~ 前 1260 年（2σ）。属于齐家晚期的 M633 略早一些，墓主人骨的¹⁴C 年代为距今 3145 ± 45 年，树轮校正年代为公元前 1510 ~ 前 1310 年。结果与两墓陶器反映的时代较一致，此类寺洼文化早期的年代遂被推断为公元前 14 世纪左右②。因此，大族坪类型寺洼文化的来源，势必在距今 3400 年以前齐家以外的考古学文化中去寻找。

若从陶系以灰色和灰褐突出的特征而论，似乎与川西及川北的宝墩文化相近，但与寺洼文化始终流行素面陶的距离较大，器类差别更大，后者基本可以排除。

从陶系和流行带耳罐类陶器组合方面考虑，甘肃礼县西山遗址的部分早期墓葬为代表的遗存③可能值得我们注意。该类遗存发现于 2005 年，以双耳、腹耳和无耳的侈沿、束颈、鼓肩罐为主，基本不见其他器类。其陶器的器形颇有宁夏菜园文化④晚期的特征，但与菜园文化流行红陶、绳纹较多存在差别。西山早期墓葬多见灰陶及灰褐陶，红陶较少，绳纹几乎不见，是首次发现于陇南地区的一类新文化遗存，与菜园文化的相似性显示两者有较密切的关系。至于陶色和纹饰方面的差异，则可能是菜园文化南下过程中发生的变化，但更可能是因年代较晚而呈现的新特征。

依据陶器的面貌特征和¹⁴C 测年结果，菜园文化年代的下限被推断为公元前 1980 年左右，西山早期墓的年代应晚于此。估计其在陇南经过一段时间的发展，到了公元前 1600 年左右，逐渐演变为洮河流域大族坪类型，开始和较晚的齐家文化相遇，相对独立但并行发展了较长时期后，共同演变为更为成熟的寺洼文化——寺洼类型。

不同类型的考古学文化，在同一地区长期共存、并行发展的现象在考古发现中并不鲜见。如关中西部的商、先周、刘家文化⑤，西汉水上游地区的周秦、寺洼文化等⑥。相互的关系或为敌对的文化势力，或为联姻的部落族群，往往会不一而足，而就磨沟墓地的情况而论，似属后者的可能性为大。

---

① 陈建立、毛瑞林等：《甘肃临潭磨沟寺洼文化墓葬出土铁器与中国冶铁技术起源》，《文物》2012 年第 6 期。
② 甘南藏族自治州文化局：《甘肃卓尼县纳浪乡考古调查简报》，《考古》1994 年第 7 期。
③ 早期秦文化联合考古队 2003 年发掘资料，现存礼县秦文化博物馆，主持发掘的赵丛苍教授曾给予观摩学习的方便。
④ 宁夏文物考古研究所、中国历史博物馆考古部：《宁夏菜园——新石器时代遗址、墓葬发掘报告》，科学出版社，2003 年。
⑤ 张天恩：《关中商代文化研究》，文物出版社，2004 年。
⑥ 早期秦文化联合考古队：《西汉水属于周代遗址考古调查简报》，《考古与文物》2004 年第 6 期。

四　余　论

本文的分析说明，寺洼文化应分为大族坪、寺洼和安国三个连续发展的类型。

磨沟乙类陶器为代表的大族坪类型年代最早，约为距今 3600～3400 年，其来源似与部分南下的菜园文化有关。在洮河流域，该类型与齐家文化晚期遗存并行发展较长的阶段，很可能属于通婚族团关系的反映。

占旗墓地和过去发现的寺洼山为代表的遗存属于寺洼类型，较早墓葬中齐家文化因素尚未完全消失，便有了彩陶罐、乳状袋足鬲为特色的辛店及刘家等文化因素开始露头，标志着寺洼文化新阶段的开始，年代约在距今 3400～3100 年。

联裆鬲类因素的出现，反映了周文化的扩张和影响，标志着寺洼文化演变至安国类型阶段。其经历的时间范围约从距今 3100 年开始，包括整个西周时期，下延或可到春秋早期，距今约 2700 年。此时，寺洼文化进入了快速发展时期，在西汉水上游、渭河上游和泾河中上游广有分布，呈半月形镶嵌于周（包括秦）文化西北边地，局地或略有较错。在宝鸡市区以西的少量周文化遗址中可见其踪迹，说明寺洼文化对周文化也产生过一定的影响，或有部分寺洼人融汇到中原周文化之中。

春秋早期以后，寺洼文化可能出现了较大分化，不同地区的考古学遗存已呈现出不同的面貌。毛家坪 B 类遗存虽与寺洼文化有不少相似的方面，但整体而论尚不便将两者直接联系。九站晚期地层的陶器，也呈似是而非的状况。晚到战国前期的寨头河墓地，却依然不乏寺洼文化的因子，充分说明了其顽强的生命力。这些较晚的遗存各有独特的方面，但分别发现有一定量的铲足鬲，却呈现了较强的一致性，是否代表后寺洼文化的一个共性，则需要进一步的发现和研究予以认识。

四坝文化陶器的两种关联因素和
马家窑—四坝文化系统

朱延平

（中国社会科学院考古研究所）

一

　　甘肃省的河西走廊，尤其是武威市以西的地带，是四坝文化的主要分布区。该地区经较大规模发掘的四坝文化遗址主要有民乐县东灰山[①]、玉门市火烧沟[②]、酒泉市的西河滩[③]和干骨崖[④]、张掖市黑水国（西城驿）[⑤]。东灰山、火烧沟[⑥]、干骨崖这三处遗址刊布了相当分量的资料。

　　从这些发掘资料可以了解到，四坝文化陶器中有两种成分表现得较为突出。一种是较小型的夹砂陶双耳鼓腹有领罐。其基本形态是：平底，鼓腹，领外敞或略直，口沿下接有一对桥形耳，外表或红或灰，抑或为红褐至灰褐之间的褐色。一般而言，此类罐的高度在 10～17 厘米之间。东灰山 1987 年发掘的墓葬所出"双耳大罐"和部分"双耳小罐"中的夹砂陶者[⑦]、火烧沟 M259 等墓的"夹砂双耳罐"[⑧]、干骨崖 1987 年发掘所获非

① 甘肃省文物考古研究所、吉林大学北方考古研究室：《民乐东灰山考古——四坝文化墓地的揭示与研究》，科学出版社，1998 年。
② 甘肃省博物馆：《甘肃省文物考古工作三十年》，《文物考古工作三十年》，文物出版社，1979 年。
③ 赵建平：《酒泉西河滩遗址的发现与发掘》，《陇右文博》2004 年第 2 期；赵丛苍：《西河滩遗址发掘主要收获及其意义》，《西北大学学报》（哲学社会科学版）第 35 卷第 3 期（2005 年 5 月）。
④ 北京大学考古文博学院、甘肃省文物考古研究所：《甘肃酒泉干骨崖墓地的发掘与收获》，《考古学报》2012 年第 3 期。
⑤ 王辉、陈国科：《甘肃张掖黑水国遗址》，《中国文物报》2012 年 4 月 27 日。
⑥ 李水城：《四坝文化研究》，《考古学文化论集（三）》，文物出版社，1993 年。
⑦ 甘肃省文物考古研究所、吉林大学北方考古研究室：《民乐东灰山考古——四坝文化墓地的揭示与研究》第 67～76 页，科学出版社，1998 年。
⑧ 李水城：《四坝文化研究》，《考古学文化论集（三）》，文物出版社，1993 年（参见该文图七中的"夹砂双耳罐"）。

彩陶"陶器"中的夹砂陶"双耳罐"①多可属之。另一种是习见于陶器腹部的彩陶纹饰，在上述三处遗址中，此类纹饰绝大部分的载体是一种双耳彩陶罐。这种罐以泥质红陶为主，也有些是夹细砂的红陶，常见形态为矮胖体，一对桥形耳接在口沿之下，有领，鼓腹，平底。饰于罐腹的主体彩饰皆作纵或斜向的条带纹，这些条带往往分成若干组，多为两粗条带内夹有若干细线条的组合纹样。东灰山墓葬所出"双耳彩罐"（归"双耳无盖罐"）中的"B型"之腹彩均属此种纹饰②，《四坝文化研究》所述干骨崖墓葬"彩陶双耳罐"（归"双耳罐类"）中的"A型"的腹彩亦皆属之③。

二

　　上述两种成分及其关联因素在武威以西的河西走廊一带，经历了较长时间的发展。着眼于两者的阶段性变化，可将它们各自的演进序列试排如下。

1. 较小型夹砂陶双耳鼓腹有领罐

　　Ⅰ式：以民乐县五坝遗址 2009 年发掘的 M44：16 和 M44：17 为例。"M44：16，灰陶。侈口，窄斜弧沿，方唇，束颈，沿外有双錾饰戳印纹，圆肩，口肩间有双耳，鼓腹，下腹斜收至平底。通高 15.4、口径 10.4、腹径 16.9、底径 7.4 厘米。""M44：17，红陶。侈口，窄凹沿，圆唇，束颈，沿外有双錾附加圆窝，圆肩，口肩间有双耳，耳上各有一孔，圆鼓腹，下腹斜收至平底。肩部以下以横向凸棱和复道竖向凸棱构成图案的主体，间隔以单道竖向凸棱，腹部处饰一对乳突。通高 10.2、口径 8.1、腹径 10.4、底径 5.1 厘米"④（图一，2、1）。此式的特点是：桥形耳甚小，领部亦很低矮，耳之上端与口沿平齐，下端在领、肩之间；凸线（凸棱）纹除一道横向的以外，余皆竖向排列者。

　　Ⅱ式：以五坝 M19：5 为例，"灰陶。侈口，尖圆唇，口沿外饰三个为一组的两组小錾，斜直颈，圆肩，口肩间附双耳，饰有戳刺纹，腹部圆鼓，下腹斜收至小平底。颈部以下饰有横向连续波折凸棱及竖向凸棱的组合。通高 14.4、口径 8.4、腹径 15.6、底径 6.6 厘米"⑤（图一，3）。与前式相同，此式的领、腹之间有着明确的分界，但领

---

① 北京大学考古文博学院、甘肃省文物考古研究所：《甘肃酒泉干骨崖墓地的发掘与收获》第 361 页，《考古学报》2012 年第 3 期。

② 甘肃省文物考古研究所、吉林大学北方考古研究室：《民乐东灰山考古——四坝文化墓地的揭示与研究》第 64~65 页，图五三之 5~9，科学出版社，1998 年。

③ 李水城：《四坝文化研究》第 82 页，图一中的"彩陶双耳罐"之"A"型（《考古学文化论集（三）》，文物出版社，1993 年）。

④ 甘肃省文物考古研究所、张掖市文物保护研究所、民乐县博物馆：《甘肃民乐五坝史前墓地发掘简报》第 5 页，图四之 4、5，《考古与文物》2012 年第 4 期。

⑤ 甘肃省文物考古研究所、张掖市文物保护研究所、民乐县博物馆：《甘肃民乐五坝史前墓地发掘简报》第 9 页，图一一之 2，《考古与文物》2012 年第 4 期。

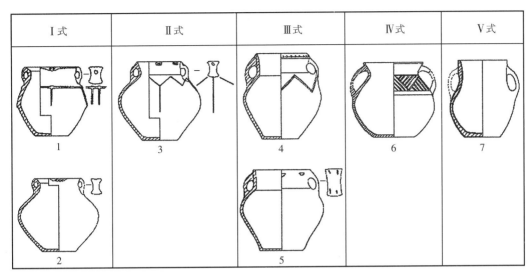

图一　较小型夹砂陶双耳鼓腹有领罐的排序

1. 五坝 M44：17　2. 五坝 M44：16　3. 五坝 M19：5　4. 潘家庄 M1：3　5. 潘家庄 M3：1　6. 东灰山 M3：3　7. 鹰树窝 86AY－M3：2

部增高而较为凸显；桥形耳随之加大，上端与口沿平齐或紧贴于口沿之下，下端接近领、腹分界处；竖向排列的凸线纹与前式无大差别，但横向的凸线纹却变成连续斜折线的新式样；口沿外贴饰一周小錾或系状突纽亦是新见的特点。

Ⅲ式：以安西县潘家庄遗址 2001 年发掘的 M1：3 和 M3：1 为例。"M1：3，口径 10、腹径 16.4、底径 8.1、高 17.1 厘米。……口沿外饰一周附加堆纹，上有戳刺纹。腹上部贴饰一周波折状蛇形纹。" "M3：1，口径 8.1、腹径 12.3、底径 6.4、高 11.5 厘米。……口沿下附有 6 个系状突"[1]（图一，4、5）。五坝 M47：1 的体征和大小均与潘家庄 M3：1 相似，口沿外也有像潘家庄 M1：3 那样的一周附加堆纹，故亦属此式[2]。可归此式的或还有 1987 年采自金塔县二道梁的 87JE－043、87JE－025 这 2 件"夹砂双耳罐"和缸缸洼的 87JG－061"夹砂绳纹罐"[3]。与前式相比，此式的领部或有加宽，或有增高，总之，领部整体更为凸显；桥形耳继续加大，耳之下端下移到上腹处；凸线纹不见前式的竖向排列，流行连续斜折线的排列形式；口沿外出现贴饰一周附加堆纹

①　西北大学考古专业、甘肃省文物考古研究所、安西县博物馆：《甘肃安西潘家庄遗址调查试掘》第 69 页，图一二之 1、3，《文物》2003 年第 1 期。
②　甘肃省文物考古研究所、张掖市文物保护研究所、民乐县博物馆：《甘肃民乐五坝史前墓地发掘简报》第 10 页，图一三之 2，《考古与文物》2012 年第 4 期。
③　甘肃省文物考古研究所、北京大学考古文博学院：《河西走廊史前考古调查报告》第 279、282 页，图一七七之 3、6，图一七八之 4，文物出版社，2011 年。

的新风尚。

Ⅳ式：前述东灰山"双耳大罐"和部分"双耳小罐"中的夹砂陶者皆可归于此式。以该遗址的 M3∶3 为例，"夹砂灰陶，器表被烟熏黑，器内壁挂有水锈，颈饰一道弦纹，腹饰二道弦纹，间以正反相倒的三角平行划纹。……口径 8.3、高 10.6、底径 5.5 厘米"[1]（图一，6）。与Ⅲ式相比，此式的桥形耳变得更大，且位置下移，耳之下端贴近罐腹最宽处，上端亦与口沿有着明显的距离；领、腹之间的界线不似此前各式那样明显；连续斜折线的凸线纹不复再现，在同样部位代之以起的是错向排置的多道平行划纹（正反相倒的三角平行划纹）。

Ⅴ式：以瓜州县（原安西县）鹰树窝 86AY – M3∶2 为例，"夹砂褐陶，……素面。高 10.6、口径 7.2、腹径 9.4、底径 5、耳宽 1.4 厘米"[2]（图一，7）。前述干骨崖的夹砂陶"双耳罐"多可划入此式，火烧沟 M259 的"夹砂双耳罐"亦属此式。与Ⅳ式相比，此式的领部略高或宽，领、腹之间过渡更圆滑。

2. 器腹表面纵或斜向的粗细相间条带彩纹

Ⅰ式：以永昌县鸳鸯池 M189∶2 这件矮胖体双耳彩陶罐为例，腹部主要彩饰为"四组"的"菱形纹"[3]，各组之间隔以粗细相间的纵向条带纹（图二，1）。作为间隔的这类纵向条带纹还见于该墓地 M19 的"彩陶罐"[4] 和五坝 M44∶14 这件"单耳彩陶瓶"，后者饰有与之相同的纵向条带纹和菱形纹[5]（图二，2）。此式的粗细相间条带纹多呈平行的纵向排列，粗条带上、下等宽，或自上而下略微见粗，但这种条带纹只是作为器腹主要彩饰的组成部分而出现，尚未形成最突出的主体纹样。

Ⅱ式：以潘家庄 M3∶2 这件矮胖体双耳彩陶罐为例，"口径 13.4、腹径 16.6、底径 8、高 13.3 厘米。……腹部纹饰上部饰一周横带纹，其下饰对称的二组图案。每组图案分二个单元，每个单元由数道竖向条带纹和一个倒三角形网格纹构成"[6]（图二，

① 甘肃省文物考古研究所、吉林大学北方考古研究室：《民乐东灰山考古——四坝文化墓地的揭示与研究》第 73 页，图五七之 7，科学出版社，1998 年。

② 甘肃省文物考古研究所、北京大学考古文博学院：《河西走廊史前考古调查报告》第 358 页，图二三一之 2，文物出版社，2011 年。

③ 甘肃省博物馆文物工作队、武威地区文物普查队：《甘肃永昌鸳鸯池新石器时代墓地》第 212 页，图版拾壹之 1，《考古学报》1982 年第 2 期。

④ 甘肃省博物馆文物工作队、武威地区文物普查队：《永昌鸳鸯池新石器时代墓地的发掘》图版伍之 3 左，《考古》1974 年第 5 期。

⑤ 甘肃省文物考古研究所、张掖市文物保护研究所、民乐县博物馆：《甘肃民乐五坝史前墓地发掘简报》第 5 页，图四之 2，《考古与文物》2012 年第 4 期。

⑥ 西北大学考古专业、甘肃省文物考古研究所、安西县博物馆：《甘肃安西潘家庄遗址调查试掘》第 68～69 页，图七之 4，《文物》2003 年第 1 期。

3）。五坝"双耳彩陶罐"M47∶4和"彩陶盆"M26∶2的彩饰与之相似，故亦属此式①（图二，4、5）。可归此式的还有金塔县二道梁"彩陶双耳大口罐"87JE－047和该县文化馆藏品中传出砖沙窝（榆树井）的2件"彩陶双耳罐"②，以及火烧沟M208的1件"彩陶双耳罐"③。与前式相同，粗条带和细线条基本平行，粗条带的上、下等宽，或自上而下略微见粗。但就矮胖体双耳彩陶罐而言，此类纹样在器腹所占的比重较前式显为加大，近乎最为夺目的主体彩饰，抑或已成为唯一的彩饰；另外，此式的纹样除纵向排列外，还流行斜向排列的形式。

Ⅲ式：如前述，东灰山"双耳彩罐"中的"B型"之腹彩俱属此式。以该遗址的M91∶2为例，"泥质红陶，紫衣黑彩，领彩为界以平行条带的连续菱格纹，腹彩为四分式粗细相间的垂线纹……口径8.4、高10.2、底径4.8厘米"④（图二，6）。与Ⅱ式的主要区别是，此类纹样已成为腹部主彩，在大多数情况下是作为腹表唯一的彩饰而出现的；此类纹样中的粗条带演化为上细下粗的垂带，各线条略见弧形，而每组彩纹靠中间的两条粗带之下端往往有着相当部分重合在一起。

Ⅳ式：火烧沟M259彩陶双耳罐⑤和鹰树窝86AY－M3∶3均属此式，以后者为例，"夹细砂红陶。……器表及口沿内施红褐色陶衣，绘浓稠黑彩。器口内绘横条带纹、垂帐纹四组。器表领部绘横条带纹，其间绘连续菱格纹；腹部绘线条组成的桂叶状纹，两侧绘长半圆形，中间夹三道竖细线纹；器耳边缘绘竖条纹。高9.7、口径7.3、最大腹径11.2、底径3.4厘米"⑥（图二，7）。此式各组彩饰中的两侧黑彩粗带与Ⅲ式有所不同，其下部外侧缘呈作分别向两侧凸弧的形式，形成上端细、向下渐粗、至下端复又变细的风格。

Ⅴ式：干骨崖墓地所出"彩陶器"类的"双耳罐"中，应有相当多数可归此式。此式各组条带纹中的粗条带下部最宽处进一步展宽，下端端头有不少呈作近似齿状的形式，

① 甘肃省文物考古研究所、张掖市文物保护研究所、民乐县博物馆：《甘肃民乐五坝史前墓地发掘简报》第10～12页，图一三之5，图一五之2，《考古与文物》2012年第4期。

② 甘肃省文物考古研究所、北京大学考古文博学院：《河西走廊史前考古调查报告》图一七七之4，图一七六之1、2，文物出版社，2011年。

③ 李水城：《四坝文化研究》，《考古学文化论集（三）》，文物出版社，1993年（参见该文图七中的"一期"的"彩陶双耳罐"）。

④ 甘肃省文物考古研究所、吉林大学北方考古研究室：《民乐东灰山考古——四坝文化墓地的揭示与研究》第64页，图五三之7，科学出版社，1998年。

⑤ 李水城：《四坝文化研究》，《考古学文化论集（三）》，文物出版社，1993年（参见该文图七中的"三期"的"彩陶双耳罐"）。

⑥ 甘肃省文物考古研究所、北京大学考古文博学院：《河西走廊史前考古调查报告》第358页，图二三一之1，文物出版社，2011年。

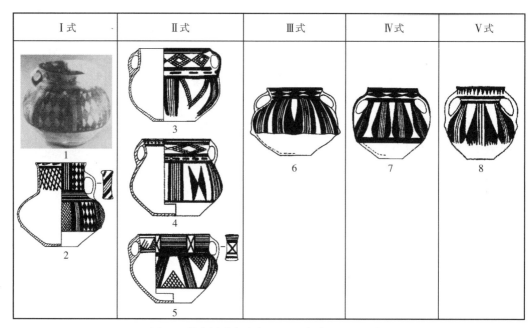

图二　器表纵或斜向粗细相间条带彩纹的排序

1. 鸳鸯池 M189:2　2. 五坝 M44:14　3. 潘家庄 M3:2　4. 五坝 M47:4　5. 五坝 M26:2　6. 东灰山 M91:2　7. 鹰树窝 86AY－M3:3　8. 干骨崖 M84:1

常见的细线则为两道，总体上较之Ⅱ、Ⅲ、Ⅳ式趋于减少，如干骨崖 M84:1[①]（图二，8）。1989 年中国科学院地理研究所在东灰山采集的彩陶双耳罐（89MD－M3:1）[②] 亦属此式。

三

上举两种因素，大约经历了五个阶段。

第一段，以五坝 M44 为代表，较小型夹砂陶双耳鼓腹有领罐的Ⅰ式和粗细相间条带纹的Ⅰ式共存。

第二段，以五坝 M19 为代表，较小型夹砂陶双耳鼓腹有领罐的Ⅱ式为其特征。

第三段，以潘家庄 M3 和五坝 M47 为代表，较小型夹砂陶双耳鼓腹有领罐的Ⅲ式和粗细相间条带纹的Ⅱ式并存。

---

① 李水城：《四坝文化研究》，《考古学文化论集（三）》，文物出版社，1993 年（参见该文图七中的"五期"的"彩陶双耳罐"）。

② 甘肃省文物考古研究所、北京大学考古文博学院：《河西走廊史前考古调查报告》第 157 页，图九三之 3，文物出版社，2011 年。

第四段，以东灰山 1987 年发掘的墓葬为代表，较小型夹砂陶双耳鼓腹有领罐的Ⅳ式和粗细相间条带纹的Ⅲ式共存（可参见该墓地[①] M108∶1、6 和 M108∶3、7，M127∶1、14 和 M127∶8，M128∶2 和 M128∶5，M190∶10 和 M190∶4，M224∶3 和 M224∶6 等）。

第五段或可分早、晚两组，较早的一组以鹰树窝 M3 和火烧沟 M259 为代表，较小型夹砂陶双耳鼓腹有领罐的Ⅴ式和粗细相间条带纹的Ⅳ式并存。较晚的一组可以干骨崖 M84 为代表，较小型夹砂陶双耳鼓腹有领罐的Ⅴ式[②]和粗细相间条带纹的Ⅴ式并存。

1987 年发掘干骨崖时，在 T14 的一条沟内，发现"上层陶片属四坝文化，下层陶片经初步比较，有不少与武威皇娘娘台所出的黑彩陶器图案一致，包括彩陶器的质地、颜色及双耳罐的形态等等"[③]。这里所说的四坝文化，其年代应相当于以Ⅴ式较小型夹砂陶双耳鼓腹有领罐和Ⅴ式粗细相间条带纹为标志的第五段。所指皇娘娘台的黑彩陶器皆是双耳彩陶罐，其中出土单位明确而腹部有粗细相间条带纹的共发表 4 件，出自 M6 的 1 件和 M30∶2、M32∶5 这 2 件皆为矮胖体双耳彩陶罐，腹部主体彩饰均是纵或斜向排列的粗细相间黑彩条带纹，出自 57M9 的 1 件腹部虽亦有粗细相间黑彩条带纹，但并未构成主体彩饰[④]。这 4 例粗细相间条带纹的两侧边均呈平行状，而非上细下粗的条带，故可归于本文所说的Ⅱ式，亦即皇娘娘台这 4 件黑彩双耳罐应相当于第三段。因此，干骨崖遗址的发掘揭示了第五段晚于第三段的地层关系。

五坝 M47、M26 皆开口于该遗址的③a 层之下，打破④层，M19 则开口于④层下，打破⑤层，这是Ⅲ式较小型夹砂陶双耳鼓腹有领罐和Ⅱ式粗细相间条带纹晚于Ⅱ式较小型夹砂陶双耳鼓腹有领罐的地层实证。虽然 M44 的地层关系不明，但被定为"马厂类型墓葬"的 M48 为④层叠压，此墓的 2 件"夹砂罐"无论体征还是凸线纹的式样一如前述 M44∶17，仅比后者稍稍矮出[⑤]，亦不妨看做是Ⅰ式较小型夹砂陶双耳鼓腹有领罐的成员，则从地层上可证，Ⅲ式较小型夹砂陶双耳鼓腹有领罐和Ⅱ式粗细相间条带纹也晚于Ⅰ式较小型夹砂陶双耳鼓腹有领罐。总之，五坝的地层关系，可资说明第三段晚于一、二两段。

---

① 甘肃省文物考古研究所、吉林大学北方考古研究室：《民乐东灰山考古——四坝文化墓地的揭示与研究》图八三、八六、八七、九二、九四，科学出版社，1998 年。

② 李水城：《四坝文化研究》，《考古学文化论集（三）》，文物出版社，1993 年（参见该文图一中"夹砂双耳罐"的 M84∶3）。

③ 李水城：《四坝文化研究》，《考古学文化论集（三）》第 110 页，文物出版社，1993 年。

④ 甘肃省博物馆：《甘肃武威皇娘娘台遗址发掘报告》图十之 1、3，《考古学报》1960 年第 2 期；甘肃省博物馆：《武威皇娘娘台遗址第四次发掘》图二〇之 3、4，《考古学报》1978 年第 4 期。

⑤ 甘肃省文物考古研究所、张掖市文物保护研究所、民乐县博物馆：《甘肃民乐五坝史前墓地发掘简报》第 7 页，图七之 2、3，《考古与文物》2012 年第 4 期。

由此可见，上述两种因素的排序乃至据此划分的各阶段应是能够成立的，这一认识可概括为下表。

分段 式别 两种因素	第一段 （五坝 M44 为代表）	第二段 （五坝 M19 为代表）	第三段 （潘家庄 M3 和五坝 M47 为代表）	第四段 （东灰山 M108 等 墓葬为代表）	第五段	
					较早组 （鹰树窝 M3 为代表）	较晚组 （干骨崖 M84 为代表）
较小型夹砂陶双耳鼓腹有领罐	I 式	II 式	III 式	IV 式	V 式	V 式
腹表纵或斜向的粗细相间条带彩纹	I 式	I 或 II 式	II 式	III 式	IV 式	V 式

当然，实际情况会很复杂，各式交错的现象也许较为常见，如在相当于第二段的遗存中还可能存在较小型夹砂陶双耳鼓腹有领罐的 I 式，相当于第三段的遗存中还可能存在此种因素的 II 式。

<h2 style="text-align:center">四</h2>

上述两种因素，一个是彩陶纹样，另一个是器表无彩饰的夹砂陶罐，两者似乎并不相关，但实际上它们之间却有着很深的内在联系。比如，I 式较小型夹砂陶双耳鼓腹有领罐的凸线纹除横绕器体之外，余皆竖向排列，而I式粗细相间条带纹也是竖向排列的；前者的竖向凸线纹按出示的线图应是围绕罐腹的四分式，而鸳鸯池 M189：2 的粗细相间条带纹依文字介绍也应是围绕罐腹的四分式布局；前者的竖向凸线纹有双股的，与I式粗细相间条带纹的两侧粗条带正相吻合；II、III式较小型夹砂陶双耳鼓腹有领罐的凸线纹流行连续斜折线的风格，而 II 式粗细相间条带纹也开始出现斜折线排列的样式。由此可知，夹砂陶罐的凸线纹和彩陶陶器的条带纹所表达的理念在很大程度上是一致的。

从这个意义上更可说明，此两种相互关联、并行发展的因素应该是某个文化系统中颇为重要的成分。既然这两种因素经历了连续发展的五个阶段，则有理由相信，两者自始至终应都属于同一文化系统。

当然，这个文化系统和四坝文化并非等同关系。易言之，不能简单地将含有上述两种因素的遗存均视为四坝文化。

五

以下推定这一文化系统所经历的各时间阶段。

五坝 M44 的彩陶器除前述 M44∶14 之外，尚出有典型的半山文化"双耳大口彩陶罐"①，故而发掘者将其定为"半山类型墓葬"。鸳鸯池的发掘者将所获墓葬分早、中、晚三期，分别为半山类型、马厂类型中期、马厂类型晚期，随葬 M189∶2 这件矮胖体双耳彩陶罐的 M189 则属中期。同时，鸳鸯池发表的以内填网格之菱形纹为腹表主彩的彩陶罐绝大部分属于早期（M119∶1、M137∶1、M154∶3）②和中期（M51 所出）③，而此类彩饰亦见于宁夏海原县菜园村瓦罐嘴等地所出的双耳彩陶罐，如瓦罐嘴的 WM18∶12 和 WM20∶23④，尤其是后者，无论体态乃至口径还是彩纹，均与鸳鸯池 M51 的彩陶罐十分相似（图三）。瓦罐嘴这批墓葬的部分陶器和以陕西扶风案板第三期遗存为代表的案板三期文化的陶器群比较接近，特别是 A 型 I 式"匜"的形制⑤与案板所出口沿带流的刻槽盆⑥十分相似（图四）。是知以鸳鸯池早、中期墓葬为代表的河西地区半山文化和马厂文化的较早阶段应大致相当于案板三期的时间位置。亦即，本文所说的第一段约可对应在黄河中游庙底沟二期文化之时或比这略晚的年代⑦。

五坝 M47 的陶器除前述 M47∶1 和 M47∶4 外，尚出有附加"宽大桥形耳"的泥质红陶素面罐⑧，而这种"泥质红陶"的"双大耳罐"正是皇娘娘台的习见陶器⑨，

① 甘肃省文物考古研究所、张掖市文物保护研究所、民乐县博物馆：《甘肃民乐五坝史前墓地发掘简报》第 4～5 页，图四之 1，《考古与文物》2012 年第 4 期。
② 甘肃省博物馆文物工作队、武威地区文物普查队：《永昌鸳鸯池新石器时代墓地》图版玖之 2，图版拾之 3，图版玖之 5，《考古学报》1982 年第 2 期。
③ 甘肃省博物馆文物工作队、武威地区文物普查队：《永昌鸳鸯池新石器时代墓地的发掘》图一二之 2，图版贰之 1，《考古》1974 年第 5 期。
④ 宁夏文物考古研究所、中国历史博物馆考古部：《宁夏菜园——新石器时代遗址、墓葬发掘报告》图一四三之 6、2，彩版八之 1、2，科学出版社，2003 年。
⑤ 宁夏文物考古研究所、中国历史博物馆考古部：《宁夏菜园——新石器时代遗址、墓葬发掘报告》图一三八之 17、18，科学出版社，2003 年。
⑥ 西北大学文博学院考古专业：《扶风案板遗址发掘报告》图一四三、一四五、一四六，科学出版社，2000 年。
⑦ 案板三期属庙底沟二期文化之时的遗存。
⑧ 甘肃省文物考古研究所、张掖市文物保护研究所、民乐县博物馆：《甘肃民乐五坝史前墓地发掘简报》第 10 页，图一三之 1，《考古与文物》2012 年第 4 期。
⑨ 甘肃省博物馆：《武威皇娘娘台遗址第四次发掘》第 437 页，图版肆之 1～4，《考古学报》1978 年第 4 期。

图三　菜园村瓦罐嘴 WM20 和鸳鸯池 M51 的双耳彩陶罐

1. 菜园村瓦罐嘴 WM20：23　2. 鸳鸯池 M51

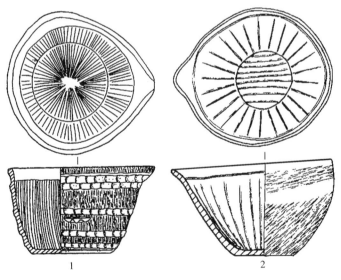

图四　案板三期的刻槽盆和菜园村瓦罐嘴的 A 型 I 式匜

1. 案板 GXT2④：1　2. 菜园村瓦罐嘴 WM4：5

也是五坝遗址发掘者将 M47 定为"齐家文化墓葬"的一个依据。同样的器物还见于内蒙古伊金霍洛旗朱开沟遗址的 M1051、M3002（图五），该遗址的发掘者将这 2 座墓葬

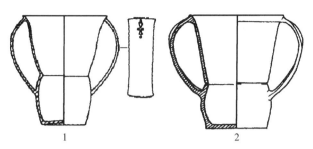

图五　五坝和朱开沟的双大耳罐
1. 五坝 M47∶3　　2. 朱开沟 M1051∶2

定作朱开沟文化的第三段，认为"应大体相当于夏代的早期阶段"①。综观此段的墓葬遗存，或可将其定在黄河中游龙山时期之末到二里头文化初期的阶段。本文所说的第三段即相当于此时。

出Ⅱ式较小型夹砂陶双耳鼓腹有领罐的五坝 M19 还随葬 M19∶4 这件"双耳彩陶罐"，虽然文字介绍漏印了不少，但透过线图仍可看出，其腹彩纹样的面貌②与鸳鸯池 M37∶1、M44∶2 这 2 件"双耳彩陶罐"腹彩的斜向"回形纹"③ 雷同，M37 和 M44 为鸳鸯池中期之墓。同时，Ⅱ式较小型夹砂陶双耳鼓腹有领罐呈现为由Ⅰ式向Ⅲ式过渡的特征。于是，可将本文所说的第二段推定为大体相当于黄河中游的龙山时期较晚阶段。

上述两种因素在各阶段之间的变化速率并不一致，较小型夹砂陶双耳鼓腹有领罐的各式变化幅度似较平均，而粗细相间条带纹的各式，以Ⅰ式到Ⅱ式的变异最为突出，尤其是从Ⅱ式开始，此类纹样基本固定在矮胖体双耳彩陶罐上，其后的各式则都呈现为较强的连续性。有鉴于此，或可认为第四段不会比第三段晚得太多，如再参考东灰山木炭的[14]C 实测值④，则大致可将第四段推定为二里头文化中、晚期之时。

第五段和第四段相比，两种因素的变化都不是很大。同理，第五段的年代也不会比第四段晚出许多，或可推测，相当于二里头文化之末或比这略晚的年代。

① 内蒙古自治区文物考古研究所、鄂尔多斯博物馆：《朱开沟——青铜时代早期遗址发掘报告》第
　 258、284 页，图二〇七之 1、5（其中，M1051∶2 的口径、底径、高度与五坝 M47∶3 接近，
　 M3002∶3 这件残品的底径则几乎与五坝 M47∶3 相同），文物出版社，2000 年。
② 甘肃省文物考古研究所、张掖市文物保护研究所、民乐县博物馆：《甘肃民乐五坝史前墓地发掘
　 简报》第 9 页，图一一之 1，《考古与文物》2012 年第 4 期。
③ 甘肃省博物馆文物工作队、武威地区文物普查队：《永昌鸳鸯池新石器时代墓地》第 212 页，图
　 三之 7，图版拾之 6，《考古学报》1982 年第 2 期。
④ 甘肃省文物考古研究所、吉林大学北方考古研究室：《民乐东灰山考古——四坝文化墓地的揭示
　 与研究》附录六，科学出版社，1998 年。

六

四坝文化陶器中还有一个十分重要的因素，即施印横斜向交错绳线纹的红褐或褐色夹砂陶器，如山丹县四坝滩所见，这种绳纹"排列疏朗，多横印在器腹上，相衔接处常常交错"① （图六，1、2），惜无复原器的发表。据笔者所见，印有此类纹饰的陶器多半是一种腹部略鼓的夹砂陶罐。

图六　山丹四坝滩和酒泉照壁滩的横斜向交错绳线纹夹砂陶陶片
1、2. 四坝滩采集（四坝文化）　3、4、5. 照壁滩采集（马家窑文化）

这种施印横斜向交错绳线纹的夹砂陶也习见于河西地区的马家窑文化（指区别于半山文化和马厂文化的马家窑文化），如酒泉照壁滩第三地点所见② （图六，3～5）。马家窑文化的这类陶片，无论陶质、陶色还是纹饰，都与前者别无二致。可见河西走廊古文化中的这类因素根深蒂固，源远流长。

与照壁滩隔河相望的高苜蓿地遗址也分布有马家窑文化遗存，这种比邻而居、成对出现的同时期遗址，无疑要比该文化一般性遗址更为显要。山丹县二十里堡也是一处十分重要的马家窑文化遗址，这一点从该遗址繁缛的彩陶似可窥出③。据我们了解，

① 安志敏：《甘肃山丹四坝滩新石器时代遗址》图版贰之 1、2，《考古学报》1959 年第 3 期。
② 甘肃省文物考古研究所、北京大学考古文博学院：《河西走廊史前考古调查报告》第 240～241 页，图一四八之 1、2、7，文物出版社，2011 年。
③ 甘肃省文物局：《甘肃省第三次全国文物普查重要新发现》第 71 页"二十里堡墓群"，陕西出版集团三秦出版社，2011 年。

武威以西的走廊地带，像这样特殊的马家窑文化遗址应还有不少。这些大遗址的存在，述说着河西马家窑文化曾经的辉煌。

同时，在这些马家窑文化大型遗址的近旁，还往往坐落着颇具规模的四坝文化遗址，如前述高苜蓿地附近的干骨崖①。尽管时隔久远，却未能断言干骨崖四坝文化先民对照壁滩—高苜蓿地这处马家窑文化圣墟一无所知。故可推测，四坝文化是在追寻当地的马家窑文化的基础上逐步生成的，不啻对后者的一种传承，甚至可以说是对后者的一种再现。

如此看来，植根于河西走廊的这一文化系统并不始于半山文化之时，而是可以上溯到更为遥远的马家窑文化。马家窑文化和四坝文化分别是活跃在这个文化系统较早和较晚阶段的两种考古学文化。基于这一点考虑，或可将此系统称之为马家窑—四坝文化系统。

　　　　　　　　　　　　　　　　　　　　　　　　　　定稿于 2013 年 9 月

---

① 甘肃省文物考古研究所、北京大学考古文博学院：《河西走廊史前考古调查报告》第 242 页，文物出版社，2011 年。

从石峁遗址的石人看龙山时代晚期
中国北方同欧亚草原的交流

郭　物

（中国社会科学院考古研究所）

石峁遗址位于陕西省榆林市神木县高家堡镇洞川沟附近黄河支流秃尾河北侧的山梁上。这个遗址的文物，特别是玉器很早就被发现，而且很多流失海外。1976 年 1 月，戴应新先生根据公社提供的线索发现了石峁遗址，并于同年 9 月作了复查，征集到了一批极具特色的陶器文物和百余件精美的玉器[①]。1981 年，西安半坡博物馆在此发掘了房址、灰坑以及土坑墓、石椁墓、瓮棺葬[②]。

2011 年，陕西省考古研究院和榆林市、神木县相关部门组成联合考古队，对石峁遗址进行了系统、全面的考古调查，了解到石峁遗址的分布范围和保存现状，发现了保存相当完整、基本可以闭合的石砌城墙及城门、角楼和疑似“马面”等附属设施。调查表明，石峁石城分为外城、内城，内城墙体残长 2000 米，面积约 235 万平方米；外城墙体残长 2840 米，面积约 425 万平方米。结合新石器时代晚期内蒙古中南部及陕北地区石城修建的传统，考虑到城墙范围及遗址主要文化遗存分布范围的高度一致性，考古队初步判断石墙与石峁遗址和龙山晚期至夏代早期遗存年代一致，其规模远大于年代相近的良渚遗址（300 多万平方米）、陶寺遗址（270 万平方米）等已知城址，是目前所知我国规模最大的新石器晚期城址。考古发掘初步认定石峁城址最早修建于龙山中期或略晚，兴盛于龙山晚期，夏时期毁弃，属于我国北方地区一个超大型中心聚落。

2012 年 10 月 15 日，国家文物局、中国考古学会、中国国家博物馆、中国社会科学院考古研究所、陕西省文物局、陕西省考古研究院等部分省级考古研究机构和北京大学等高校的 40 余位考古专家，考察了石峁遗址发掘现场。2013 年 1 月，石峁遗址的考古工作入选中国社会科学院主办的“中国社会科学院考古学论坛：2012 年中国考古新发现”

---

① 戴应新：《陕西神木县石峁龙山文化遗址调查》，《考古》1977 年第 3 期。
② 西安半坡博物馆：《陕西神木石峁遗址调查试掘简报》，《史前研究》1983 年第 2 期。

全国六大重大考古发现之一。4 月 9 日，此项工作又被国家文物局评为"2012 年全国十大考古新发现"之一。

专家们认为，规模宏大的石砌城墙与以往发现的数量庞大的石峁玉器，显示出石峁遗址在北方文化圈中的核心地位，石峁石城是北方石筑城址考古的重大突破，是目前所见中国史前时期最大的城址，这对进一步理解"古国、方国、帝国"框架下的早期文明格局具有重要意义，也为中国文明起源的探索提供了全新的资料和视野。

龙山时代晚期的欧亚草原社会，已经掌握了很多重要的技术，比如牛、羊、马的畜养、小麦的栽种、铜器的制造、使用权杖头等。开始出现大型的聚落遗址，特别是乌拉尔山南部东侧的辛塔什塔文化拥有大型的城镇群，目前已发掘多处城址和墓葬，圆形和方形的城址规划严谨，有多重防御墙，研究者认为属于"原始"城市，并形象地称其为"城邦之国"[1]。

从迄今的发现看，这些新的物种、新的发明均可能影响到中国，但是现在还缺少比较直接的证据，特别是从欧亚草原向中国黄河流域传播的中间环节。石峁遗址所跨的时代正好是这样一个关键的文化传播时期，而且从地理位置上看，石峁遗址位于中国北方农牧交错地带中心位置，朝北更靠近欧亚草原地带，朝南离中国古代文明中心不远，因此，为研究龙山时代中西文化的交流提供了一个更好的可能性。

根据考古工作者的介绍，我们注意到石峁遗址发现的一种遗物，可能为我们探索龙山时代中西文化的交流提供了一个线索，就是 2013 年 1 月陕西考古研究院孙周勇先生在"中国社会科学院考古学论坛"上展示了二十多件据说从石峁遗址皇城台发现的石人像。2009 年榆林学院陕北历史文化博物馆征集到一件、砂石质、黄褐色、单面高浮雕。宽 60、厚 25、高 50 厘米。人头的脸部形象上至眉骨，下巴齐平、隆鼻、半张口，呈微笑状，两颊颧骨稍凸出，扁方脸和大眼睛较为夸张[2]（图一）。

---

[1]　居地由几十座木结构的房屋组成，浅半地穴，平面呈矩形，长宽 60~95 米或 70~120 米。四周绕以双层围墙和一道壕沟。辛塔什塔的加强型聚落（阿尔凯姆和辛塔什塔遗址）有圆形围墙和护城壕，房子聚集在一起。发明了轮辐式的马车，在墓葬中都发现了轻型战车的遗物，其车轮直径 1 米，每个轮子有十根辐条。Gening, V. F., G. B. Zdanovich & V. V. Gening. 1992. *Sintashta: Arheologicheskiye Pamyatniki Ariyskikh Plemen Uralo-Kazakhstanskikh Stepei*. Chelyabinsk: South Ural Press. Zdanovich, G. B., ed. 1995. *Arkaim: Issledovaniya, Poiski, Otkrytiya*. Chelyabinsk: "Kammennyi Poyas". Jones-Bley, K.; Zdanovich, D. G. (eds.), Complex Societies of Central Eurasia from the 3rd to the 1st Millennium BC: Regional Specifics in Light of Global Models, 2 Vols, *Journal of Indo-European Studies Monograph Series* Nos. 45, 46, Institute for the Study of Man, Washington D. C, 2002.

[2]　杜洁芳、谢雅萍：《石城遗址玉器均出土于墙体内》，《中国文化报》2013 年 1 月 25 日；罗宏才：《陕西神木石峁遗址石雕像群组的调查与研究》，《西部美术考古丛书——从中亚到长安》，上海大学出版社，2011 年。

图一　石峁遗址发现的石人面

　　雕凿、使用石人像在中国东部地区的史前文化中非常罕见，而在南西伯利亚和新疆地区则是一个突出的文化现象，石峁遗址发现的这些石人像可以让我们讨论陕北地区同新疆北疆、南西伯利亚等欧亚草原的文化关系。

　　这个时期的石人像流行于南西伯利亚的奥库涅夫文化。这个青铜文化分布于俄罗斯叶尼塞河中游米努辛斯克盆地。年代约为公元前 2500～前 1700 年。该文化经济以畜牧为基础，发现绵羊距骨和刻在墓穴石板上的牛图。渔猎起辅助作用，出土有骨制鱼镖、红铜鱼钩、结网用的匕首形骨器以及鸟骨制品和石镞等。金属加工在经济活动中占有重要地位，红铜或青铜器物相当常见，有锻制的鱼钩、刀、锥、针筒、鬓环及铸造的红铜斧。石器则有斧、杵、臼等。陶器多平底，主要有两大类：一类是大小不一的桶形器，纹饰较简单，有压捺的窝纹、杉针纹、纵列箆纹等；另一类是罐形器，纹饰多样，有棋盘纹、波浪纹、弦纹等。此外，还有香炉形器、多棱形器和圈足器。艺术品有石、骨雕刻的人像、鸟兽等，一般是写实的圆雕和线刻。墓地多靠近河流。坟墓表面有石构方形围垣，高度一般为 0.3～0.5 米，面积最大者达 400 平方米。垣内西或西南部有石板墓穴，一般一个或数个，有的多达 23 个。每个墓穴埋葬死者 1～3 人，常见男女或妇幼合葬，葬式仰身屈膝，头多向西，头下一般垫以石"枕"，脚下墓底略倾斜。人骨有身首分离现象。各墓随葬品不多，没有明显的财产分化迹象，一般随葬陶罐和生产工具，女性骨架近旁则发现有青铜或骨制的针筒及骨针、红铜丝鬓环。居民属短颅型蒙古人种。

　　根据文化因素的类比，有人推测奥库涅夫文化来自北方森林地带①。有学者认为整个奥库涅夫文化可能来源于叶尼塞河中游的乌斯特—别拉雅文化（Ust-Belaya），可以分为四个阶段：第一个阶段属于铜石并用时代，文化上更多保留了乌斯特—别拉雅文

①　Sokolova L. A. Pogrebenie v Kolybeli Okunevskogo Mogil'nika Ujbat V. In：*Archeologitsheskie vesti*（S. – Peterburg），No. 4，1995，pp. 44-51.

　　Vadeckaja E. B.，Leont'ev N. V.，Maksimenkov G. A. *Pamjatniki Okunevskoj Kul'tury*. Leningrad，1980.

图二　米努辛斯克博物馆藏奥库涅夫文化小型石人

化的传统；第二阶段与阿凡纳谢沃文化共存；第三阶段则完全是自身的传统；第四阶段逐渐融入了安德罗诺沃文化中①。

奥库涅夫文化主要有两种石人。一种是小型的，一端为圆雕人头的石棒，一般发现于墓葬中，或称为随葬石人（图二）；另外是大型墓葬立石，一般立于墓葬的东边，朝向太阳升起的方向。这些石雕有的原来应当涂有红色的颜料，颜料溶于血。

奥库涅夫的大型石人早期雕出完整的形象，没有脖子，头好像陷在石柱中。也没有表现手，有的雕出鸟翼。人脸眼睛为两条曲线或者半椭圆形，前额有倒三角形或者竖线，眼睛和嘴之间通常有一条横线。前额有一条曲线或者两条垂直的曲线，一个高的三角形或者外凸的半椭圆形通常代表头饰，有时为垂直的一对线条。有时是猛禽的头，有一个例子是马，这些动物可能代表神灵。猛禽在奥库涅夫文化早期是非常重要的神灵。

中期，两条平行线把脸分为三个圆圈。顶上的圆圈有两个眼睛，前额还有一个眼睛。一般两眼中间有两条弓形的竖线表示鼻子，下部有两个半圆表示鼻孔。两侧有牛角。石碑表现为人形，脖子被表现出来，还表现牛、蛇和神秘掠食动物。虽然有共性，但每个石像都不相同。

晚期的石像没有鼻孔和脸的轮廓，只有眼睛，眼睛和嘴之间的横线末端像蛇的舌。这个时期由于安德罗诺沃文化进入盆地北部，石像不像前两个阶段在米努辛斯克到处都有，只有盆地南部发现，但最晚阶段的石像迄今还不太清楚②（图三）。

从展示的图片看，石峁遗址发现的石人和奥库涅夫早期的石人较为接近，和中晚期比较繁复神秘的石人像有一些差距。

────────────────

① L. A. Sokolova, Okunev Cultural Tradition in the Stratigraphic Aspect, *Archaeology*, *Ethnology and Anthropology of Eurasia*, Vol. 30, No. 2（1 July 2007），pp. 41-51.

② Esin Yu. N., 2002, *Mystery of the Ancient Steppe Gods*, Krasnoyarsk：Polikor, 171-172.

图三　奥库涅夫文化的石人

　　石峁遗址发现的石人和新疆北疆的石人也有相似之处。新疆类似的石人一般认为属于切木尔切克文化（约公元前 2500～前 1500 年?）[1]。切木尔切克文化的特点之一是：多数墓建有块石围成的矩形坟院，坟院的东侧栽立石人，早期人像表现方式的特点是脸部周围被圈起来，两边颧骨至耳部各雕出一个三角形，可能是护颌。有的人形石雕近于腰的位置，正面刻有牛的形象，有的一头，有的两头，有一例刻有双轮牛车[2]。石雕人像根据是否有胡须、胸部特征能分出男性和女性，女性胸部为倒长三角形，表示乳房。牛一般刻于男性的石雕人像上。可能晚一阶段，出现了一种简化的石人，有点近似奥库涅夫文化的小型随葬石人，即简单地在一石柱的上部浅雕出一个人面。在阿勒泰地区博物馆收藏一个完整的长方形石棺，由四块石板围成，在窄的一侧石棺板上刻着四个人面，圆脸，短颅，眉弓突出，连成一条弧线，鼻子窄条形，上部连着眉弓，小嘴，这些特点和早期的石人一脉相承，不同之处是没有雕出圆形的眼睛（图四）。从

① Alexxei Kovalev, Dieältesten Stelen am Ertix：Das Kulturphänomen Xemirxek, *Eurasia Antiqua*, pp. 135－178, 1999/5. 王博：《切木尔切克文化初探》，《考古与文物研究》，三秦出版社，1996 年；林沄：《关于新疆北部切尔木切克类型遗存的几个问题——从布尔津县出土的陶器说起》，《庆祝何炳棣先生九十华诞论文集》，三秦出版社，2008 年（收入林沄：《林沄学术文集》（二），科学出版社，2008 年）。

② Kovalev, Alexxei. Dieältesten Stelen am Ertix：Das Kulturphänomen Xemirxek, *Eurasia Antiqua*, 1999/5.

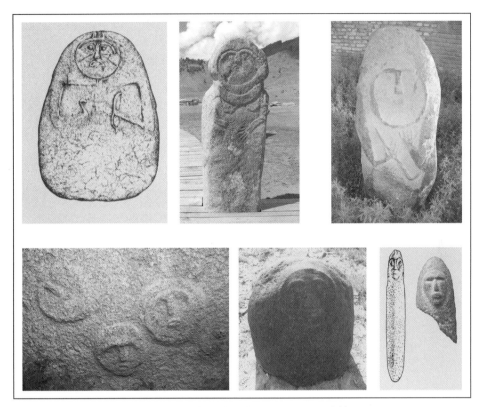

图四　切木尔切克文化的石人及石面雕刻

人面的特征看，切木尔切克文化晚期的石人像比较接近石峁遗址发现的石人。石峁遗存存在着两组时代略有早晚的文化遗物，晚期晚于龙山晚期①。

　　石人在欧亚草原西部源远流长，在黑海北岸地区颜那亚文化之前的密卡洛伏喀下层文化（Lower Mikhaylovka Culture）和凯米－奥巴文化墓葬石板上绘有几何形的图案，使用石人②。颜那亚文化再次利用这些人形石板作为盖墓的石板。这种石人在小亚和意大利也有发现，可能和当时刚刚开始的海上交通网的形成有关系③。石人是新疆早期文化切木尔切克文化中重要的构成因素，颜那亚文化有可能是新疆早期石人的渊源之一，也不排除奥库涅夫对切木尔切克文化出现石人的影响。新西伯利亚东南地区分布着耶

①　张宏彦、孙周勇：《石峁遗存试析》，《考古与文物》2002 年第 1 期。

②　Telegin，D. 2002. A Discussion on Some of the Problems Arising from the Study of Neolithic and Eneolithic Culture in the Azov Black Sea region，Katie Boyle，Colin Renfrew & Marsha Levine Edited，*Ancient Interactions：East and West in Eurasia*，McDonald Institute for Archaeological Research，pp. 36-38.

③　Anthony，David W. 2007，*The horse，the Wheel，and Language：How Bronze-Age Riders from the Eurasian Steppes Shaped the Modern World*，Princeton，N. J. ：Princeton University Press，339.

鲁尼诺文化（约公元前2250~前1550年），这个文化使用带戳印纹的平底陶器、石人棒和动物头棒，最有特点的是刻有动物纹的石罐。这些器物和切木尔切克文化的同类器非常相似，两个文化相距不远，时代有重合，应当有一定的关系。

切木尔切克文化的分布范围很大，从现在的考古发现看，阿勒泰地区是切木尔切克文化的核心区域，分布于天山北部整个准噶尔盆地周缘地区，阿尔泰山东麓蒙古地区也有其文化的分布①。

值得指出的是，在内蒙古东南部地区的发现需要关注。比如兴隆洼文化中，有骨雕人像，白音长汗遗址房址中有石雕人像，红山文化有陶人像，夏家店下层文化有大型石雕（图五）。夏家店下层文化位于山顶的石构遗址也和石峁遗址相似。这些因素也是值得我们考虑石峁遗址石人渊源的线索。

1　　　　　　　　　　　　　　2

图五　中国北方农牧交错地带发现的石人

1. 白音长汗　2. 李家崖

内蒙古东南部地区有的考古学文化因素可能也是奥库涅夫文化的来源之一。奥库涅夫文化的石构聚落发现几十处，一般位于山脊的顶部。比如哈卡斯Shirinskiy地区Chebaki村有一处最壮观的石构聚落，门道两翼有两道墙，外面的墙长210米，房间连着城墙。墙用砂岩石板垒砌，没有使用泥。石墙有的地方残高1.6米。出土陶器、包

① 　Kovalev, A. A. 2008. Discovery of New Cultures of the Bronze Age in Mongolia (According to the data obtained by the International Central Asiatic Archaeological Expedition). In *Proceedings of Third International Conference of Turpan Study in the Origins and Migration of Eurasian Nomads*. Turpan, Xinjiang: The Institute of Turpan Study. 郭物：《新疆史前晚期社会的考古学研究》第263页，上海古籍出版社，2012年。

括香炉及石箭头、斧头等，还有超过 32000 块动物的骨头，其主要是獐鹿（Roe Deer）。一般认为这种遗址是用来祭祀的①。内蒙古中南部老虎山文化（公元前 2800 ~ 前 2000年）非常流行这种石构聚落遗址②。这可能是受到红山文化石构祭祀建筑的启发③。夏家店下层文化和李家崖文化都延续了在山顶或者山坡建筑石构聚落遗址的传统④。夏家店下层文化还有建于山坡、祭祀性质的石构遗址⑤。兴隆洼文化中，有不少因素和奥库涅夫文化相近，比如头下枕石、白音长汗遗址房址中的石雕人像、红山文化的石板墓以及陶人像。奥库涅夫文化出现类似文化因素的原因之一是否可以理解为欧亚大陆东部地区的农业文化向外贝加尔、蒙古北部和南西伯利亚扩散的结果。不过，这个推论还需要今后更多材料的证明。

中国中原地区和西方的埃及、两河流域等古代文明有一个显著的不同点，就是没有大型偶像崇拜的传统，无论是一般人、社会精英还是首领，或者是神，都没有留下大型的偶像，即使有，也多和北方游牧民族有关，或是沦为帝王陵墓前用作仪卫的"翁仲"⑥。除了一些小型的偶像外，史前时期只有红山文化可能存在大型的偶像崇拜。三星堆文化中的大型铜偶神像是先秦时期非常罕见的例外，这个时期，在新疆流行大型石人，蒙古高原开始流行拟人的典型鹿石，因此，不排除三星堆的偶像崇拜受到草原文化启发的可能性。秦人似乎也有造像的做法，比如文献记载李冰治水筑都江堰，为了便于观测水位而"作三石人，立于三水中"。秦始皇销天下兵，铸十二金人，秦始皇所铸金人却不是为了偶像崇拜，主要为"收天下兵"，而且金人皆以夷狄服的长人（匈奴）为原型。秦始皇陵虽然发现了秦兵马俑，但非常写实，没有宗教的含义，迄今尚没有发现秦始皇的大型偶像。汉唐时期真正的偶像崇拜只有屈指可数的几例，主要是利用佛教对偶像的崇拜，比如云冈昙曜五窟和龙门石窟奉先寺卢舍那佛。两者都有特殊的原因，前者为入主北方的游牧民族——拓跋鲜卑把五位国王雕成佛像，后者取的是武则天仪容。可以说，从中原龙山，经夏商周至明清，中国文明中没有对王者的偶像崇拜艺术，特别是大型的石雕或者金属铸造偶像。

从积累的资料看，中国北方农牧交错地带自史前至商周时期断断续续有石人的存

① Esin Yu. N. 2009, *Mystery of the Ancient Steppe Gods.* Krasnoyarsk：Polikor，170.

② 田广金、郭素新：《北方考古论文集》第 57 ~ 73 页，科学出版社，2004 年。

③ 田广金、郭素新：《北方考古论文集》第 116 页，科学出版社，2004 年。

④ 田广金、郭素新：《北方考古论文集》第 279 ~ 282 页，科学出版社，2004 年。

⑤ 朱延平：《辽西区古文化中的祭祀遗存》，《中国考古学跨世纪的回顾与前瞻》，科学出版社，2000 年。

⑥ 李零：《秦汉礼仪中的宗教》，《中国方术续考》，东方出版社，2000 年；李零：《翁仲考》，《入山与出塞》，文物出版社，2004 年；林梅村：《古道西风——考古新发现所见中外文化交流》（哈佛燕京学术丛书第六辑）第 99 ~ 165 页，生活·读书·新知三联书店，2000 年。

在，但数量很少，时代和样式上也没有明确的衔接关系。可能自石峁遗址开始，陕北地区形成了一个使用雕刻人像的中心，可能对晚期的文化还有一定的影响，比如商周时期的李家崖文化中曾发现一块刻有人形的石块，1983 年发现于陕西清涧县李家崖古城的一个灰坑①。根据文献记载，秦昭王（昭襄王）时，义渠王使用"金人"。这些线索隐隐约约，并不是很连贯，如果没有石峁遗址为数不少的石人像发现，我们无法来考虑其间可能存在的关系，而且现在我们对石峁遗址这些石人的性质也尚未认识。哈萨克斯坦以东地区，龙山时代主要还是南西伯利亚的奥库涅夫文化和新疆的切木尔切克文化真正流行使用石人。考虑到奥库涅夫文化和切木尔切克文化早期的石人时代较石峁遗址所出的时代可能早一阶段，而且在欧亚草原的西部地区有其发展的源头，加之，石峁遗址所出的石人的确和奥库涅夫文化和切木尔切克文化的石人有相似之处，因此，石峁遗址出土的这些石人有可能和其西北部的文化有关系。通过对玉器的研究可知，龙山时代晚期至夏代以来在陕北地区乃至河套地区范围内所形成的一个高度发达玉器的消费中心②。就是说，这里是一个权力中心，使用大型的石人自然也是在情理之中。

图六　奥库涅夫文化石刻

观察奥库涅夫文化的石人或者石碑，还有一个特点值得注意，就是很多石碑上遍布小的人工雕琢出的小凹窝（图六）。属于切木尔切克文化的阿勒泰切木尔切克乡海依那尔村 AQH1 石围墓葬中间有一块较大的黑石头，石头表面也是布满了小凹窝③。在哈萨克斯坦阿拉木图以西 170 千米的 Tamgaly 峡谷发现的一些岩画上也有体现。这对于中国文明的研究具有重要的意义，河南禹县具茨山发现大量的类似岩刻④。具茨山岩画、奥库涅夫文化、切木尔切克文化三者在时代上有重合的部分，空间距离也不算遥远，这个小

---

① 张映文、吕智荣：《陕西清涧李家崖古城址发掘简报》图一，7，《考古与文物》1988 年第 1 期；吕智荣：《李家崖文化的石雕骷髅像》，《文物天地》1991 年第 6 期第 19～20 页附照片；吕智荣：《陕西清涧李家崖古城址陶文考释》，《文博》1987 年第 3 期；吕智荣：《鬼方文化及相关问题初探》，《文博》1990 年第 1 期。

② 王炜林、孙周勇：《石峁玉器的年代及相关问题》，《考古与文物》2011 年第 4 期。

③ 新疆维吾尔自治区文物局编：《新疆维吾尔自治区第三次全国文物普查成果集成——阿勒泰地区卷》第 23 页，科学出版社，2011 年。

④ 刘五一：《具茨山岩画》，中州古籍出版社，2010 年。

小的特征似乎说明，其间可能存在的关系，这值得今后深入研究。

大约相当于龙山时代至夏代早期，就欧亚大陆中、东部而言，出现了几个社会飞跃发展的中心，这些中心都发现大型的遗址或者墓葬，或者有大型的纪念碑式人造物，出现一些新的技术、新的思想，社会发展跃上一个新的台阶。比如乌拉尔山东南麓前的草原上兴起了辛塔什塔文化，南西伯利亚则是奥库涅夫文化，新疆北疆的切木尔切克文化，内蒙古东南部的夏家店下层文化，规模庞大的石峁遗址也就是在这样的背景中，成为中国北方农牧交错地带一个中心。与欧亚草原地带对应的，中亚出现了阿姆河文明（巴克特里亚—马尔吉亚纳考古文化体，英文简写为 BMAC，即 Margiana - Bactria Archaeological Complex），中国黄河中下游流域的陶寺文化、二里头文化相继兴起，中原文明的发展进入一个新的阶段。虽然有一定山川、戈壁的阻隔，这些人群和文化在相同的时段中，相继达到社会发展类似的高度。这些现象值得我们怀疑，其间可能存在着直接或者间接的信息和物品的交流与互动。

石峁遗址的考古工作刚刚开始，与石峁遗址关系密切的陶寺遗址也有很多重要的考古发现，其中铜器、天象台的发现引人注目。就早期中西文化交流而言，石峁遗址发现的石人可能是初露的端倪，随着工作的深入开展，相信会发现更多和南西伯利亚、新疆地区，甚至更远地区有文化联系的器物和现象，到那时，我们对于牛、羊、小麦，甚至铜器制造等物种和技术来源问题的认识将得到更深入了解。

东天山地区公元前一千纪古代
游牧民族考古学文化观察

马　健

（西北大学文化遗产学院）

一　发现与研究

巴里坤草原位于天山山脉东段，地处欧亚大陆东西交通和古代文化交流的要冲之地，是中国早期古代游牧文化和草原文明形成和发展的重要区域。20 世纪 20 年代开始，中国西北科学考察团、新疆文物考古研究所、中国社会科学院考古研究所先后在这里进行了许多考古调查与发掘工作，发现了许多属于公元前一千纪的考古遗存[①]。

2005 年起，西北大学文化遗产保护与考古学研究中心与新疆文物考古研究所组成的联合考古队对巴里坤草原公元前一千纪的古代遗存展开了大规模考古调查，结果表明哈密地区巴里坤县以南的红山口—石人子沟遗址群是东天山北麓规模最大、遗迹数量最为丰富的重要遗址之一（图一）。八年来，考古队对该遗址群进行了详细的考古调

[①]　贝格曼著、王安洪译：《新疆考古记》第 6～7 页，新疆人民出版社，1997 年；新疆维吾尔自治区文化厅文物处新疆大学历史系文博干部专修班：《新疆哈密焉不拉克墓地》，《考古学报》1989年第 3 期；陈戈：《焉不拉克文化补说》，《新疆文物》1999 年第 1 期；常喜恩：《哈密市雅满苏矿、林场办事处古代墓葬》，《中国考古学年鉴·1989》，文物出版社，1989 年；水涛：《新疆青铜时代诸文化的比较研究——附论早期中西文化交流的历史进程》，《国学研究（第一卷）》，北京大学出版社，1993 年；李水城：《从考古发现看公元前二千年东西文化的碰撞和交流》，《新疆文物》1999 年第 1 期；韩建业：《新疆的青铜时代和早期铁器时代文化》第 16～24 页，文物出版社，2007 年；李水城：《西北与中原早期冶铜业的区域特征及交互作用》，《考古学报》2005 年第 3 期；吕恩国、常喜恩、王炳华：《新疆青铜时代考古文化浅论》，《苏秉琦与当代中国考古学》，科学出版社，2001 年；李水城：《西北与中原早期冶铜业的区域特征及交互作用》，《考古学报》，2005 年第 3 期；邵会秋：《新疆史前时期文化格局的演进及其与周邻地区文化的关系》第 19 页，吉林大学博士论文，2007 年。

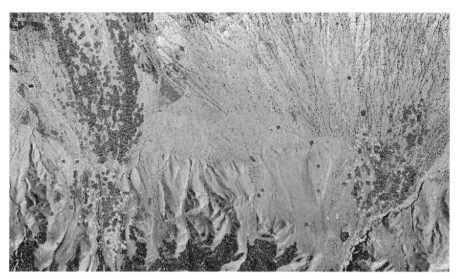

图一　新疆巴里坤红山口—石人子沟遗址遗迹分布图

查与大规模考古发掘工作，收获了大批珍贵考古资料，初步形成了对该地区公元前一千纪考古学文化的认识。现将这些认识和初步的研究成果介绍如下。

二　巴里坤草原古代游牧遗存的分类与分期

东天山地区已发现的公元前一千纪遗存主要有石围居址、墓葬、岩画三类。以发掘工作较为集中的巴里坤红山口—石人子沟遗址群为例，大致可将它们分为两个时期（表一）。根据考古类型学以及¹⁴C测年的结果，早期遗存所属的时代约在西周至战国中期，晚期遗存约在战国晚期至西汉时期。

1. 居址

巴里坤草原区石围居址的建筑结构主要分为两类：平地起建的石围居址、半地穴式石围居址。大部分居址都修建在巴里坤山北麓冰川碛垄上不超过18°的缓坡上。

（1）早期石围居址

①平地起建的石围居址

这类居址平面多呈方形或长方形，起建于修整、取平的原始地表上。四面墙体由多层河卵石混合碎石块、砂石垒砌而成。门道通常开在南墙或东墙避风的方向。墙体内侧多有一周柱洞，居址中部也有柱洞。有的柱洞内还残存长达1米的西伯利亚落叶松原木木柱，木柱以榫卯结构与屋顶的棚木相连接。还有一些居址内倒塌的屋顶上发现有大量长方形土坯（图二）。

居址内一般都有古代人类平整、反复踩踏形成的地面，延续使用时间长的居址内

图二　石人子沟遗址Ⅲ区F4（平地起建）

还会形成从早到晚、从下到上叠压着的多层地面。地面上常见青色沉积岩卵石围砌的方形火塘、取火、炊煮形成的烧面、倾倒食馀、灰烬等垃圾的灰堆和灰坑。居址内出土最多的遗物是羊、牛、马等动物骨骼碎片、日用陶器的碎片和石磨盘、石磨棒、石杵、石臼等加工粮食作物的石器、羊距骨、骨甲、骨锥等骨器以及少量青铜制削刀、带扣、饰牌和铁器残件。

　　平地起建的石围居址规模大小不等，规模大者长 20 米，宽 10 米，墙体高近 7 米，墙体下宽上窄。规模小者边长一般在 10 米左右。墙体低矮，不足 1.5 米，有的居址中设有隔墙。石围居址多以单体出现，零散地分布在东天山北麓溪谷近旁。同时也有多个石围居址集中分布、墙体彼此相连呈网状的情况，这种复合式的石围居址中心往往有一个大型石围居址，形成大规模的中心聚落。这种大型聚落遗址在巴里坤草原主要有岳公台—西黑沟遗址群和红山口—石人子沟遗址群 2 处。

　　②半地穴式的石围居址

　　这类石围居址平面也呈方形或长方形。居址起建于地表下 0.5～1.5 米深掏挖出的浅坑内。墙体也是用河卵石混合碎石、沙土层层砌筑而成。墙体一般依地势南高北低，顶部高出原始地表，门多开在东壁或南壁，以台阶或斜坡门道通向屋外。这类居址四壁内侧和中部也发现多个柱洞，屋顶建筑结构以及居址内遗迹现象、出土遗物也与平地起建的石围居址接近。半地穴式石围居址的规模也是大小不等，它们与平地起建的石围居址组合使用的情况也十分常见。可以看出半地穴式居址不用土坯，这与用土坯铺盖屋顶的平地起建的房屋区别显著（图三）。

　　（2）晚期石围居址

　　以石人子沟遗址Ⅲ区 F1、F2 为代表，在建筑结构方面与早期石围居址基本一致，但出土物以夹粗砂红陶的双耳鼓腹罐、双鋬鬲为主，彩陶少见。同时装饰格里芬、虎噬羊纹的青铜饰件以及牛骨制作的骨甲片也是早期居址所不见的（图四）。

图三　石人子沟遗址Ⅲ区 F2（半地穴式）

图四　石人子沟遗址Ⅲ区 F1 出土虎噬羊纹青铜带扣

2. 墓葬

（1）早期墓葬

以南湾墓地、红山口遗址墓葬为代表。墓葬地表有卵石围砌的圆形石圈，有的石圈内积石，形成低矮、顶部平缓的封堆。墓坑开口于石圈中部，均为长方形竖穴土坑，葬具常见用原木搭建的木椁，小型墓葬无葬具，死者直接葬于墓坑中。流行单人一次葬，死者侧身屈肢、头向西北。随葬陶器和动物牲肉一般置于死者头侧，随身佩戴有青铜耳环、滑石管项链、铜锥，小孩随葬羊距骨，女性随葬陶纺轮（图五）。同一封堆、墓坑多次使用的现象比较常见。目前发现的已确认的早期墓葬规模不大，封堆直径不超过 10 米。

（2）晚期墓葬

以石人子沟遗址、黑沟梁墓地的墓葬为代表。墓葬地表有卵石、沙土堆筑的圆形

图五　红山口遗址 I 号地点墓葬

封堆，封堆上层堆筑河卵石，下层铺垫青沙。封堆中部常因墓坑内堆积下陷而向下凹陷。封堆隆起呈覆钵状，不同于早期墓葬低矮、平缓的封堆。墓坑也是长方形竖穴土坑，开口于封堆底部中央位置。葬具有木椁、石椁、无葬具等三类。流行单人、头向西的仰身直肢葬葬式和死者上半身骨骼被扰乱的二次扰乱葬习俗。在墓室上部的填土中或在墓室北侧殉葬完整马匹的现象比较普遍。随葬品除了陶器、牛、马、羊等动物牲肉和墓主人随身佩戴的青铜、石制饰品外，还出土铁制马镳、马衔、镞，装饰动物纹的金、银制饰牌、玻璃器等等。这些特征与早期墓葬差别显著。

根据墓葬规模、殉牲、人牲、葬具和随葬品的差异可以将晚期墓葬分为三个等级：

①大型墓葬

封堆直径在 9 米以上，墓坑深超过 3 米，封堆周围有一个或多个圆形的殉牲坑。殉牲坑内放置肢体较完整的马匹、骆驼。封堆中或封堆底部有一具或多具肢体不完整的人牲。墓坑填土中或墓室北侧殉葬一匹或多匹完整的马匹，一些马匹身上还配备着马具。葬具是用西伯利亚落叶松原木搭建的长方形木椁，木椁规模大、做工精良。有的木椁外还用河卵石围砌一周石椁。有的墓葬木椁顶部也发现人牲。随葬品多集中在死者头侧，除陶器、铁制马具、青铜镞、牛、马、羊等动物牺牲以外，还流行在墓室内西北角随葬大量装饰虎、羊、格里芬等动物纹造型的金、银制饰件。值得注意的是，大型墓葬殉葬人牲多有随葬品，这些随葬品均与早期墓葬形制接近，表明晚期人群对早期土著人群的征服关系。

②中型墓葬

封堆直径 5~9 米，墓坑深 1.5~3 米。封堆周围无殉牲坑、封堆及墓坑中无人牲、

图六　石人子沟遗址Ⅰ区1号墓葬墓室顶部

流行在墓室北侧或墓坑顶部的填土中殉葬一匹完整的马，也有的殉葬羊（图六）。葬具都是用扁平的卵石或稍经修整的石板围砌而成的石椁，石椁顶部用数根东西向排列的松木原木棚盖。随葬品中动物牺牲的数量明显少于大型墓葬，有少量镶嵌红玛瑙、绿松石的金耳环、玻璃珠等材质珍稀物品出土，但少见虎、羊、格里芬等动物纹图案的金、银制饰件。

③小型墓葬

封堆直径小于5米，墓坑深不足1米。无殉牲坑、人牲。也以石椁为葬具，但石椁规模较小，做工简陋、粗糙，更有甚者石椁不完整，仅有几块卵石围砌不足半周。小型墓葬墓坑内不见殉葬的整马，陶器、动物牺牲以及其他各类随葬品的数量都比较少。几乎不见金、银等贵金属制作的饰品。

东天山地区代表性遗址分区与分期表

分期	哈密盆地	巴里坤草原	伊吾谷地
早期	天山北路墓地 焉不拉克墓地 艾斯克霞尔墓地	石人子沟遗址Ⅳ区中高台上、下层、Ⅲ区早期居址及南湾墓地、红山口遗址墓葬	拜其尔墓地
晚期	上庙儿沟墓地 焉不拉克墓地 寒气沟墓地	黑沟梁墓地 石人子沟遗址墓葬、石人子沟遗址Ⅲ区晚期居址、西沟遗址墓葬	拜其尔墓地 托背梁墓地

三　巴里坤草原与巴泽雷克文化埋葬习俗的比较

20 世纪 20 年代以来，俄罗斯考古学家格里亚兹诺夫、鲁金科、博罗斯马克等人在阿尔泰山地区发掘了大量巴泽雷克文化墓葬，其时代在公元前 8～前 3 世纪。公元前 2 世纪以后，匈奴侵入阿尔泰地区，阿尔泰并入匈奴右部。考古发掘资料证明，至少在战国晚期巴里坤草原就与阿尔泰地区建立有文化联系。

从墓葬形制来看，巴里坤草原地区晚期的圆形石封堆、竖穴土坑的结构与巴泽雷克文化接近。两者均流行在墓坑内北侧的二层台上殉葬完整的马匹，许多马匹还配备着马具。从马骨的病理学分析来看，这些马匹在生前都曾长期用于骑乘。封堆周围设殉牲坑的习俗也十分相似。不同的是，巴里坤草原地区殉葬人牲的习俗在阿尔泰地区十分罕见。在葬具方面，巴里坤草原地区大型墓葬用西伯利亚落叶松原木搭建木椁的方式与巴泽雷克文化接近。但中小型墓葬搭建的石椁与巴泽雷克文化不同，也与阿尔泰地区卡拉—科宾（Kara-Kobin）文化人群不同。在巴里坤草原地区，木椁、石椁及其规模代表着死者身份等级的差异，而并非人群、文化的差异。巴里坤草原地区埋葬的死者均为仰身直肢葬，与巴泽雷克文化流行的侧身屈肢葬差异显著。另外，巴里坤草原地区中小型墓葬流行的二次扰乱葬习俗在阿尔泰地区少见，应来自东部的河西走廊地区。

图七　西沟遗址 1 号墓葬出土虎纹、羊头纹金箔片

在随葬品方面，巴里坤草原地区晚期墓葬和居址中出土了不少装饰格里芬、虎、盘羊、虎噬羊等题材的动物纹金属器（图四、七）。这些装饰动物纹的器皿或用金、银箔片捶揲，或用青铜铸造，或用兽骨角雕刻、打磨而成。动物纹自然、写实，表现技法和题材均与阿尔泰地区巴泽雷克文化中晚期动物纹器物接近。结合中国北方地区近年来出土的考古资料，我们可以发现：阿尔泰地区自然写实风格的动物纹装饰艺术在公元前 3 世纪末就从北方草原向南、向东传入了巴里坤草原、甘肃庆阳、宁夏固原、鄂尔多斯地区。最能说明这一问题的就是近年来甘肃张家川马家塬戎人墓地的发掘。

四　巴里坤草原古代游牧文化的形成

除了阿尔泰山地区，巴里坤草原在公元前一千纪一直与东天山南麓的天山北路文化、焉不拉克文化保持密切的文化往来。主要表现在早期居址、墓葬中出土的彩陶器，尤其是单耳圈足彩陶豆以及侧身屈肢葬的习俗。同时，巴里坤草原晚期居址出土的汉式青铜鼎耳和陶器，以及贵族墓葬中用于装饰棺椁的四瓣金花叶、长条形金箔片显然是对汉地贵族杂金簪习俗的模仿，表明该地区与东部汉文化存在积极的文化往来。巴里坤草原早期墓葬流行的墓坑多次使用习俗以及晚期中小型墓葬流行的二次扰乱葬习俗，均可在东部甘青地区找到源头。公元前 3 世纪末，巴里坤草原晚期墓葬的出现代表了一批新的游牧民进入东天山北麓。以土著居民为人牲表明了他们对早期居民的征服和统治。他们很可能是匈奴右部的一支。

据汉文典籍记载，巴里坤草原所处的东天山地区在西汉时期被称为祁连山或祁连天山。"祁连"是匈奴语"天"的音译。楚汉之际，冒顿单于统一匈奴部落后迅速扩张，东灭东胡、西击月氏。随后西征、北伐，其右贤王先后兼并了甘肃、青海、西域诸国以及阿尔泰山的巴泽雷克文化人群。西汉中期至东汉早期，汉王朝多次出兵巴里坤草原，打击匈奴。除《史记》、《汉书》等传世文献以外，石人子村出土的裴岑碑、松树塘出土的任尚碑等纪功碑铭均可证明。正是因为如此，匈奴在扩张过程中融合了多个地区、多个民族的文化。巴里坤草原西汉早期墓葬以青沙铺垫墓葬封堆、以石板砌筑椁室、直肢葬等葬俗均与蒙古高原北部匈奴中心区域的考古学文化特征接近。我们可以认为，巴里坤草原西汉晚期新出现的人群很可能是裹胁了河西走廊、阿尔泰地区等多个部落的匈奴右部成员。

五　结　语

近年来红山口—石人子沟遗址群的考古调查与发掘工作表明，公元前一千纪的巴里坤草原早在张骞出使西域以前就已成为多民族、多种文化交融、荟萃的区域。公元前 3 世纪末叶开始，巴里坤草原新出现的游牧人群在埋葬习俗和随葬品方面反映出来自阿尔泰山地区、河西走廊以及中原地区的文化影响。很可能表明了当时匈奴部落联盟对该地区的征服。

论早期秦文化的两类遗存

梁 云

（西北大学文化遗产学院）

一 两类遗存

目前发掘的、遗存年代可到西周时期的早期秦文化遗址有礼县西山坪、甘谷毛家坪、清水李崖三处。这三处遗址中，西山坪与毛家坪的面貌接近，能划归一类，可称之为"西山型"。李崖的面貌与它们区别明显，属于另一类，可称之为"李崖型"。

西山坪遗址位于礼县县城西侧，北以刘家沟与鸾亭山相隔，地形西高东低。2005年发掘了遗址东北部、"雷神庙"以西的台地，包括西周时期4座墓葬和少量灰坑，及东周时期170余座灰坑、5座房基、10个动物坑、31座墓葬等①。同年又对城址的城墙进行了解剖，清理了叠压城墙的灰坑、房址。

居址陶器有鬲、釜、瓮、盆、豆、喇叭口罐、侈口罐等。鬲大多筒形深腹，口沿由宽变窄，由侈变平，裆部由高变低，足部粗绳纹演变为麻点纹。盆口沿由宽变窄，腹部由深变浅。豆浅盘，细柄。喇叭口罐的口部由小变大。周代居址前后可分为五期，分别相当于西周晚期、春秋早期、春秋中期、春秋晚期、战国早期②。

墓葬绝大多数为东西向，头向西；仅3座为南北向，头向北。4座仰身直肢葬，余皆屈肢葬。西周墓中3座的墓主人为仰身直肢葬，带腰坑殉狗，级别较高，有殉人，其中M2003出3鼎2簋铜礼器；陶器组合为鬲、盆、豆、罐、甗，鬲联裆锥足，或带扉棱，盆折肩宽沿，豆浅盘折腹细柄，罐有喇叭口罐和折腹罐两种，甗连体；仅一座（M1009）为屈肢葬，随葬1件陶鬲。周代墓葬前后可分七期，分别相当于西周晚期偏

---

① 赵丛苍、王志友、侯红伟：《甘肃礼县西山遗址发掘取得重要收获》，《中国文物报》2008年4月4日。

② 梁云：《论嬴秦西迁及甘肃东部秦文化的年代》，《北京大学震旦古代文明研究通讯》总第49期，2011年。

早（或西周中晚期之交）、西周晚期偏晚、春秋早期、春秋中期、春秋晚期、战国早期、战国中期。

20世纪80年代在毛家坪遗址发掘居址200平方米，有灰坑、残房基地面等；发掘者将之分为四期，认为年代从西周早期延续到战国中晚期；墓葬31座，发掘者将之分为五期，分别相当于西周中期、西周晚期、春秋早期、春秋中期、春秋晚期及战国早期[①]。后来有学者将居址的年代上限提前至"殷墟四期到商周之际"[②]。2012~2013年又对该遗址进行发掘，发掘工作尚未结束。

居址陶器有鬲、盆、豆、甗、喇叭口罐、圆腹罐、侈口罐、瓮等。鬲多缩颈鼓肩，由高体变为扁体；盆沿由宽变窄；豆为折腹或弧腹的浅盘细柄豆；甗连体；喇叭口罐口部由小变大，颈部由短变长。通过这两年的发掘可知，居址陶器大致分为五期，分别相当于西周晚期偏早（或西周中晚期之交）、西周晚期偏晚、春秋早期、春秋中晚期、战国早期[③]。

20世纪发掘的31座墓均为东西向，墓主头向西；除1座乱骨葬外，余皆屈肢葬。8座西周时期墓葬陶器组合为鬲、盆、豆、罐；鬲联裆，豆浅盘细柄，罐有喇叭口罐和圆肩罐。

西山坪和毛家坪两地西周时秦文化遗存有共性也有差异，总体而言共性大于个性。首先，出土的器类相同，器形一致。居址的陶器以秦式深腹鬲为代表，以前在西山坪灰坑中出了多件，口沿有两道凹弦纹，高瘪裆，裆上部带横鋬，腹底及足部饰横向粗绳纹。这种鬲在关中也出现过，被命名为"复古式大鬲"，年代相当于西周晚期。近年在毛家坪居址单位中又发掘到了一批，裆上部普遍带鋬，年代属西周晚期；使我们认识到它是西周晚期秦文化的一种典型器物。与之共出的往往有浅盘细柄豆、宽折沿盆、喇叭口罐等。两地墓葬的陶器组合也基本一致，以鬲、盆、豆、罐为主，鬲均联裆。其次，两地葬俗基本相同，都以头向西的屈肢葬为主。

两地的差异主要表现在墓葬方面：（1）西山坪西周墓的陶器质地较好，火候较高，形体较大；往往随葬陶甗；绳纹陶鬲的裆上部有圆泥饼或横鋬，有的肩部带扉棱。毛

① 甘肃省文物工作队、北京大学考古学系：《甘肃毛家坪遗址发掘报告》，《考古学报》1987年第3期。

② 滕铭予：《秦文化起源及相关问题再探讨》，《中国考古学跨世纪的回顾与前瞻》，科学出版社，2000年。

③ 20世纪80年代发掘的毛家坪居址第一期原被断在西周早期，后来我们撰文认为其年代应为西周中期（梁云：《论嬴秦西迁及甘肃东部秦文化的年代》，《北京大学震旦古代文明研究通讯》总第49期，2011年）。2012~2013年再次发掘该遗址，获得的此类标本与西周晚期浅盘豆共出，可知其年代在西周晚期。80年代所获标本较少，资料不够丰富，致使年代判断上有偏差，这在学术发展史上是很正常的现象。

家坪西周墓的陶器形体较小，有的墓出火候很低的泥质红陶器，为纯粹的明器；组合中未见陶鬲，但在春秋墓中常见；陶鬲裆上部未见泥饼或横錾，偶见泥质素面扉棱鬲。

（2）西山坪4座西周墓中有3座为头向西的仰身直肢葬式，且有殉人；1座为头向北的屈肢葬，无殉人。毛家坪西周墓均为头向西的屈肢葬式，无殉人。导致这种差别的原因可能是等级上的，而非地域传统的不同。

西山坪有城址、建筑基址、高等级铜器墓，位于秦人统治的中心区，遗址级别较高，既有贵族墓，也有平民墓，文化内涵丰富，更具有代表性。毛家坪至今未发现城址，遗址级别较低，主要为随葬陶器的平民墓。这两地西周遗存的面貌大同小异，属于早期秦文化的同一类遗存，即"西山型"。

2009～2011年在李崖遗址发掘了西周时期灰坑40余个，墓葬19座①。灰坑中可辨器形有鬲、甗、簋、盆、罐。鬲一般为夹砂灰陶，很多为方唇分裆的商式鬲，锥足或柱足；还有部分联裆鬲，或带扉棱；偶尔出夹砂红褐陶的寺洼鬲残片。甗侈口方唇，唇上、沿外饰绳纹。簋多敞口高圈足，腹部饰绳纹，其上或有三角划纹；还有不少厚唇簋。盆侈口圆唇深腹。罐包括弦纹小罐和折肩绳纹大罐，后者多带凹圜底。灰坑绝大多数属西周中期。

墓葬中4座属寺洼文化，15座属秦文化；它们绝大多数为头向西（西偏北）的仰身直肢葬式，带腰坑殉狗。墓坑窄长，大多数棺、椁齐备，个别有壁龛。秦文化墓葬陶器基本组合为鬲、簋、盆、罐。鬲包括方唇分裆的商式鬲、联裆鬲以及1件寺洼文化的花边分裆鬲。簋包括三角方唇的"商式簋"、厚唇簋、敞口高圈足的"周式簋"、双耳仿铜簋等。盆敞口、深腹、平底或圜底，饰绳纹；下葬时常置于棺上，相对于死者腰部位置，性质类似于今天的"孝子盆"。罐包括折肩绳纹大罐、弦纹小罐、素面罐等。墓葬可分前后两组，第一组为西周中期偏早，相当于穆王时期；第二组为西周中期偏晚，相当于共懿孝夷时期，其下限不排除进入西周晚期的可能。

"李崖型"与"西山型"的区别明显：（1）陶器组合及器形均不相同。前者的组合为鬲、簋、盆、罐。鬲以商式方唇分裆鬲最具特色，未见裆上部带横錾的。簋的种类较多，既有商式簋，又有周式簋。基本不见陶豆，仅M26、M27出土了3件豆，所占比例很低。罐有折肩绳纹罐和弦纹罐，不见喇叭口罐。后者的组合为鬲、豆、盆、罐。鬲联裆，裆上部多带横錾，不见方唇分裆鬲。豆浅盘细柄，柄中部或带凸棱。不见陶簋。盆宽平沿，折肩深腹。流行喇叭口罐，其口径小于肩径；还有一定数量的折腹罐。（2）葬式葬俗有所不同。前者绝大多数为仰身直肢葬式；仅M6一座为仰身屈

① 赵化成、梁云、侯红伟：《甘肃清水李崖遗址考古发掘获重大突破》，中国文物信息网2012年1月20日。

肢葬，双腿微曲，股骨、胫骨夹角大于90°。后者大多数为卷曲特甚的屈肢葬式，仅西山坪等级较高的3座墓为直肢葬式。前者绝大多数墓有腰坑、殉狗，后者带腰坑殉狗的墓属于少数，且级别较高。

两者也存在共性：墓向均为西首向；墓室均为窄长型，长度在宽度的2倍以上；"西山型"中的高等级墓和"李崖型"墓均为仰身直肢葬式，带腰坑殉狗；随葬品均习惯于摆放在西端棺椁之间的位置；陶器中均有相当数量的联裆鬲。这些共性决定了它们都属于秦文化的范畴。

两类遗存之间的差异，主要体现在陶器风格上。"李崖型"陶器还保留了浓厚的殷商文化遗风，如方唇分裆鬲、三角方唇簋、折肩尊，以及三角划纹等。"西山型"陶器却已经周式化了，基本不见商文化的因素，大多数器形在关中地区都可以找到；秦式深腹鬲和喇叭口罐代表了西周晚期秦文化的特点。

二　两类遗存的关系

两类遗存之间的关系如何？一支考古学文化会经历很长时间的发展历程，从早到晚面貌会发生变化。同时又有自己的分布空间，在其范围内也不是铁板一块，受周边文化以及当地历史传统影响，文化面貌存在区域性差异。学术界通常把同一文化因时间早晚造成的阶段性不同叫作"期"，把同一文化内并存的区域性差别叫作"类型"。那么，两类遗存之间是时间上"期"的差别，还是空间上"类型"的不同？

上述三处遗址中早期秦文化遗存年代的横向对应关系如下表：

"李崖型"	"西山型"		年代
李崖遗址	西山坪遗址	毛家坪遗址	
一组			西周中期偏早
二组			西周中期偏晚
	一期	一期	西周晚期偏早
	二期	二期	西周晚期偏晚
	三期	三期	春秋早期

"李崖型"主要存在于西周中期，其年代下限或可进入西周晚期。"西山型"主要存在于西周晚期和春秋早期，其年代上限或可进入西周中期偏晚。换言之，两类遗存在西周中、晚期之际有一个交替。由于尚未发现年代明确的西周晚期至春秋早期"李崖型"遗存，也没有发现西周中期偏早的"西山型"遗存，就不能说两者有平行共存

关系。相反，单纯从年代关系考虑，两类遗存可能分别代表了早期秦文化发展的前、后不同阶段。

"李崖型"主要发现于清水、张家川县；除了李崖，在牛头河流域的多个遗址都发现了类似遗存，如永清堡、蔡湾、祝英台等。"西山型"主要发现于礼县、甘谷，这类遗存在西汉水上游及相邻的渭河谷地普遍分布。目前的资料给人一种印象，两类遗存似乎各有自己的分布范围。如果说它们代表了早期秦文化发展的前、后阶段，那么在礼县应当有"李崖型"遗存，在清水也应当有"西山型"遗存，因为礼县和清水是早期秦文化的两个中心分布区；否则这个说法就难以成立了。

2004 年的西汉水上游调查报道了 11 处含西周早期遗存的遗址，采集的标本主要为鬲足，多饰细绳纹；还有豆、折肩弦纹小罐①。后来在西山坪遗址发掘的多个灰坑中有细绳纹锥状鬲足与浅盘细柄豆共出，而其年代为西周晚期；我们才知道在调查报告中将其年代判断得过早，现在看来有修正的必要。西汉水上游可能仅个别遗址包含西周早期的周文化遗存，如蒙张遗址的陶豆，敞口、浅弧盘、圆腹、粗柄，与关中地区的浅盘粗把豆无异。

调查采集的标本大多残破不全，难以准确反映文化的年代及特征。礼县博物馆藏的两件完整陶器却说明周文化在西周初年已经进入那里。一件是陶鬲，侈口圆唇，斜领较矮，体瘦长，瘪裆较高，有较长的圆锥状实足根。另一件是高领彩绘折肩罐，侈口、斜折肩、平底，颈、肩、腹部饰红色宽带彩；相同的器形亦见于 1999 周原 IA1M17、合水兔儿沟 M5②，为商末周初的典型器物。此外，礼县博物馆藏的一件传出雷神庙的铜鼎，立沿耳深圆腹柱足，腹上部饰圆泡纹及涡纹，腹壁的亚形框内有"保父辛□"四字，末字似为族徽。"保"可能是一种职官③。另藏一件传出盐官镇的乳丁纹铜簋，敞口平沿、弧腹、斜圈足，所饰乳丁尖细。还有一件立沿耳铜鬲，弧裆、高柱足，束颈。鼎、簋属商末，鬲属西周早期（图一，上排）。这些商末周初的铜器出现在礼县，与周人西进有关，显然是周人携带过去的。

礼县目前缺乏西周中期的标本，能明确断代的很少，在 2004 年调查及博物馆藏品

---

① 甘肃省文物考古研究所等：《西汉水上游考古调查报告》，文物出版社，2008 年。

② 许俊臣、刘得桢：《甘肃合水、庆阳县出土早周陶器》，《考古》1987 年第 7 期。

③ 周初金文中的"保"一般指太保，如《保卣》；也就是召公，《尚书序》"召公为保，周公为师，相成王为左右"。但召公之器不应出在礼县，而且年代也不合。陈梦家先生说："西周之初另有一种职事，其官称也是保。师保之保最早是以女子担任的保姆，渐发展而为王室公子的师傅，至周初而为执王国大权的三公"（《西周铜器断代》第 47 页，中华书局，2004 年）。第二种含义见于西周康王时期的《保侃母簋盖》（《三代》7.23.2）。礼县这件鼎铭含义可能接近后者。

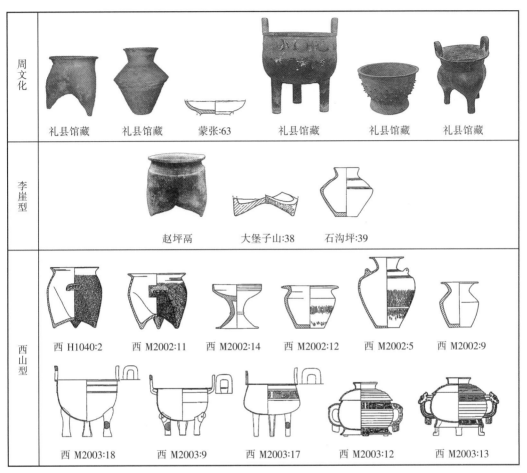

图一　礼县西周时期的三类遗存图

（图中"西"指"西山坪"，下同）

中几乎不见。我们以前曾推测该地政治局势在西周中期动荡不安，遂造成了文化的中衰①。当然还存在另外一种可能：由于考古工作做得不够，致使该期遗存尚未发现。2012 年礼县秦文化研讨会上，有当地收藏者披露了得自赵坪遗址的方唇鬲，我们有幸观摩了实物，该鬲侈口、斜沿、方唇，宽短颈，颈部绳纹被抹，颈、肩分界明显，直腹，腹部饰斜行交错绳纹，分裆，尖锥足，器高略大于器宽。该器一望即知是商式分裆鬲，器形与清水李崖西周墓所出近同或一致，如李崖 M5∶11、M10∶4、M17∶4，属于"李崖型"，年代为西周中期。"李崖型"的商式鬲在礼县并非只有这一件，2004 年在

———————

① 张天恩：《周王朝对陇右的经营和秦人的兴起》，《周秦社会与文化研究》，陕西师范大学出版社，2003 年；甘肃省文物考古研究所等：《西汉水上游考古调查报告》，文物出版社，2008 年。

大堡子山遗址采集到一件鬲裆（足），灰陶，呈分裆袋足状，裆脊线明显，尖锥状实足根，饰规整的细绳纹，绳纹直通足端。此外，当年在石沟坪遗址采集的一件弦纹折肩小罐，侈口、圆唇，短颈，颈下及肩端各有两道凹弦纹，最大径居器身中部，形态与李崖 M9∶24 酷似，年代亦相同（图一，中排）。总之，这几件标本说明"李崖型"遗存在礼县确实存在。

"西山型"遗存在礼县广泛分布，经发掘的年代可至西周的有西山坪遗址，可至春秋早期的有大堡了山遗址；还有 2004 年调查的包含西周晚期至春秋早期遗存的 21 处遗址。器形如上文所述（图一，下排）。

由此可知，礼县境内属于周、秦文化范畴的西周时期遗存有三类：一类为周文化，存在于西周早期；另一类为早期秦文化"李崖型"，主要存在于西周中期；还有一类为早期秦文化"西山型"，主要存在于西周晚期至春秋早期。

清水的"李崖型"遗存如前所述，分布在牛头河两岸的若干遗址，陶器组合为鬲、甗、簋、盆、罐，包含浓厚的殷商文化因素，主要存在于西周中期。此外，清水县博物馆的一件征自李崖遗址的铜簋（图二，上排），窄体，侈口、细颈、垂腹、低圈足，形制与 1975 年周原庄白墓及 1976 年周原齐家 M19 所出相似，年代应在穆王时，亦属"李崖型"。

虽然李崖墓葬的 ^{14}C 数据提醒我们其年代可能下延至西周晚期，但随葬陶器在器形上缺乏相应的标本。值得注意的是，2010 年在该遗址 G 发掘点的 T2716⑤层出土了一件陶豆，浅盘，平沿，折腹，豆柄中部收束，喇叭形座，与关中同类器比较，其年代相当于西周晚期偏早。T2716⑤层为汉代以后扰乱层，出大量西周陶片，也有少量晚期瓷片，系后代人类平整土地、从事耕作而形成的，在形成过程中破坏了大量西周单位。这件标本暗示李崖遗址也有西周晚期单位。2005 年调查时我们在台子村遗址采集到喇叭口罐的口部，口径较小，属西周晚期遗物。此外，清水县博物馆藏有一件采自田湾遗址的陶鬲，侈口、折平沿、鼓肩、深腹、瘪裆，裆部较低，三锥状足；裆上部带横鋬，肩部饰竖行绳纹，腹部饰交错绳纹，裆底及足部饰麻点纹，属于典型的秦式深腹鬲，年代为春秋早期（图二，下排）。上述豆、喇叭口罐、鬲均属"西山型"，表明清水也有这类遗存。目前发现较少，可能因为工作做得不够。

礼县和清水都既有"李崖型"，又有"西山型"遗存，说明两类遗存在甘肃东部是普遍存在的，两者年代上又前后衔接，因此，它们代表了早期秦文化发展的两个阶段。目前发现的"李崖型"遗址较少，所获标本不够丰富；"西山型"遗址较多，所获标本相对丰富。这固然与以往工作有关，但可能还存在另一原因：早期秦文化在"李崖型"阶段势力较弱，规模尚小；到了"西山型"阶段已发展壮大，势力较强。

既然两类遗存代表了同一支文化的前、后发展阶段，为什么不干脆将之命名为

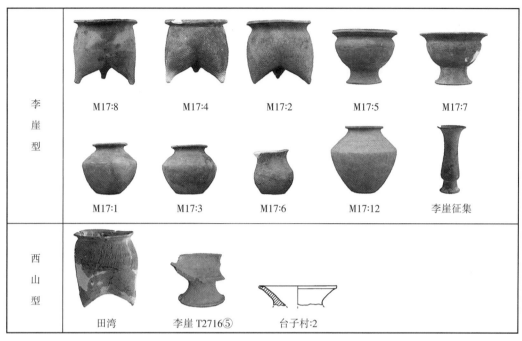

图二　清水西周时期的两类遗存

"李崖期"和"西山期",却要沿用"型"这种反映事物不同类别及演变轨道的概念?

一支考古学文化在发展过程中,典型器物的形态会逐步改变,也会有旧新器物的此消彼长,这种变化就其性质而言属于事物的量变。当然,量变也有阶段性差异,根据这种差异可把文化分为若干期段。"大体说来,年代相衔接的同一文化各期,各种型式的交替常常是缓慢进行的,也可说是一个渐变的过程;即旧的较早的型式逐渐消失和新的较晚的型式不断产生,从而形成较多的交错现象。……年代相衔接而文化不同的各期,则各种型式的交替往往出现突变的现象,即相邻的两期型式全变,或是大部分、或是主要部分的型式已经替换"[1]。

"李崖型"器物的大部分型式不见于"西山型",如方唇分裆鬲、簋、折肩尊、折肩绳纹大罐、弦纹小罐等;后者的主要型式也不见于前者,如带横錾的瘪裆鬲、折盘豆、喇叭口罐等。"李崖型"墓葬绝大多数为仰身直肢葬式;"西山型"墓葬大部分为屈肢葬,只有少数高等级墓为仰身直肢葬式。虽然两者在年代上前后衔接,但总体面貌发生了很大改变,这个改变属于跳跃式的突变,已经超出了"分期"所限定的范畴。

秦文化的突变发生了不止一次。我们曾把春秋至秦代前后的秦器物群分为"春秋

---

[1]　邹衡:《夏商周考古学论文集（续集）》第 275 页,科学出版社,1998 年。

型"和"战国型"两大器群，前者的年代范围为春秋早期至战国早期，后者的年代范围为战国中晚期至秦代前后，两者在年代上前后衔接，但彼此面貌迥异，没有发展演变关系，存在很大的跳跃性。突变反映了一个古代人群先后创造或使用两类面貌差异很大的文化遗存，其差异之大如果放在史前时期，会被划归不同的考古学文化。突变的原因或者是巨大的社会变动，或者是剧烈的社会变革。

　　早期秦文化两类遗存在西周中、晚期之际的交替，与秦"春秋型"和"战国型"两大器群在战国早、中期之际转变的性质相同，道理相通，因此将它们命名为"型"而非"期"。早期秦文化从"李崖型"转变为"西山型"，是一次文化转型，而这个转型其实是一个"去商化"的过程，即舍弃了原先殷商文化的因素和影响，在器用方面向周文化靠拢。

三　早期秦文化的转型

　　秦先祖与殷商关系密切。秦、殷都有玄鸟降生的传说。秦祖费昌曾为商汤御车，孟戏、中衍曾为太戊御，《史记·秦本纪》记载："自太戊以下，中衍之后，遂世有功，以佐殷国，故嬴姓多显，遂为诸侯。"蜚廉、恶来父子都是纣王的心腹大臣，蜚廉为纣出使北方，恰逢武王克商，不得返还，"遂葬于霍太山"（《秦本纪》）。秦、赵共祖，蜚廉之前为一家，之后才分为两支。赵人这一支后来出了个有名的驭手叫造父，为周穆王驾车，有功被封于赵城，即今山西洪洞县。赵人由此姓赵氏。当时秦人蒙荫亦姓赵氏。商周时族名（或族氏名）与族的居住地名称往往一致，可知当时秦人也居住在赵城或其附近。秦、赵先祖世居山西中南部，为商人臣属国族，其文化有浓厚的殷商因素就不足为奇了。事实上，目前在晋南发现的一些西周时的殷商方国遗民墓地，如浮山桥北、绛县横水、翼城大河口，均流行腰坑、殉狗、殉人，前者出类似李崖的方唇分裆鬲，后两者流行头向西的墓形；有很强的殷商遗风，与"李崖型"墓葬有一定相似性①。

　　秦人大约在周穆王时西迁陇右，年代相当于西周中期偏早。"李崖型"的年代与之吻合，为甘肃东部年代最早的秦文化遗存，也代表了西迁之初秦文化的特点。这些特点很多应来自晋中南，如李崖的方唇分裆鬲，不同于周原、丰镐所出卷沿、圆唇的侈口分裆鬲，也不同于洛阳等地的宽折沿大袋足无实足根鬲，类似器形却在山西汾阳杏花村、浮山桥北墓地出土过（图三）。至于头向西的仰身直肢葬式，更是嬴秦本族的传统。

　　当然，秦人在西迁之后就与关中建立了联系，并与当地戎人有了接触和交往。李崖

---

① 梁云：《嬴秦西迁三说评议》，待刊。

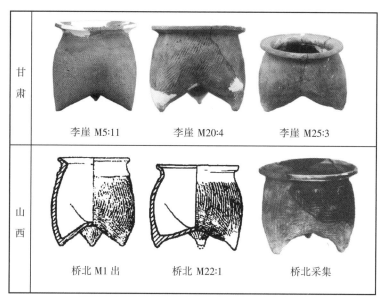

图三　晋、甘两地陶器比较

出土的小口圆肩圆腹的弦纹或素面罐，本是周文化的传统器物，商末就出现在周原礼村、凤翔西村、沣西的先周文化单位中，西周时期在周原和丰镐遗址中很常见，且自成序列。关中之外的西周遗址中几乎不见这种弦纹小罐，李崖的这类器型显然来自关中。

李崖的秦文化墓葬中有 4 座间出 1 ~ 2 件寺洼陶器，器形有鬲、马鞍形口罐、单耳或双耳罐。其中带鋬的花边口沿分裆陶鬲、双马鞍形口罐均见于庄浪徐家碾寺洼文化墓地，应为来自水洛河流域的寺洼文化因素。在李崖遗址还发掘了 4 座仅出 1 件素面夹砂带耳罐的寺洼文化墓葬，与秦文化墓葬交错分布；其中 1 座与秦墓并穴合葬，可能为夫妇关系；表明当时已有少数戎人融入到秦人的群体中。

由于恶来助纣为虐，被武王所诛，其后代的地位很低贱，沦为造父族的附庸，并改姓造父族的赵氏。直到非子为孝王养马有功，才又恢复了原来的嬴姓，"号曰秦嬴"。可以想见在西迁前后秦人的部族规模、人口数量都还很有限。正因为部族小、人口少、地位低、势力弱，所以当时秦人社会财富还不够集中，一定程度保留了以前氏族社会的平等特征，墓葬的等级分化不明显。李崖遗址的面积有上百万平方米，但钻探出的西周墓葬不过 60 余座，分布相当稀疏。发掘的墓葬长 2 ~ 4 米，有棺有椁，出土陶器均在 10 件左右，看不出等级上的差别。

在陇山东西两侧广泛分布着寺洼文化，其族属应包括"犬戎"在内。犬戎是西戎的一支，在西周时期为祸甚烈，所以有时在文献中它又代指"西戎"。经周文王征伐后，在西周早期犬戎的势力已被大大削弱了，与周王朝基本上相安无事，成王时还曾进贡文马①。穆王以后其势力又开始抬头。《国语·周语上》、《后汉书·西羌列传》记载穆王西征犬戎，俘获戎王，并将之迁往"太原"。穆王西征，造父为之御，并立有战功，因而被封予赵城②。以造父与穆王关系之密切，以及新封赵城之荣宠，举荐与己同祖的大骆族远赴陇右，为周王室保西垂，防范犬戎之变，是再合理不过的事情。这恐怕是嬴秦西迁的历史契机。大骆所迁（居）的犬丘，原先可能是犬戎的居地，得名要早于秦人西迁的时间③。

西迁之初秦人的势力弱小，为保证族群的存续，采用联姻的手段维系与当地及周边势力的关系，李崖遗址秦文化墓与寺洼文化墓的并穴合葬反映了这种关系。《史记·秦本纪》记载申侯嫁女为大骆妻，目的是使"西戎皆服"。申在陇山东侧，为周王母舅之国，长期掌管西戎事务，秦、申联姻的政治意图很明显：秦借申以立足于西土，申借秦以羁縻西戎。

然而，秦人的西迁并没有立刻改变西土的局势，只是为后来的演变添加了一个变数。到了西周中晚期之际，陇右的民族关系恶化，局面动荡不安。《汉书·匈奴传》说："至穆王之孙懿王时，王室遂衰，戎狄交侵，暴虐中国"。古本《竹书纪年》说："夷王衰弱，荒服不朝"，以及"厉王无道，戎狄寇掠，乃入犬丘，杀秦仲之族"。这里的"秦仲之族"应即《史记·秦本纪》中"犬丘大骆之族"。今本《竹书纪年》把这件事记在厉王十一年。从穆王前期嬴秦西迁礼县，到厉王前期犬丘的嫡系宗室被灭，前后不过百年，可见秦人作为外来户毕竟根基不稳，一遇大风浪便有灭顶之灾。幸亏孝王把非子别封于清水的秦亭，为秦人保留了一脉香火，并埋下了日后东山再起的伏笔。

与犬丘所在的西汉水上游寺洼文化密集分布、戎人势力根深蒂固不同，秦邑所在的牛头河流域基本是寺洼文化分布的空白区，戎人势力相对薄弱。这就为清水的秦人赢得了起码的生存空间。从李崖西周遗存的年代可知，在非子受封之前，清水就已是秦人的地盘，甚至可能是秦人西迁行经之地。非子受封后，充分利用当地资源，大力发展养马业。到非子的玄孙秦种，开始拥有车马礼乐。《诗序》云："《车邻》，美秦仲

---

① 《逸周书·王会解》："犬戎文马，文马赤鬣缟身，目若黄金，名吉黄之乘。"《汉书·王莽传》："皇帝谦让，以摄居之，未当天意，故其秋七月，天重以三能文马。"晋灼曰："许慎说，文马缟身金精，周成王时犬戎献之。"

② 《今本竹书纪年》："（穆王）十二年，毛公班、井公利、逢公固帅师从王伐犬戎；冬十月，王北巡狩，遂征犬戎"，可见此次远征穆王躬行亲为。作战的主力是西六师，《穆天子传》："命毛班、逢固先至于周，又乃命井利、梁固厽将六师。"《今本竹书纪年》："十六年……王命造父封于赵"，"十七年……秋八月，迁戎于太原"。西征、迁戎、封赵三事时间相隔不远，应有内在联系。

③ "丘"（邱）有废墟、故址的意思，"犬丘"即犬戎的故址。犬戎主要活动于商代、西周时期，今甘肃礼县一带本就属于犬戎的势力范围，那里有"犬丘"地名不足为奇。

也。秦仲始大，有车马礼乐侍御之号焉。"《诗·车邻》描绘辚辚车声、白额头的马、传令的寺人，以及瑟、簧的演奏，一副贵族闲暇生活的派头。孔《疏》云："秦自非子以来，世为附庸，其国仍小，至秦仲而国土大矣。由国始大，而得有此车马礼乐。"这标志着贵族身份的获得和对周礼的全面吸收，器用方面自不待言，秦器物群的全面周式化可能是从秦仲在位期间开始的。

《史记·秦本纪》记秦仲三年（公元前842年），西戎灭犬丘大骆之族；十八年（公元前827年），"周宣王即位，乃以秦仲为大夫，诛西戎"；二十三年（公元前822年）秦仲死于戎难。在犬丘陷落20年之后，清水这一支秦人才能积聚力量，受王命伐戎；目的是为了光复旧都，所伐之戎应在礼县一带。但那里西戎的强大显然超出估计，秦仲兵败身死，事在周宣王六年（《史记·十二诸侯年表》）。值此危难之际，宣王予秦仲的长子庄公七千兵，一举扭转形势，伐破西戎，收复了失地。庄公于是拥有从清水至礼县的连绵土地，几乎囊括陇右的大部分区域，并获得"西陲大夫"的封号，代表周王室在那里行使军政管辖权。庄公在位44年之久，秦人真正的崛起始于庄公。

在这个过程中，秦与周的关系至为关键。与周王室的交往，清水较礼县更为便捷。纵贯南北的陇山没有阻隔东、西两侧的交流。如前所述，李崖西周墓的弦纹小罐反映了它与关中的联系。西周金文中也不乏这方面的材料。师酉簋铭文云："王乎（呼）史墙册令（命）师酉，司乃祖啻官邑人、虎臣：西门尸（夷）、𩵖尸（夷）、秦尸（夷）、京尸（夷）、𤕌身尸（夷）。"询簋铭文云："今余命汝啻官司邑人，先虎臣、后庸：西门夷、秦夷、京夷、𩵖夷、师笭侧新，□华夷、𤕌身夷、𢆶尸，成周走亚、戍秦人、降人、服夷。"朱凤瀚先生将师酉簋断在孝王元年，询簋断在厉王十七年，并认为询是师酉的后辈，子承父业[①]。在师酉和询统领的王宫卫队（虎臣）中有"秦夷"。除了清水，西周时期在今山东还有"秦"的地名。然而从"京"、"𩵖"均位于西土来看，铭文中与之相连的"秦"很可能指陇山西侧非子的封地。此说不误的话，那么在非子受封前，至秦仲即位后，清水就持续不断地派人前往周都，加入王朝禁军，以捍卫王身。清水秦人与周王室关系之密切，可见一斑。

犬丘的沦陷使清水这支秦人成为"孤军"，巨大的生存压力和危机感迫使清水的统治者寻求外援，陇山东侧的周王室是不二选择。秦仲在位期间系统地学习、吸收、享用宗周礼乐制度，与关中周文化的联系空前强化，扬弃本族源自殷商的某些不合时宜的旧传统，向周文化靠拢，正是出于一种转换身份识别标志、跻身周人上流社会的强烈愿望。这一愿望最终得以实现，宣王即位后便命其为大夫，主持伐戎。大夫有相应的车服、礼器规定，所谓"唯器与名，不可以假人"（《左传·成公二年》）。秦仲的年

---

① 朱凤瀚：《师酉鼎与师酉簋》，《中国历史文物》2004年第1期。

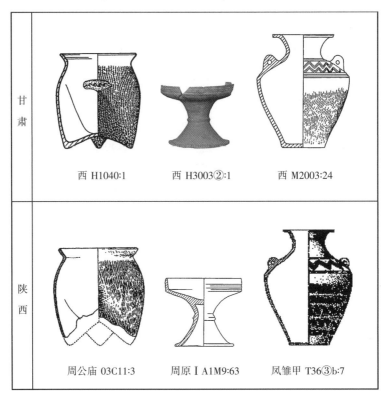

图四　陕、甘两地陶器比较

代已进入西周晚期，西周晚期的秦贵族墓亦有发现。礼县西山坪 M2003 出铜三鼎二簋，鼎有球腹蹄足和垂腹柱足两种；簋带瓦纹、重环纹、窃曲纹，耳下有小珥，圈足下有三小足，一望即知来源于关中同类器形（图一，下排）。其礼器组合已经接近西周时大夫的级别，要知道在山西曲村发掘的某些晋侯和晋侯夫人墓也不过随葬铜三鼎。该墓随葬青铜短剑，墓主人颅骨上插有铜镞，系受创伤而死，反映了当时秦与西戎惨烈的战况。有学者指出春秋秦鼎敛口、垂鼓腹的样式主要继承了关中西周晚期偏早阶段铜器的组合和特征[①]，与上述时代背景的分析相吻合。

　　上有所好，下必甚焉。在统治者学习、吸收周礼的时候，一般民众普遍使用的日用陶器风格也随之转变。"西山型"的主要器形源自关中。秦式深腹鬲侈口、深腹、高瘪裆的样式其实沿袭了关中西周早中期瘪裆鬲的形制，只是在细部上有所改变，反映出晚期的特征，如口沿内外缘的凹弦纹、腹上部施横錾、裆足饰粗绳纹等。浅折盘细柄豆与关中同类器无别。秦的喇叭口罐亦源自周式折肩罐。西山坪喇叭口罐肩部有双

---

① 　张天恩：《早期秦文化特征形成的初步考察》，《周秦文化研究论集》，科学出版社，2008 年。

纽、饰折线纹，形制与周原凤雏甲组基址西周晚期地层所出折肩罐酷似（图四），而折肩罐在关中周文化中自成序列。

秦仲虽然战死，但文化的转型过程并未中断。《秦本纪》云："周宣王乃召庄公昆弟五人，与兵七千人，使伐西戎，破之。"七千兵在当时不是一个小数目，西周王朝在西土驻有六师，一师（军）也不过12500人[①]。我们不知道这批来自关中的周兵参加秦人的靖难之役后，是留在当地，还是返回故地。不管怎样，如此多的周人进入陇右，客观上加速了文化转型。到庄公被封为"西垂大夫"，取得了周天子认可的在陇右的最高统治地位，秦器物群"去商化"和"周式化"的进程也基本完成。

庄公被封为西垂大夫后，管辖的领土不再限于清水县境内，而是兼有渭河上游和西汉水上游，面积远远超过了"公侯田方百里"的范围[②]，实际上相当于一个大诸侯国。辖区内臣民也不再限于嬴秦宗族，还包括大大小小被征服的西戎部族，甚至可能还有一些周人；人口规模扩大的同时其结构也变得复杂化，而所有人都得被纳入到秦的统治框架内。伴随征战、掠夺及人群规模的扩大，社会财富向上层集中，社会逐渐分化出不同的阶层，原先嬴秦本族小群体内的平等关系一去不复返了。这些都是秦人从附庸走向封国过程中必然会发生的现象。

人口结构的复杂化，自上而下等级制度的建立，致使统治者和被统治者来源不一，各有自己的文化特点。如果征服者没有进行彻底的移风易俗，就会造成不同来源的文化因素在不同阶层的遗存单位（墓葬）中不均匀分布的现象，即我们所说的秦文化的"异质性"特征[③]，这个特征在后来延续了很长时间。

我们曾把春秋至战国早期的秦墓分为国君、大夫、士、庶民四个级别，对各级别墓葬进行葬俗方面的统计，发现直肢葬、腰坑、殉狗、殉人现象自上而下逐级减少；相反，屈肢葬、无腰坑、无殉狗、无殉人的现象自上而下逐级增多。西首葬则是各阶层共有的因素[④]。这个规律同样适用于对西周晚期秦墓的统计：贵族墓如西山坪M2003，出三鼎二簋铜礼器，为头向西的仰身直肢葬，带腰坑殉狗，有殉人；次一级的如西山坪M2002、M2004，各出成组陶器10余件，为东西向的仰身直肢葬，有腰坑、殉狗、殉人；最低等的如甘谷毛家坪西周墓，单座墓出土陶器不足10件，均为头向西的屈肢葬，绝大多数无腰坑殉狗，无殉人。

贵族墓和平民墓在葬式葬俗方面差别较大，暗示它们族源不同。腰坑、殉狗、殉

---

① 李学勤：《论西周金文的六师、八师》，《华夏考古》1987 年第 2 期。
② 《礼记·王制》："天子之田方千里，公侯田方百里，伯七十里，子男五十里，不能五十里者，不合于天子，附于诸侯，曰附庸。"
③ 梁云：《从秦墓葬俗看秦文化的形成》，《考古与文物》2008 年第 1 期。
④ 梁云：《从秦墓葬俗看秦文化的形成》，《考古与文物》2008 年第 1 期。

人流行于东土民族，反映了嬴秦宗族来自东方的历史事实。"西山型"贵族墓的葬式葬俗与"李崖型"墓葬完全一致，还说明嬴秦宗族在上升为统治阶层后，并未放弃原先具有殷商色彩的丧葬习俗。早期秦文化的转型有很大局限性，仅仅发生在器物层面。"西山型"平民墓的屈肢葬，曾经是甘青地区古文化流行的一种葬式，那里的史前文化及其后裔也基本不见腰坑、殉狗的葬俗。虽然秦屈肢葬式的直接渊源目前还没有找到，但它不属于嬴秦宗族的传统，是可以断言的。它可能是被嬴秦征服的戎人带来的一种葬式及信仰，在社会中下层中广泛流行，后来顽固保持了五百多年，甚至成为东周秦墓的标志之一。

综上所述，嬴秦先祖与殷商关系密切，世居山西中南部，大约在西周穆王时西迁陇右。西迁之初的部族小、人口少，社会分化不明显，其文化面貌有浓厚的殷商遗风。西周中晚期之际西戎肆虐，陇右板荡，犬丘沦陷，迫使清水的秦人强化了与周王室的联系，系统学习、吸收周礼，舍弃了某些不合时宜的殷商因素，文化上向周人靠拢；从秦仲在位到庄公被封为"西垂大夫"的二十余年间，完成了器物群风格的转型。庄公统治期间领土扩大，人口成分复杂化，社会分化剧烈，统治者和被统治者来源不一，葬俗互异，形成了一种结构上的"异质性"特征，反映了秦人自附庸走向封国、其社会组织从血缘向地缘转变的历史进程。

黑水、长人与不死民

——略论战国秦汉时期月氏、乌孙与塞人的融合

邵小龙

（复旦大学文史研究院）

在屈原的《天问》中，有"何所不死，长人何守"，"黑水玄趾，三危安在"，"延年不死，寿何所止"等句。汉代王逸《楚辞章句》曰：

《括地象》曰：有不死之国。长人，长狄。《春秋》云：防风氏也。禹合诸侯，防风氏后至，于是使守封嵎之山也。①

……

玄趾、三危，皆山名也，在西方，黑水出昆仑山也。②

……

言仙人禀命不死，其寿独何所穷止也？③

其后，宋洪兴祖（1090～1155年）《楚辞补注》、朱熹（1130～1200年）《楚辞集注》及清蒋骥《山带阁注楚辞》等著作，皆于王注之上又有补充。而后世诸家的注释，多征引《山海经》、《淮南子》等著作中的神话传说，对不死长人诸问题的见解，莫衷一是。

20世纪以来，伴随着现代考古学的巨大进步，许多重要的考古成果逐渐为现代学者所运用。作为现代重要考古发现之一的居延汉简，先后出土共计三万余枚竹简，内容涉及两汉时期许多方面的内容，可补传世史书之不足。在居延汉简的数十枚简中，记录了当时一部分特殊的人群，具体材料如下：

（1）□里贾陵年卅长七尺三寸黑色牛车一两　符第六百八——□（11·4）

---

① ［宋］洪兴祖补注，卞岐整理：《楚辞补注》第83页，凤凰出版社，2007年。
② 《楚辞补注》第84页。
③ 《楚辞补注》第84页。

（2）☑五十二长七尺一寸黑色　乘☑☑（11·19）

（3）☑里上造史赐年廿五长七尺二寸黑色　为兰少翁将军（14·12）

（4）□□市阳里上造王福年六十长七尺二寸黑色（14·13）

（5）葆鸢鸟息众里上造颜收年十二长六尺黑色　皆六月

　　　丁巳出　　不（15·5）

（6）魏郡繁阳高忘里大夫谢牧年卅长七尺二寸黑色（15·14）

（7）永光四年正月己酉　　　妻大女昭武万岁里孙第卿年廿一

　　　　　　　　　　　　　子小女王女年三岁

　　　橐佗延寿隧长孙时符　弟小女耳年九岁　　　皆黑色（29·1）

　　　　　　　　　　　　　妻大女昭武万岁里□□年卅二

（8）永光四年正月己酉　　　子大男辅年十九岁

　　　橐佗吞胡隧长张彭祖符　子小男广宗年十二岁

　　　　　　　　　　　　　子小女女足年九岁

　　　　　　　　　　　　　辅妻南来年十五岁　皆黑色（29·2）

（9）□史□非子长七尺黑色　十月辛亥出门（37·3）

（10）□□□□年卅七长七尺二寸黑色（37·22）

（11）𬺈得成汉里大夫彘建德年卅二长七尺五寸黑色弓一（37·32）

（12）东郡田卒清灵□里大夫聂德廿四长七尺二寸黑色（37·38）

（13）望□苑髡钳钛左右止

　　　大奴冯宣

　　　年廿七八岁中壮发长六七寸青黑色毋须衣皁袍白布

　　　　绔履白革舄持

　　　剑亡（40·1）

（14）居延都尉给事佐居延始至里万常善年卅四岁长七尺五

　　　寸黑色（43·2，77·81）

（15）河南郡河南县北中里公乘史游年卅二长七尺二寸黑色

　　　☑（43·7）

（16）□部吏阳里大夫封□年廿八长七尺二寸黑色　牛一车

　　　一两五月戊戌出□□一□□（43·13）

（17）河南郡荥阳桃邮里公乘庄盰年廿八长七尺二寸黑色（43·16，43·18）

（18）☑尺五寸黑色　轺车乘（43·20）

（19）■弟子公士博士黑色年十八（62·19）

（20）当阳里唐并年十九长七尺三寸黄黑色　八月辛酉出（62·34）

（21）☑□年廿　长七尺五寸黑色十一月辛☑（75・3）

（22）☑□就里唐宣年廿三长七尺三寸黑色衣□☑（77・53，77・56）

（23）☑出入　长七尺黑☑（119・27）

（24）☑安国年卅长七尺二寸黑色☑（126・19）

（25）正月癸酉河南郡都尉忠丞下郡大守诸侯相承书从事下当

　　　用者实字子功年五十六大状黑色长须建昭二年八月

　　　庚辰亡过客居长安当利里者雒阳上商里范义壬午实买

　　　所乘车马更乘骓牡马白蜀布縢布并涂载布（157・24A）

（26）诏所名捕平陵长雚里男子杜光宇长孙故南阳杜衍☑

　　　多□黑色肥大头少发年可卅七八□□□□五寸□□□杨伯

　　　初亡时驾骊牡马乘阑举车黄车茵张白车蓬骑骊牡马

　　　因坐役使流亡□户百廿三擅置田监

　　　史不法道丞相御史□执金吾家属

　　　所二千石奉捕（183・13）

（27）☑年十一月壬申朔丁丑陶乡啬夫定佐博

　　　☑□长七尺四寸黑色（218・50）

（28）☑书佐忠时年廿六长七尺三寸黑色　牛一车乘　第三

　　　百九十八　出（280・3）

（29）☑里王野　年廿五岁长七尺五寸黑色（323・3）

（30）☑将车轥得安世里公乘工未央年卅长七尺二寸黑色（334・13）

（31）河内郡温西故里大夫苏罢军年卅五　长七尺三寸黑色

　　　☑（334・28）

（32）☑年卅九长七尺二寸黑色（334・31）

（33）骊轩万岁里公乘兒仓年卅长七尺二寸黑色　剑一　已

　　　入　牛车一辆（334・33）

（34）将车轥得新都里郝毋伤年卅六岁长七尺二寸黑色☑（334・36）

（35）☑三寸黑色　弓一矢五（334・37）

（36）☑公乘孙辅年十八长七尺一寸黑色（334・41）

（37）☑都尉丞何望功一劳三岁一月十日北地北部鄣候杜旦

　　　功一劳三岁□则年卅五长七尺二寸黑色（336・13，336・12，340・9）

（38）卅　　长七尺七寸黑色（340・19）

（39）☑尺五寸黑色　七月二☑（340・25）

（40）居延安故里孙罢军年廿三剑一黑色长☑（340・39）

（41）☑顺年卅二长七尺二寸黑色（340·43）

（42）☑尺二寸黑色（346·17）

（43）☑都里不更司马奉德年廿长七尺二寸黑色（387·3）

（44）☑一长七尺五寸黑色（407·15）①

（45）□□□□［里不］更□［光］年卅八长七尺三寸黑色　　　□□□（14·
　　　15）

（46）长七尺二寸黑色（121·14）②

　　通过以上所列举的材料，我们可以看出其中各枚简对当时黑色长人的记录格式基
本相同，主要包含了籍贯、身份、姓名、身高、肤色等内容，大体有一定的格式。其
中的"黑色"应指人的肤色，这些简中记载的黑肤人中，除一名少年以外，其他人的
身高都在七尺以上。结合上文所举的材料，我们可以看出，在上述汉简中记载的黑肤
长人，大多都出自张掖郡的居延、觻得、昭武和骊靬四县，部分来自武威郡、河南郡、
魏郡和东郡等地区。

　　居延汉简中的黑肤人，最早由美籍华裔学者张春树先生加以关注，他在《居延汉
简中所见的汉代人的身型与肤色》③　一文中，选出记录当时人身高与肤色的数十枚简，
并对这些简中所记载的"黑色人"进行了一定的研究。此后，杨希枚先生《论汉简及
其他汉文献所载的黑色人——〈居延汉简中所见汉代人的身型与肤色〉读后》④、陈健
文先生《月氏的名称、族属以及汉代西陲的黑色人问题》⑤、饶宗颐先生《初学录
序》⑥、汪受宽先生《元以前来华黑人考》⑦　以及林梅村先生《丝绸之路考古十五讲》⑧
等论文和著作，都对居延汉简中黑肤人的问题有所论述。

　　我们认为，汉简中出现的黑肤长人，如果与《天问》中的记载相联系，可以对西
北地区出现的黑肤长人的问题进一步上溯。因此，不局限于西汉一代的材料，会有更

----

①　以上材料均引自谢桂华、李均明、朱国炤：《居延汉简释文合校》第 18 ~ 554 页，文物出版社，
　　1987 年。

②　以上材料引自简牍整理小组编：《居延汉简补编》第 161、170 页，史语所，1998 年。

③　载《庆祝李济先生七十岁论文集》下册第 1033 ~ 1045 页，清华学报社，1967 年。后收入张春树：
　　《汉代边疆史论集》，食货出版社，1977 年。

④　载《史语所集刊》第 39 本，1969 年；《先秦文化史论集》，中国社会科学出版社，1995 年。

⑤　载《1994 年敦煌学国际研讨会文集——纪念敦煌研究院成立 50 周年·宗教文史卷》（下），甘肃
　　民族出版社，2000 年。

⑥　载李均明《初学录》，兰台出版社，1999 年，后收入饶宗颐著，郑会欣编：《选堂序跋集》，中华
　　书局，2006 年。

⑦　载《社会科学战线》2001 年第 1 期，后收入汪受宽：《西北史札》，甘肃文化出版社，2008 年。

⑧　林梅村：《丝绸之路考古十五讲》第 121 页，北京大学出版社，2006 年。

大收获。故不揣浅陋，略陈蠡见于下，以求正于方家。

关于汉简中黑肤人的族属问题，历来的研究者有不同的意见。张春树先生认为这些黑肤人应为一般的汉人，并非是不同于汉人的种族，只是肤色与一般人相比较为特殊。杨希枚先生则认为居延汉简中的黑肤人大约为来自异域的部分特殊种族的侨民，尤其可能是来自西域的侨民。陈健文先生经过考证后认为，汉简中出现的黑色人，大部分与月氏人有关，月氏在上古时期向东迁徙时，可能和印度西北部属于地中海人种中黑肤色的茶卢毗人种发生混血，因此产生了黑肤色的体质特征。

实际上，河西走廊地处丝绸之路的要冲，种族分布较为复杂，再加上部族之间的战争和迁移等因素的影响，也促进了河西地区各种族之间的融合。因此，居延汉简中出现的黑肤人，决不是某单一种族的特征，而是月氏人和乌孙人与印度黑肤人融合之后的产物。

在梁代慧皎（497~554年）的《高僧传》中，曾记载：

> 支谦，字恭明，一名越，本月氏人，来游汉境。……其为人细长黑瘦，眼多白而睛黄，时人为之语曰："支郎眼中黄，形躯虽细是智囊。"①

其中，"细长黑瘦"四字，已将支谦的身高与肤色描述出来。虽然支谦为三国时人，但其姓名中所含支字，无疑揭示了其先祖来自月氏。此外，在尼雅发现的木简中，也有相关记载：

> 月氏国胡支柱年卅九中人黑色☐ （*673）②

这条记载也可以说明月氏人中有黑肤色者。尽管有许多学者认为月氏人与白种的吐火罗人有一定的关系，但是月氏在战国末期至西汉初期，曾在匈奴的影响下，由中国西北部一直向西迁徙，最后征服大夏，期间与印度等地的黑种人有一定程度的融合，产生一定数量的黑肤人。

此外，居延汉简中的黑肤人，与河西地区的乌孙人也有一定的联系。其中，《易林》记载：

> 乌孙氏女，深目黑丑，嗜欲不同，过时无偶。③

---

① ［梁］释慧皎撰，汤用彤校注，汤一玄整理：《高僧传》卷一第15页，中华书局，1992年。
② 林梅村：《楼兰尼雅出土文书》第86页，文物出版社，1985年。
③ 《噬嗑之萃》，［旧题汉］焦延寿撰，徐传武、胡真点校集注《易林汇校集注》第818页，上海古籍出版社，2012年。

　　　　乌孙氏女，深目黑丑。嗜欲不同，过时无耦。①

　　关于《易林》的作者，历来说法不一，但是这部著作成书于西汉基本没有疑问。其中记载乌孙国的女性深目黑肤，难以求得配偶。由此可见，在西汉时，也有部分来自乌孙的黑皮肤人。

　　颜师古在《汉书·西域传下》的注释中指出："乌孙于西域诸戎其形最异。今之胡人青眼、赤须，类状猕猴者，本其种也。"② 王贻樑先生认为《穆天子传》中的赤乌氏可能就是乌孙氏③。其中赤乌之赤，可能指胡人的赤须，而乌孙之孙，大概说胡人貌似猕狲。但是无论赤乌还是乌孙，都含有乌字，大概也反映出乌孙人中有黑肤之人。

　　此外，居延汉简中记载的黑肤人多出自河西地区，战国时期，月氏、乌孙都在这一带游牧，这两个部族之间必然存在一定的文化交融。匈奴的势力强大以后，对月氏和乌孙展开了系列军事打击，从而改变了河西走廊的种族分布。

《汉书·西域传下》记载：

　　　　乌孙国……东与匈奴、西北与康居，西与大宛、南与城郭诸国相接。本塞地也，大月氏西破走塞王，塞王南越县度，大月氏居其地。后乌孙昆莫击大月氏，大月氏徙西臣大夏，而乌孙昆莫居之，故乌孙民有塞种、大月氏种云。④

《汉书·西域传上》又记载：

　　　　昔匈奴破大月氏，大月氏西君大夏，而塞王南君罽宾。塞种分散，往往为数国。自疏勒以西北，休循、捐毒之属，皆故塞种也。⑤

《汉书·张骞李广利传》也记载：

　　　　时月氏已为匈奴所破，西击塞王。塞王南走远徙，月氏居其地。⑥

　　由以上的引述可以看出，自战国后期至西汉初期，月氏和乌孙之间，通过战争、迁徙等方式，进一步促进了部族之间的融合，这些部族在匈奴崛起之前，都曾在敦煌、祁连一带游牧。因此居延汉简中的黑肤长人可能既有月氏人，也有乌孙人，同时还不

---

① 《革之鼎》，《易林汇校集注》第 1829 页。
② 《汉书》卷九十六下《西域传下》第 3901 页，中华书局，1962 年。
③ 杨宽：《西周史》第 618 页，上海人民出版社，2003 年。
④ 《汉书》卷九十六下《西域传下》第 3901 页，中华书局，1962 年。
⑤ 《汉书》卷九十六上《西域传上》第 3884 页，中华书局，1962 年。
⑥ 《汉书》卷六十一《张骞李广利传》第 2692 页，中华书局，1962 年。

排除月氏人与乌孙人的混血人种。正如王小甫先生所言："传统说法给人的印象是，北方草原一旦发生民族大迁徙，那里就成了有待填补的真空。其实，迁走或消灭的只是统治群体或旧政权，社会中下层或被统治的群体仍留在原地，接受新兴群体、政权的统治。"①

上文中提到的塞种，饶宗颐先生在《塞种与 Soma（须摩）——不死药的来源探索》一文中曾有考证，饶先生认为先秦时期一支善饮不死汁的塞种曾进入西域，并与中原的长生文化有一定的关系②。塞种人最早大约起源于黑海北岸，后被波斯人征服，成为古波斯列邦之一，其中与 Soma 有关的塞种亦见于阿契门尼德王朝的希贝斯敦（Behistun）铭文。据《汉书》等文献的记载，春秋末期塞人最东分布于伊犁河流域，此后在大月氏的打击下，一部分塞人南下至葱岭，另一部分到达罽宾，并在那里逐渐定居下来。但是依据相关的考古发掘，塞种在西迁以前，他们的活动范围却达到天山东部一带，其文化也通过月氏等种族不断向东传播③。1976 年，在甘肃灵台白草坡西周墓中一件铸有人头像的兵器上，出现了希罗多德笔下的塞人的护耳尖帽，但是有学者认为这件兵器上的人头像不是塞种人，而是月氏人④。由此可见，西周时塞种文化就通过月氏人传播到周地。

我们认为《天问》中的"何所不死，长人何守"等句，都是针对同一问题展开的发问。其中黑水在《尚书·禹贡》和《山海经》中，都曾多次出现，孔颖达（574 ~ 648 年）在"导黑水，至于三危，入于南海"下注曰：

> 案郦元《水经》："黑水出张掖鸡山，南流至燉煌，过三危山，南流入于南海。"然张掖、燉煌并在河北，所以黑水得越河入南海者，河自积石以西皆多伏流，故黑水得越而南也。⑤

依孔颖达所言，黑水应由张掖附近发源，即今之黑河，而玄趾之说，主要针对当

---

① 王小甫：《中国中古的族群凝聚》第 207 页，中华书局，2012 年。
② 载《中国学术》2002 年第 4 期，后收入《饶宗颐二十世纪学术文集（第七卷）》，中国人民大学出版社，2009 年。
③ 新疆社会科学院考古研究所：《新疆阿拉沟竖穴木椁墓发掘简报》，《文物》1981 年第 1 期图版 8；王炳华：《古代新疆塞人历史钩沉》，《新疆社会科学》1985 年第 1 期，收入同作者《西域考古历史论集》，中国人民大学出版社，2008 年；张广达、荣新江：《上古于阗的塞种居民》，《西北民族研究》1989 年第 1 期，收入张广达、荣新江：《于阗史丛考》，中国人民大学出版社，2008 年。
④ 林梅村：《开拓丝绸之路的先驱——吐火罗人》，《文物》1989 年第 1 期，收入同作者《西域文明——考古、民族语言和宗教新论》，东方出版社，1995 年。
⑤ ［汉］孔安国传，［唐］孔颖达疏，廖名春、陈明整理：《尚书正义》卷六第 160 页，北京大学出版社，1999 年。

地人的肤色而言。黑水玄趾，似乎可以理解为河西走廊的黑肤人，结合居延汉简中的相关记载，汉代在河西之地确实分布着部分黑肤人。《天问》中提到的长人，历代《楚辞》注家多认为指防风氏，但是我们认为居延汉简中的长人，应与"黑水玄趾"有一定的关系，这两句大概因为错简，以至于后世之人难解其意。汉简所记载的那些身高七尺以上的人，大多都出自河西，可以说明汉代河西地区居民略高于内郡[①]。而汉简中的黑肤人，其身高基本都在七尺以上，也比内郡之民要高。大致月氏、乌孙、塞种等游牧于亚欧草原的部族，与长期居住在黄河长江流域的蒙古人种不同，他们都具有白种人的体质特征，因此身高比内陆的居民高。

此外，《山海经》记载："不死民在其东，其为人黑色，寿，不死。"[②] 又记载雨师妾之民黑身人面，劳民国之人面目手足俱黑，以及流沙之东，黑水之间，有山名不死之山。似乎可以与《天问》中"何所不死，长人何守"，"黑水玄趾，三危安在"，"延年不死，寿何所止"的记载相联系。饶宗颐先生认为"不死民，其人黑色，与南印人种相同"[③]。由此可见，以上文献中出现的黑肤人，其近源就在印度，不会远至非洲，而印度黑种人的不死文化，大致也受到塞种人的影响。正由于塞种与月氏、乌孙之间的文化融合，使印度黑肤的人种及长生不死的文化逐渐向东传播。《天问》中关于玄趾和长人的记载，也从一个另外方面说明，最晚至战国后期，一些黑肤高大的异族居民就已经出现在河西地区。

综上所论，我们可以有如下的认识，《天问》"何所不死，长人何守"，"黑水玄趾，三危安在"，"延年不死，寿何所止"三句，可能都是针对同一问题的发问，其中所记载的黑水长人和不死民都与河西地区有关，这些长人的皮肤多为黑色，其原因是印度的黑色人种通过与月氏、乌孙和塞种的融合，使这一肤色的种族不断向东迁移，同时缘起于古波斯人的不死文化，也通过塞种人与印度人、月氏人和乌孙人的传播，逐渐在河西走廊地区产生一定的影响。

附记：本文撰成后蒙甘肃简牍博物馆张存良先生匡正诸多谬误，特致谢忱！

---

① 张春树：《居延汉简中所见汉代人的身型与肤色》，《汉代边疆史论集》第 195 页，食货出版社，1977 年。

② 袁珂校注：《山海经校注》卷五《海外南经》第 238 页，巴蜀书社，1992 年。

③ 饶宗颐：《三首神考》，《西南文化创世纪——殷代陇蜀部族地理与三星堆、金沙文化》第 134 页，上海古籍出版社，2010 年。

清华简《系年》秦人起源章与
早期秦人在陇上的活动

马智全

（甘肃简牍博物馆）

新近公布的清华简《系年》，是一部讲述西周初年至战国中期诸侯各国历史的史书类文献，该著出版后引起了学术界的高度关注①。《系年》共分二十三章，其中第三章涉及秦人起源的历史，李学勤先生《清华简〈系年〉及有关古史问题》②、《清华简关于秦人始源的重要发现》③ 对此已作了阐述，说明了这一章在早期秦史研究方面的重要价值。因为该章对于研究早期秦人在甘肃东部的活动具有重要意义，所以本文结合相关文献及考古调查和发掘成果对《系年》秦人起源的记载作以补述，以便更好的认识早期秦人在陇上的活动。

为了便于叙述和突出论述主旨，我们将《系年》第三章称为秦人起源章，当然这种称法并不严密，因为该章不仅讲述了秦人的起源，简文称"是秦之先人"，简文还叙述了秦人的兴起，所谓"秦以始大"，涉及西周早期及东周初期的历史，不过简文的主旨是讲秦人的起源，因此这种称法较为简明。为了便于讨论，我们先对简文作以简单疏证。

> 周武王既克殷，乃设三监于殷。武王陟，商邑兴反，杀三监而立录子耿。成王
> 屎伐商邑，杀录子耿，飞廉东逃于商盖氏，成王伐商盖，杀飞廉，西迁商盖之民于
> 朱圉，以御奴虘之戎，是秦之先人，世作周扈。周室既卑，平王东迁，止于成周，
> 秦仲焉东居周地，以守周之坟墓，秦以始大。④

---

① 清华大学出土文献研究与保护中心编，李学勤主编：《清华大学藏战国竹简（贰）》，中西书局2011年。
② 李学勤：《清华简〈系年〉及有关古史问题》，《文物》2011年第3期。
③ 李学勤：《清华简关于秦人始源的重要发现》，《光明日报》2011年9月8日第11版。
④ 清华大学出土文献研究与保护中心编，李学勤主编：《清华大学藏战国竹简（贰）》第141页，中西书局，2011年。

"周武王既克殷，乃设三监于殷。"既克，已经战胜，指武王伐纣取得胜利。《史记·殷本纪》："周武王于是遂率诸侯伐纣。纣亦发兵距之牧野。甲子日，纣兵败。纣走，入登鹿台，衣其宝玉衣，赴火而死。周武王遂斩纣头，县之白旗。杀妲己。释箕子之囚，封比干之墓，表商容之闾。封纣子武庚禄父，以续殷祀，令修行盘庚之政。殷民大说。于是周武王为天子。"① 三监，指管叔、蔡叔、霍叔。《史记·周本纪》："武王为殷初定未集，乃使其弟管叔鲜、蔡叔度相禄父治殷。"正义："《地理志》云河内，殷之旧都。周既灭殷，分其畿内为三国，《诗》邶、鄘、卫是。邶以封纣子武庚；鄘，管叔尹之；卫，蔡叔尹之：以监殷民，谓之三监。《帝王世纪》云：'自殷都以东为卫，管叔监之；殷都以西为鄘，蔡叔监之；殷都以北为邶，霍叔监之：是为三监。'按：二说各异，未详也。"② 从《系年》来看，当以后说为是。三监的记载，最早见于《尚书大传》，《系年》记有三监，说明这是上古的称法。

"武王陟，商邑兴反。"陟，指去世。《书·康王之诰》："惟新陟王，毕协赏罚。"蔡沈集传："陟，升遐也。"《韩昌黎集·黄陵庙碑》引《纪年》："帝王之崩皆曰陟。"③《周本纪》作"后而崩"。商邑兴反，商邑，商国，《诗·商颂·殷武》："商邑翼翼，四方之极。"兴反，起而反。《说文·舁部》："兴，起也。"《左传·哀公二十六年》："大尹兴空泽之士千甲，奉公自空桐入，如沃宫。"杜预注："兴，发也。"商邑兴反指武王去世后殷商的反叛行为。《宋微子世家》："武王封纣子武庚禄父以续殷祀，使管叔、蔡叔傅相之。""武王崩，成王少，周公旦代行政当国。管、蔡疑之，乃与武庚作乱，欲袭成王、周公。周公既承成王命诛武庚，杀管叔，放蔡叔，乃命微子开代殷后，奉其先祀。"可见商邑兴反主要指管、蔡、武庚作乱。

"杀三监而立蒙子耿。"三监，如前所述，当为管叔、蔡叔、霍叔。三监反叛的结果，《周本纪》记载："周公奉成王命，伐诛武庚、管叔，放蔡叔。"可见三监是被周所诛放。而简文之意，三监却是被反叛的商所杀，与史书记载不同。三监不满于周公为政，因此与商的反叛力量相结合，被周诛杀的可能性要大一些。简文如此记载，或是为周所讳。蒙子耿，指武庚。《殷本纪》："封纣子武庚禄父，以续殷祀。"《逸周书·作雒》称"武王克殷，乃立王子禄父，俾守商祀。"则武庚为号，禄父为名。大保簋（《集成》4140）有"王伐录子聑"的记载，与简文一致。关于武庚作乱的情况，史籍所载，一种是武庚主动叛乱，另一种是武庚被管叔、蔡叔挟而作乱，《殷本纪》："周武王崩，武庚与管叔、蔡叔作乱，成王命周公诛之。"《管蔡世家》："武王既崩，

① 《史记》卷3《殷本纪》第108页，中华书局，1959年。
② 《史记》卷4《周本纪》第127页，中华书局，1959年。
③ 方诗铭、王修龄：《古本竹书纪年辑证》第204页，上海古籍出版社，2005年。

成王少，周公旦专王室。管叔、蔡叔疑周公之为不利成王，乃挟武庚以作乱。"《管蔡世家》的记载，可能反映了三监作乱的某些真实情况。《系年》所记是"商邑兴反，杀三监而立彔子耿"，将所有反叛的责任推到了商邑方面，商邑先杀三监，后立武庚。这样改动，也有为周讳的倾向。

"成王屖伐商邑，殺彔子耿。"成王，指周成王。武王灭商后四年去世，成王即位，三监叛乱，成王伐商邑。《史记》所记三监叛乱，主要突出周公的作用。《殷本纪》："周武王崩，武庚与管叔、蔡叔作乱，成王命周公诛之。"《周本纪》："成王少，周初定天下，周公恐诸侯畔周，公乃摄行政当国。管叔、蔡叔群弟疑周公，与武庚作乱，畔周。周公奉成王命，伐诛武庚、管叔，放蔡叔。以微子开代殷后。"《鲁周公世家》："管、蔡、武庚等果率淮夷而反。周公乃奉成王命，兴师东伐，作《大诰》。遂诛管叔，杀武庚，放蔡叔。"《管蔡世家》："周公旦承成王命伐诛武庚，杀管叔，而放蔡叔，迁之。"《卫康叔世家》："周公旦以成王命兴师伐殷，杀武庚禄父、管叔，放蔡叔。"《宋微子世家》："周公既承成王命诛武庚，杀管叔、放蔡叔，乃命微子开代殷后，奉其先祀。"《史记》的记载，均以伐商者为周公，而简文不说周公，直说成王，与青铜铭文及《书序》的记载一致。宜侯夨簋（《集成》4320）记载："唯四月辰在丁未，王省武王、成王伐商图，诞省东国图。"以伐商为成王事，明公簋（《集成》4029）："唯王令明公遣三族伐东国，才口，鲁侯又口工，用作旅彝。"以"遣三族伐东国"为"王令"，陈梦家据此认为"由西周金文的出土，我们知道不但有周公东征的记录，也有王或成王东征的记录，在这一点上，《书序》是正确的"①。所谓《书序》，有《书·微子之命》序："成王既黜殷命，杀武庚，命微子启代殷后，作《微子之命》。"《书·康诰》序："成王既伐管叔、蔡叔，以殷余民封康叔，作《康诰》。"《成王政》序："成王东伐淮夷，遂践奄，作《成王政》。"《将蒲姑》序："成王既践奄，将迁其君于蒲姑，周公告召公，作《将蒲姑》。"《周官》序："成王既黜殷命灭淮夷，还归在丰，作《周官》。"《贿肃慎之命》序："成王既伐东夷，肃慎来贺，王俾荣伯作《贿肃慎之命》。"②青铜器铭文与《书序》的记载，与《系年》简文相一致。三监叛乱的平定，成王应起了重要作用。

"飞廉东逃于商盖氏。"飞廉，即蜚廉，《秦本纪》："其（中衍）玄孙曰中潏，在西戎，保西垂。生蜚廉。蜚廉生恶来。恶来有力，蜚廉善走，父子俱以材力事殷纣。周武王之伐纣，并杀恶来。是时蜚廉为纣石北方，还，无所报，为坛霍太山而报，得石棺，铭曰'帝令处父不与殷乱，赐尔石棺以华氏。'死，遂葬于霍太山。"从《秦本

---

① 陈梦家：《西周铜器断代》第 364 页，中华书局，2004 年。
② 陈梦家：《西周铜器断代》第 362 页，中华书局，2004 年。

纪》的记载来看，秦人先祖历代事商，是商的诸侯之一。周武王伐纣，蜚廉与恶来助纣为虐，因此是周要攻伐的对象。蜚廉东逃于商盖氏，即东逃到商奄，盖通奄，商奄在今山东曲阜一带，《秦本纪》所载嬴姓以国为姓者有"运奄氏"，可见奄是嬴姓，在三监叛乱中也是叛国之一，《逸周书·作雒解》说："三叔及殷东徐奄及熊盈以略"。飞廉东逃于商盖氏，与《秦本纪》蜚廉葬于霍太山的记载不同。

"成王伐商盖，杀飞廉。"成王伐商盖，即成王伐奄。《墨子·耕柱篇》："古者周公旦非关叔，辞三公，东处于商盖。"《韩非子·说林篇》："周公旦已胜殷，将攻商盖。"《周本纪》载："周公为师，东伐淮夷，践奄。"可见周伐商奄是平三监叛乱的重要措施之一。相似的记载，又如上述《逸周书·作雒解》、《书序》的例子。杀飞廉，如前述《秦本纪》所载，蜚廉"死，遂葬于霍太山"，而《系年》所记却是被杀于商盖。与《秦本纪》所载不同。

"西迁商盖之民于朱圄。"西迁商盖之民于朱圄，指将被平叛的商奄之民迁到了今甘肃甘谷朱圉山一带。朱圄即朱圉，即今甘肃甘谷县之朱圉山。《汉书·地理志》："道汧及岐，至于荆山，逾于河；壶口、雷首，至于大岳；底柱、析城，至于王屋；太行、恒山，至于碣石，入于海。西倾、朱圉、鸟鼠，至于太华。"颜师古注："朱圉山在汉阳冀县南。"[1] 同样的记载还见《史记·夏本纪》："西倾、朱圉、鸟鼠至于太华。"集解引郑玄曰："《地理志》曰朱圉在汉阳南。"索隐："圉，一作'圄'。朱圉山在天水冀县南。"[2] 汉阳郡冀县，位于今甘肃省甘谷县，可见周将商奄之民西迁到了甘谷县的朱圉山一带。

"以御奴虏之戎。"奴虏之戎，或指戎之一族。《秦本纪》所记秦与戎的关系，有秦先祖"中潏，在西戎，保西垂"。周孝王时申侯说到了此事和大骆保西垂事："昔我先郦山之女，为戎胥轩妻，生中潏，以亲故归周，保西垂，西垂以其故和睦。今我复与大骆妻，生适子成。申骆重婚，西戎皆服，所以为王。王其图之。"[3] 周将商奄之民迁往朱圉，主要目的是为了抵御西方的戎人。

"是秦之先人，世作周屈。""是秦之先人"，这明确回答了秦人先祖来源的问题。商奄之民本是嬴姓的运奄氏，西迁到了朱圉后，仍是嬴姓的一支，也即后来非子一族的祖先，因此简文称为"是秦之先人"。"世作周屈"，世代捍卫周，即抵御戎人的入侵，作周的保卫者。这不仅是周的命令，也是秦嬴在西周时期所发挥的实际作用。

"周室既卑，平王东迁，止于成周。"周室既卑，指幽厉之后，周室衰微。平王东

---

① 《汉书》卷28《地理志》第1533页，中华书局，1962年。
② 《史记》卷2《夏本纪》第68页，中华书局，1959年。
③ 《史记》卷5《秦本纪》第177页，中华书局，1959年。

迁，止于成周，指平王迁于洛邑过程。西周末期，由于幽厉昏乱，犬戎入侵，杀幽王于骊山下。诸侯立故幽王太子宜臼，是为平王，以奉周祀。在西戎入侵的过程中，秦人积极抵御，立下卓著战功，也付出了艰辛的代价。周厉王时，"西戎反王室，灭犬丘大骆之族。"周宣王时"以秦仲为大夫，诛西戎。西戎杀秦仲。"秦仲死，"周宣王乃召庄公昆弟五人，与兵七千人，使伐西戎，破之。于是复予秦仲后，及其先大骆地犬丘并有之，为西垂大夫。"在平王东迁的过程中，"秦襄公将兵救周，战甚力，有功。周避犬戎难，东徙雒邑，襄公以兵送周平王。"可见秦在西周末期的确起到了捍卫周的作用。

"秦仲焉东居周地，以守周之坟墓，秦以始大。""秦仲焉东居周地"，指秦人东进到周故地的过程。《秦本纪》："平王封襄公为诸侯，赐之岐以西之地。曰：'戎无道，侵夺我岐、丰之地，秦能攻逐戎，即有其地。'"此后秦人不断东进，襄公"十二年，伐戎而至岐"，这才可以称之为东居周地。因此简文秦仲当解为秦襄公较为合适。"以守周之坟墓，秦以始大"，指秦人不断东进的过程。概言之，文公三年，"以兵七百人东猎。四年，至汧渭之会。""十六年，文公以兵伐戎，戎败走。于是文公遂收周余民有之，地至岐，岐以东献之周。"宪公二年，"公徙居平阳。""武公元年，伐彭戏氏，至于华山下，居平阳封宫。""德公元年，初居雍城大郑宫。以牺三百牢祠鄜畤。卜居雍。后子孙饮马于河。"这段历史，就是秦守周之坟墓和秦以始大的具体内容。

从此可见，清华简《系年》有关秦人起源的这一章，主要叙述了西周初期平定三监叛乱后一部分嬴姓人从商奄迁到了朱圉山，为周抵御戎人，这部分被迁来的人就是后来秦人的先祖。在平王东迁的过程中，秦人不断东进，使秦得以兴起。这一章的记载虽然简略，却对早期秦史相关的一些重要问题给予了明确回答，尤其是对于认识早期秦人在陇上的活动具有重要价值，下面作以简述。

一　清华简《系年》与秦人东来

关于秦人起源问题，史学界早有秦人西来说与东来说的不同看法。由于史籍记载的含糊，致使这一问题的回答缺乏有力的文献支持。

西来说的观点，认为秦人本起于西方戎狄。影响较大的如王国维《秦都邑考》："秦之祖先，起于戎狄"[1]，以及蒙文通《秦为戎族考》[2]、《周秦少数民族研究》[3]，俞

① 王国维：《观堂集林》卷12第529页，中华书局，1959年。
② 蒙文通：《秦为戎族考》，《禹贡》第6卷第7期，1936年。
③ 蒙文通：《周秦少数民族研究》，龙门联合书局，1958年。

伟超《古代"西戎"和"羌"、"胡"考古学文化归属问题的探讨》等著作①。西来说的依据，一是《史记》记载申侯对周孝王说："昔我先郦山之女，为戎胥轩妻，生中潏。"二是后世文献中有称秦为"秦戎"、"秦夷"的说法。三是秦人繁衍于西方，文化习俗与西戎相同。

东来说的观点，认为秦人是从东方迁移到西方来的。如傅斯年《夷夏东西说》②、钱穆《国史大纲》③、卫聚贤《中国民族的来源》④、徐旭生《中国古史的传说时代》等论作⑤。最有代表性者如林剑鸣先生《秦史稿》说："从对祖先来源的传说中，以及崇拜、信仰等观念形态方面考察，可知秦人同殷人祖先原系东方之氏族。"⑥ 该著还从经济生产和墓葬材料方面作了考证，认为秦人与殷人有高度的共同性，"可以断定秦人的祖先与殷人祖先，最早可能同属一个氏族部落或部落联盟，既然殷人早期活动于我国东方已成不疑之论，那么秦人祖先最早也应生活在我国东海之滨，大约在今山东境内，这也是可以肯定的。"⑦

在东来说与西来说中，东来说的根据较为充足，而且近年来的考古材料也多有证实，但是在文献记载方面，却有许多含糊的地方，致使秦人东来的时间、目的和背景不够清晰，而清华简《系年》秦人起源章的材料，恰对这一问题做了明确的回答。《系年》的记载，将秦人东来的时间、地点、目的作了明确的说明，其时间是成王平定三监叛乱时期，其地点是从商盖迁往朱圉，其目的是"以御奴虏之戎"，从而使秦人起源问题有了清晰的答案。

首先，蜚廉参加三监叛乱，屡见文献记载。前述《秦本纪》所说："蜚廉生恶来。恶来有力，蜚廉善走，父子俱以材力事殷纣。周武王之伐纣，并杀恶来。"虽然《秦本纪》所载蜚廉的结局与《系年》所记有所不同，但蜚廉一族作为殷纣的支持者是确定的。同样的记载又如《荀子·成相篇》："事之灾，妒贤能，飞廉知政任恶来。卑其志意，大其园囿高其台。武王怒，师牧野，纣卒易向启乃下。"⑧ 这说明飞廉、恶来是支持纣大兴土木的佞臣。《吕氏春秋·当染》："殷纣染于崇侯、恶来。"《知度》："夫成王霸者固有人，亡国者亦有人。桀用羊辛，纣用恶来，宋用唐鞅，齐用苏秦，而天下

① 俞伟超：《古代"西戎"和"羌"、"胡"考古学文化归属问题的探讨》，《先秦两汉考古学论集》，文物出版社，1985 年。

② 傅斯年：《傅斯年全集》（第 3 卷）第 217 页，湖南教育出版社，2003 年。

③ 钱穆：《国史大纲》第 120 页，商务印书馆，1991 年。

④ 卫聚贤：《中国民族的来源》，《古史研究（第三集）》，商务印书馆，1937 年。

⑤ 徐旭生：《中国古史的传说时代》，文物出版社，1985 年。

⑥ 林剑鸣：《秦史稿》第 18 页，上海人民出版社，1987 年。

⑦ 林剑鸣：《秦史稿》第 19 页，上海人民出版社，1987 年。

⑧ ［清］王先谦撰、沈啸寰、王星贤点校：《荀子集解》第 458 页，中华书局，1988 年。

知其亡。"也可见恶来是纣的信臣。因此，"成王伐商盖杀飞廉"与传统文献的记载基本上是一致的。

其次，简文中"飞廉东逃于商盖氏"，有无其他文献记载呢？李学勤先生指出了两种相关的文献，非常具有说服力，其一是《孟子》，其二是马王堆帛书《战国纵横家书》。

《孟子·滕文公下》："周公相武王诛纣，伐奄三年讨其君，驱飞廉于海隅而戮之，灭国者五十，驱虎、豹、犀、象而远之，天下大悦。"[1]

《孟子》的这一记载，与《系年》的记载完全相同，特别是"伐奄，三年讨其君，驱飞廉于海隅而戮之"，说明飞廉的确逃到了奄地，而逃至奄的原因，一方面奄是商的旧地，《项羽本纪》引《汲冢古文》："盘庚自奄迁于北冢，曰殷虚，南去邺州三十里。"[2]另一方面，嬴姓以国为姓者有运奄氏，可见奄确为嬴姓之族。因此，《系年》的记载具有较好的文献支持。

马王堆汉墓帛书《战国纵横家书·苏秦谓燕王章》："自复而足，楚将不出沮漳，秦将不出商阉，齐不出吕隧，燕将不出屋注。"[3]此句所叙说的是各国的始出居地，秦的出地是商阉，即商奄，正与《系年》所记一致。

《孟子》的这一记载，充分证明了蜚廉被杀于商奄，而《战国纵横家书》的记载，又证明了秦人正出于商奄，这两条宝贵的文献记载，充分证明了清华简《系年》关于秦人起源的记载具有相关的文献依据，这一记载，要比《秦本纪》中蜚廉的记载可信的多。

再次，西迁商盖之民于朱圉，以御奴虘之戎，也符合当时的政治形势。史籍所载周初平定三监叛乱之后，曾将殷的遗民作以迁移，《周本纪》："成王既迁殷遗民，周公以王命告，作《多士》、《无佚》。"《鲁周公世家》："周公乃奉成王命，兴师东伐，作大诰，遂诛管叔、杀武庚，放蔡叔。收殷余民，以封康叔于卫，封微子于宋，以奉殷祀。"商盖之民的西迁，当也是出于同样的背景[4]。之所以将商奄之民迁至朱圉而御戎，与西周立国的形势密切相关。西周的兴起一直受到戎人的冲击。《周本纪》记载周先祖古公亶父时："古公亶父复修后稷、公刘之业，积德行义，国人皆戴之。薰育戎狄攻之，欲得财物，予之。已复攻，欲得地与民。民皆怒，欲战。古公曰：'有民立君，将以利之。今戎狄所为攻战，以吾地与民。民之在我，与其在彼，何异。民欲以我故战，

① 阮元：《十三经注疏》第2714页，中华书局，1980年。
② 《史记》卷7《项羽本纪》第311页，中华书局，1959年。
③ 马王堆汉墓帛书整理小组编：《马王堆汉墓帛书（叁）》第32页，文物出版社，1983年。
④ 何光岳：《奄国的来源和迁徙》，《长沙水电师院社会科学学报》1995年第1期。

杀人父子而君之，予不忍为。'乃与私属遂去豳，度漆、沮，逾梁山，止于岐下。"可见古公亶父时戎已迫使先周从豳迁到了岐。而在周文王时，"明年，伐犬戎"，也是将戎当做攻伐对象。因此将商奄之民西迁以御戎，有其特定的时代背景。

清华简关于秦人起源的记载，时间、地点和迁徙的目的都非常明确，而且与一些传统文献的记载相契合，具有重要的史料价值，简文所记的事件，也符合当时的时代背景。因此，清华简《系年》关于秦人起源的记载，是对秦人东来说这一观点最有力的支持。

二　文献所载秦人在陇上的活动

关于早期秦人的西迁，祝中熹先生在《早期秦史·西迁篇》中追溯至《尚书》"和仲宅西"的记载和夸父逐日的传说[①]。《尚书·尧典》："乃命和仲，宅西，曰昧谷。"和仲是尧时的部落首领，其所宅西，或说即后来赢秦所居之西。夸父逐日传说，《山海经》记载："夸父与日逐走，入日，渴欲得饮，饮于河渭，河渭不足，北饮大泽，未至，道渴而死。弃其杖，化为邓林。"与此相关的是《山海经·中山经》所说的夸父之山："其阳多玉，其阴多铁，其北有林焉，名曰桃林，是广员三百里，其中多马。"郝懿行注："山一名秦山。"由于时代的茫远和材料的孤立，还难以就此确认他们与后来的赢秦有必然的联系。

《秦本纪》记载秦人先祖最早在西方的活动是："其（中衍）玄孙曰中潏，在西戎，保西垂。"这一记载在周孝王时申侯的话中又作了复述："昔我先郦山之女，为戎胥轩妻，生中潏，以亲故归周，保西垂，西垂以其故和睦。"对于中潏所保的西垂，一直有不同看法。或认为此西垂为西陲，如林剑鸣《秦史稿》说："中衍之玄孙中潏'在西戎，保西垂'，这个'西垂'以前曾被误解为某个具体地名，实际'西垂'乃是'西陲'，'垂'与'陲'通……郭沫若指出：西垂，'乃泛指西方边陲'（《两周金文辞大系·秦公簋铭文考释》）。也就是说，中潏曾率一部分秦人替殷商奴隶主保卫西方的边陲……这一部分秦人在渭水中游保卫着殷王朝的西部边界。"[②] 或认为是具体地名。王国维《秦公敦跋》："西者，汉陇西县名，即《史记·秦本纪》之西及西犬丘。"[③] 不过对于这两处记载，还有时代背景的不同。依文意，前者所述中潏所保的西垂是殷商的西垂，而申侯所叙却为周的西垂，因此令人生疑。如将西垂解为陇西的西县，殷的势力尚不及此，因此林剑鸣《秦史稿》说："这完全是申侯为讨好周孝王而故意混淆事

①　祝中熹：《早期秦史》第 54～58 页，敦煌文艺出版社，2004 年。

②　林剑鸣：《秦史稿》第 23 页，上海人民出版社，1987 年。

③　王国维：《观堂集林》卷 18《秦公敦跋》第 902 页，中华书局，1959 年。

实的说法。因为当时已至殷末，殷、周对立已经十分尖锐，若中潏在周之西垂，则与殷的本土相隔很远，往来决非容易。但中潏之子蜚廉、蜚廉之子恶来都是效忠于殷王朝的有名人物……中潏也绝不可能远离殷商而去周的西陲，所以申侯对周孝王说的话是不能完全相信的。"① 基于这一理解，中潏保西垂的记载，还需更多史料来支持解读。不过，这一记载还是有一定价值，因为这为赢秦初到陇上提供了大致的时代坐标。

过去认为赢秦在陇上活动的最重要事件是西周后期周孝王封非子于秦。《秦本纪》记载："非子居犬丘，好马及畜，善养息之。犬丘人言之周孝王，孝王召使主马于汧渭之间，马大蕃息。孝王……邑之秦，使复续赢氏祀，号曰秦赢。亦不废申侯之女子为骆适者，以和西戎。"这一事件中有两个地名值得关注，一是犬丘，《史记》正义引《括地志》认为"犬丘故城一名槐里，亦曰废丘，在雍州始平县东南十里。《地理志》云扶风槐里县，周曰犬丘，懿王都之，秦更名废丘，高祖三年更名槐里也。"② 但近现代学者多认为非子所居犬丘是位于天水的犬丘。王国维《秦都邑考》认为"犬丘、西垂本一地"。林剑鸣先生认为"'犬丘'是较大的地名，其中包括'秦邑'，即'陇西秦谷亭'，其地在今甘肃境内"③。其次是非子所邑的秦，也就是后人认为的秦人来到陇上的重要证据。《史记》集解引徐广说："今天水陇西县秦亭也。"正义引《括地志》："秦州清水县本名秦，赢姓邑。《十三州志》云秦亭，秦谷是也。周太史儋云'始周与秦国合而别'，故天子邑之秦。"④ 当然这种认识也不无怀疑者，因为非子是为周孝王养马于汧渭之间，因此有学者认为非子所邑之秦是在陕西境内。如祝中熹《早期秦史》："这些相互矛盾的记载，正是汧渭交会地区和陇上曾有两个秦人活动地域的史影流存。事实是非子本封于汧渭之会的秦地，后来其后裔移至陇上，而秦之地名也随之转至陇上了。"⑤ 这种思考有一定合理之处，但由于所谓"其后裔移至陇上"的具体情况不明，所以这种理解也还需更多文献的支持。但一般认为非子封于秦，是秦人兴起于陇上的重要事件。

此后秦人在陇上的活动，则有周宣王时秦仲及庄公与西戎的斗争，特别是秦庄公被封为西垂大夫。《秦本纪》记载：

> 秦仲立三年，周厉王无道，诸侯或叛之。西戎反王室，灭犬丘大骆之族。周宣王即位，乃以秦仲为大夫，诛西戎。西戎杀秦仲。秦仲立二十三年，死于戎。

---

① 林剑鸣：《秦史稿》第 24 页，上海人民出版社，1987 年。
② 《史记》卷 5《秦本纪》第 177 页，中华书局，1959 年。
③ 林剑鸣：《秦史稿》第 34 页，上海人民出版社，1987 年。
④ 《史记》卷 5《秦本纪》第 178 页，中华书局，1959 年。
⑤ 祝中熹：《早期秦史》第 82 页，敦煌文艺出版社，2004 年。

有子五人，其长者曰庄公。周宣王乃召庄公昆弟五人，与兵七千人，使伐西戎，破之。于是复予秦仲后，及其先大骆地犬丘并有之，为西垂大夫。[①]

如果从非子邑于秦的事件来看，当时由于周孝王的分封，陇上秦人应包括两个支系，一是非子所邑之秦，另一个是居于犬丘的大骆之族。由于周厉王的无道统治，周的统治力减弱，西戎对秦的生存也形成挑战，西戎灭了犬丘大骆之族，而且杀了非子后裔秦仲，到了庄公时，周宣王"与兵七千人"，对西戎反击，破之，领有"秦仲后"和"大骆地犬丘"，为西垂大夫，这是秦人在陇上活动的重要时期。

西周末年，犬戎与申侯伐周，杀幽王骊山下，秦襄公将兵救周，并以兵送周平王，"平王封襄公为诸侯，赐之岐以西之地。"秦被封为诸侯，标志着秦人在西方的兴起，此后的襄公、文公、宪公时期，秦人势力大增，也应是秦人在陇上势力最为强大的时期。而此时秦人已开始了东向的经营，文公营邑于汧渭之会，宪公"徙居平阳"，德公"居雍城大郑宫"，秦人政治重心逐渐东移。不过在春秋早期，西垂仍是秦人最重要的政治中心。特别是"文公卒，葬西山"[②]，"宁（宪）公生十岁立，立十二年卒，葬西山"[③]，而《秦本纪》又载宪公与出子俱葬"衙"，出子也当葬西山，从这些葬地来看，春秋早期，西垂仍是秦人重要的政治中心。

从以上记载来看，传统文献关于秦人在陇上的活动，无论是中潏保西陲还是非子被封于秦，都不乏持怀疑论者。而结合《系年》秦人起源章的记载，我们可以对这些材料给予一定的解释。《系年》对秦人初来陇上的时间给了明确的确定，那就是西周初年，从此来看《秦本纪》所载商末中潏"在西戎，保西陲"，其时代大致是可信的。从西周初年秦之先来到朱圉山一带，秦人祖先应该就在陇上活动。到了秦非子为周孝王养马的时代，秦嬴的势力应该有所增长，才有了"犬戎人言之周孝王"的事件，尽管非子为孝王养马于汧渭之间，但非子封地应该是在嬴姓生活的地域，因此将非子所邑之秦理解为陇上之秦，还是比较可信的。而后秦人生活地域扩大，特别是西周末年和春秋前期得到了快速发展，终于形成了秦人在陇上活动的辉煌时代。

三　考古所见秦人在陇上的活动

考古所见秦人在陇上的活动，以甘谷毛家坪墓地和礼县大堡子山墓地最有代表性，为探讨秦人在陇上的活动提供了重要依据。

毛家坪遗址位于甘谷县盘安乡毛家坪村，亦即朱圉山一带。1982～1983 年甘肃省

---

① 《史记》卷 5《秦本纪》第 178 页，中华书局，1959 年。
② 《史记》卷 5《秦本纪》第 180 页，中华书局，1959 年。
③ 《史记》卷 5《秦本纪》第 181 页，中华书局，1959 年。

文物工作队和北京大学历史系考古专业开展过发掘工作。在该遗址发现的 A 组遗存中，其前段为西周时期，即毛家坪墓葬的一、二期和居址的一、二期。整理者认为："毛家坪 A 组遗存的后段，不论其陶器形态或是葬制葬俗，都与东周秦文化相同，应当是东周秦文化遗存。至于它的前段，情况比较复杂，主要表现在以下几个方面。（一）A 组遗存前段土坑墓葬式为屈肢葬，墓向均向西，这跟同期的西周墓不同，而与东周秦墓有密切的关系。（二）A 组遗存前段土坑墓的陶器与西周墓的陶器相似，但又有差别。如毛家坪一、二期土坑墓跟同期西周墓的陶器组合均为鬲、盆、豆、罐的组合，但毛家坪的陶器为红陶，而西周的陶器多为灰陶，毛家坪的实柄豆也与西周墓的豆不同……不难看出，毛家坪 A 组遗存前段虽然在年代上为西周时期，但文化面貌与西周文化并不完全相同。它虽有西周文化的因素，但有些特点又不见于西周文化而与东周秦文化有某些联系。""毛家坪 A 组遗存后段为东周秦文化遗存，其前段既有西周文化的某些因素，又有与东周秦文化存在某些联系的特点。而 A 组遗存有着发展的连续性。显然，A 组遗存前段的发现为我们研究东周秦文化的形成提供了重要线索和资料。"[1]

毛家坪遗址 A 组遗存前段时代为西周时期，其葬式与出土器物具有秦文化因素，证明西周时期秦人曾在甘谷一带活动，这与清华简《系年》所载"西迁商盖之民于朱圉，以御奴虏之戎，是秦之先人"的记载相一致。说明秦人的确曾在朱圉山一带活动，是秦人在陇上活动的有力证明。

大堡子山秦公墓地位于甘肃礼县赵坪村，1994 年甘肃省文物考古所对该墓地进行了清理，共发现 2 座中字形大墓、1 座瓦刀形车马坑、9 座中小型墓葬。大墓出土"秦公作铸用鼎"、"秦公作铸用簋"、"秦公作宝用鼎"、"秦公作宝簋"等青铜礼器，是秦人在陇上活动的最佳见证。关于墓主，学术界有不同看法，有的认为两座大墓代表两位秦公，如陈平认为是文、宪二公[2]，陈昭容、王辉认为是襄、文二公[3]，有的学者则认为是一代秦公夫妇，如戴春阳认为是襄公[4]，陈平、陈昭容认为是文公，梁云认为是宪公[5]。无论如何，大堡子山秦公墓地是春秋早期秦人的重要墓地，这也充分说明在春秋早期秦人都邑应该在今甘肃礼县境内，这里应该是秦文化的重要发祥地。

除了大堡子山墓地外，1998 年，甘肃省文物考古研究所发掘了礼县永兴乡赵坪墓

① 甘肃省文物工作队、北京大学考古系：《甘肃甘谷毛家坪遗址发掘报告》，《考古学报》1987 年第 3 期。

② 陈平：《浅谈礼县秦公墓地遗存与相关问题》，《考古与文物》1998 年第 5 期。

③ 陈昭容：《谈新出秦公壶的时代》，《考古与文物》1995 年第 4 期；王辉：《也谈礼县大堡子山秦公墓地及其铜器》，《考古与文物》1998 年第 5 期。

④ 戴春阳：《礼县大堡子山秦公墓地及有关问题》，《文物》2000 年第 5 期。

⑤ 甘肃省文物考古研究所等：《西汉水上游考古调查报告》第 289 页，文物出版社，2008 年。

区，它位于大堡子山秦公墓地的东南方向，在西汉水南岸。赵坪墓区发现春秋早期中型墓葬 2 座、小型墓葬 1 座、车马坑 1 座。赵坪墓区所在遗址地形开阔，面积较大，有学者认为此处即是"西犬丘"[1]。大堡子山—赵坪墓区的发现，对于深入研究春秋早期秦人在陇上的活动具有重要意义。

2004 年，由甘肃省文物考古研究所等单位组成的联合考古队在礼县开展西汉水上游地区考古调查，在所发现的西周至春秋早期的文化遗址中，已发现有秦文化的因素。调查报告认为："与关中地区的周文化相比校，这时期秦器物的一些自身特点已经出现，如鬲足的麻点纹、鬲口沿上的凹弦纹、略具雏形的喇叭口罐等。这也说明至迟在西周时期，具有自身面貌特点的秦文化已经形成了"[2]。

2005 年，甘肃考古工作者发掘了礼县西山遗址，发现了西周中期的秦文化现象[3]。

近两年甘肃省文物考古研究所在清水县李崖遗址的发掘，在所发现西周时期墓葬中，发现有商式风格的陶器，表明秦文化与商文化的渊源关系。发掘者认为李崖遗址的墓葬多集中于西周中期，这对于探讨秦人在陇上的活动也具有重要意义。

当然，目前考古所见秦人在陇上的活动，时代主要在西周后期和春秋前期，有一些涉及西周中期，就已有的发掘成果来看，我们可以肯定西周中后期早期秦人在陇上已经形成了自己的文化风格。而春秋前期的秦公大墓，则反映出秦人在陇上的辉煌时代。当然，依据前面的考证，在西周初期，秦人先祖已经来到了陇上，而且他们是作为商奄之民来到陇上的，因此他们的文化特征一定有可考证之处，早期秦文化的考古工作，还会在未来取得更加引人注目的成绩。

---

① 张天恩：《礼县等地所见早期秦文化遗存有关问题刍论》，《文博》2001 年第 3 期。
② 甘肃省文物考古研究所等：《西汉水上游考古调查报告》第 284 页，文物出版社，2008 年。
③ 《甘肃礼县西山遗址发掘取得重要收获》，《中国文物报》2008 年 4 月 4 日。

秦汉时期长安至陇山段丝绸之路考察研究

田亚岐[1]　杨曙明[2]　刘阳阳[1]

（1. 陕西省考古研究院　2. 中共宝鸡市委办公室）

　　"丝绸之路"的开通大约在公元前 4～前 1 世纪。公元前 2 世纪，张骞两次出使西域，开辟了中国与亚欧大陆间的贸易通道，建立了中国与中亚、西亚、南亚和欧洲地中海沿岸的互通贸易关系，标志着"丝绸之路"的全线开通，丝绸之路也从此正式成为中国联系东西方的"国道"。在其后漫长的 1700 多年间，经由这条道路输出的商品中，数量最多的是当时唯独中国能够生产而且最为西方人所欣赏的丝绸，所以这条通道被称为"丝绸之路"。最早使用"丝绸之路"一词的是德国历史地理学家费迪南·冯·李希霍芬，他在 1877 年首先使用了这一地理概念[①]，以后逐渐演化成了中西文化交流的代名词。

　　"丝绸之路"最初是指以两汉时期丝绸贸易为主的交通路线，随着文献梳理、考辨和考古资料的发掘、解读和研究范式的一些变化，而使其内涵不断得以扩充，逐步形成了东段、中段、西段三条不同路线的说法。在时代断限上也有了往前的推展和往后的延伸，视角转向历朝历代。

　　从地域来看，丝绸之路一般可分为三段，而每一段又都可分为北、中、南三条线路：

　　东段：从长安到玉门关、阳关。（汉代开辟）

　　中段：从玉门关、阳关以西至葱岭。（汉代开辟）

　　西段：从葱岭往西经过中亚、西亚直到欧洲。（唐代开辟）

　　2008 年初以来，笔者参加了中国城科会历史文化名城委员会丝绸之路文化研究中

---

① 1877 年，李希霍芬在其名著《中国》中，首次提出了"丝绸之路"概念。意指汉代，黄河流域与中亚两河流域、中国与印度之间的交通路线，丝绸贸易为其重要内容。1910 年，艾伯特赫尔曼在其《中国和叙利亚之间的丝绸之路古道》中强调："丝绸之路"的概念，应该延伸为中国与西亚、叙利亚之间交通路线。

心组织的中国段丝绸之路考察活动，具体负责丝绸之路东段南线陕西境内长安至陇山段的路线考察与研究工作。通过考察，对此段路线有了一个比较系统全面和清晰的认识。

先秦时期的丝绸之路并不发达，甚至从某种程度上还不能称之为"丝绸之路"，但是先秦时期对于"丝绸之路"开发与形成确有其深刻的渊源，为"丝绸之路"的形成打下了良好的基础。公元前 5 世纪巴泽雷克（今俄罗斯乌拉干河畔）古墓群和公元前 4 世纪前后在中亚、印度等国的古墓中，都发现有精美的中国丝绸残片，甚至出土了刺绣着凤凰图案的中国丝绸。1976 年，在河南安阳妇好墓中出土了 756 件随葬玉器，其玉料大部分就是新疆的和田玉[①]。从现在所掌握的考古材料和文献资料来看，中原与西域一带文化间彼此的交往联系，早在张骞通西域之前就已经产生。

丝绸之路正式开通之前，其南线陕西境内长安至陇山段是通往西方的必经之路，特别是秦汉时期，此段道路曾是我国古代通往甘、青地区的主要通道，为当时政治、经济、文化交流和军事战争的最频繁的线路，也是丝绸之路开通的基础性线路。

史前时期，关中与西汉水上游的古文化面貌相近，两地可能已经存在文化之间的交流与交融；商周时期，秦人先祖为商王朝承担了"在西戎，保西陲"的神圣使命，陇西一带与中原地区已经有了正式的来往；春秋早期，秦文公东猎汧渭之会，由此开辟了从西汉水流域经由陇关到达关中的著名通道；秦始皇统一六国后，修筑了从咸阳经雍城到陇西（今甘肃省临洮南）的驰道，长安溯渭水至陇山段的道路成为全国驰道网上一个重要组成部分；西汉初期，皇帝多次出行直达陇南进行郊祀活动，以及东西贸易的繁荣，这里成为丝绸之路主干道之一，常有域外使团及商旅过境往来长安；汉唐至宋元时期，此道仍是我国与中亚、欧洲交通通道上重要的一部分，亦是驿邮通往西部各地的必由之路。

丝绸之路长安溯渭水至陇山段有两大天堑，一为汧（汧同千）河，二为陇山。由于这两大屏障的阻隔，也相应制约与影响了两条主干道的走向，一条为汧渭谷道，即水上通道；另一条则为长安—雍城—陇州道，即陆上通道。

一　汧渭谷道

经文献考证与实地考察，从长安溯渭水至古陈仓（即今宝鸡市）区间，秦汉时期河面宽阔，河水丰沛，水流平缓，这自然成为西行的重要通行大道；而从古陈仓再向西的渭河则截然不同，由于河道狭窄，河水湍急，水上通行极其困难。相比之下，转道汧河之后的通行条件则较为优越，加之陇山的豁口与山间通道较多，便捷通行与战

---

① 中国社会科学院考古研究所：《殷墟妇好墓》，文物出版社，1980 年。

略优势同在，于是以水上通道为牵制而逐渐形成与其相佐的陆上大道则逐渐形成。

作为水上通道的长安至古陈仓段走向很清楚，不再赘述。本文重点考察研究汧河至陇山段的古道以及从长安到陇关的路上道路的走向。

汧河谷道又称汧水道，即利用水道与河谷并用的通道。因陇山山地路径陡险，相比之下，汧河河谷至渭河平原、渭北台原的通道比较平坦和便利，应为古人开辟最早的西行通道之一。从交通角度讲，以河谷作为交通要道是我们祖先的发明，因为沿河要比翻山容易得多，而且可随时取水捕鱼，补充给养。逐水而行，择水而栖，是人类活动的基本规律。

汧河谷道为水陆并用通道，具体路线走向为从长安溯渭河西行至汧河口，沿汧河河谷向西北行进，经今凤翔境内的长青镇孙家南头村一带至千阳境内，北行至陇县，再西行经陇关到今甘肃境内的清水、张家川一带。

汧河谷道的开辟与秦人东迁的历史背景息息相关。商周之际，秦人就在陇山以西先后为商周王朝"在西戎，保西垂"，西周孝王时，非子被封召于汧渭之间为周王室牧马，这是秦人第一次越过陇山东行的记载。虽然秦人为周人创建并管理畜牧业基地，但当时秦文化的重心仍在西垂旧地，而秦人从西垂故地到汧渭之间，就是沿着汧河谷道行进的。

周宣王时，"以秦仲为大夫，诛西戎，西戎杀秦仲"，文献的记载也印证了此时秦人活动的主要地区在汧河上游及其以西的戎人聚居区①。年代当于公元前820年左右的不其簋就记载了西周末年，秦庄公昆弟五人与兵七千同西戎作战的事实。不其簋盖铭文曰："惟九月初吉戊申，伯氏曰：'不其，驭（朔）方严允广伐西俞（隅），王命我羞追于西。……弗以我车函（陷）于艰，汝多擒，折首执讯……"周王朝西部受到严允侵扰，周王命伯氏不其抗击，追至于西。西，当指"西垂"一带，秦汉时为陇西郡西县，地当今甘肃天水附近、礼县、西河等地。不其随伯氏对严允作战得胜，伯氏回朝献俘，命不其率兵车继续追击，博战之中，多有斩获。李学勤先生认为，"不其簋所记是周宣王时秦庄公破西戎的战役"，"簋铭的不其很可能便是文献里的秦庄公"，"不其弟兄追戎于西，而《本纪》云秦庄公任西垂大夫，从地理上看也是符合的"②。

秦庄公驾崩之后，子襄公代立。是时西戎、犬戎与申侯攻伐西周，杀周幽王于郦山下，秦襄公将兵救周，护送平王东迁，周王朝赠其"岐以西之地"，秦襄公在汧河谷道旁的今陇县东南建立"汧邑"。公元前770年，受封享国后的秦襄公又"备其甲兵，以讨西戎，伐戎而至岐"。可见，秦襄公时期，秦人活动的范围主要就在汧河谷道一带。

① 王子今：《秦人经营的陇山通路》，《文博》1990年第5期。
② 李学勤：《秦国文物的新认识》，《文物》1980年第9期。

秦襄公后，秦文公逾陇攘夷狄，"以兵七百人东猎。四年，至汧渭之会，曰：'昔周邑我先秦嬴于此。后卒获为诸侯。'乃卜居之，占，曰吉，即营邑之"，建立了"汧渭之会"，"汧邑"和"汧渭之会"两处都邑均在汧河之畔。在交通不发达的古代，陇山一带自然植被很好，到处是原始的大片森林，受自然条件的限制，开辟一条在原始森林中行进的山路是非常不容易的事，而利用天然的汧河河谷不但平缓，而且沿途都是"周余民"和部分秦人先前曾经生活过的地方，不但地形地貌比较熟悉，军队在行进中不容易迷失方向，而且经长期经营，生活给养有保障。选择这条道路行进，应是最明智和最便捷的选择。秦人自非子为周王畜，秦仲为大夫到襄公始国，直至文公东猎，这个逐步壮大的部族往复活动于西垂与汧渭之间，正是经由汧河谷道完成了文明发展进程中的跃进。

著名的石鼓文《汧繄》和《霝雨》描述了秦君在汧河流域渔猎游乐之事。《汧繄》中写道："汧繄（也）沔沔，烝皮（彼）淖渊。"《霝雨》则直接写道"舫舟自廊"、"隹（唯）舟以行"[1]，郭沫若认为上述诗所记就是"追叙（秦君）初由汧源出发攻救周之时事"[2]。由此推测，此前文献中记载的周穆王西巡也可能就是沿此道西行。今陇县原子头、店子、千阳冉家沟等地的考古发掘也表明，自新石器时代早期的老官台文化开始，经仰韶文化及周秦，汧河流域与渭河流域的古文化面貌别无二致，表明陇山与关中一带的沟通早已存在[3]。

汧河谷道另外一个重要的作用就是可以利用漕运作为辎重及后勤保障，秦文公初到"汧渭之会"时，其后勤的给养补充当有一部分就来自西垂，而通过汧河漕运则是最好的方式。古时汧河水量较大，大多季节可以行船，其上游今陇县境内蒲峪川古时称"弦蒲薮"，就是有名的大湖泊。《禹贡》载："天下九薮，此其一也。"隋代《九域志》载：汧源县有弦蒲薮，经长期淤积，决口变湖为川。上游有大湖泊，可见当时汧河水量不小。今汧河河谷建有冯家山、王家崖和段家峡三座水库，其中，冯家山水库库容达 3.89 亿立方米，至今水量亦不小[4]。

2004 年，陕西省考古研究所与宝鸡市考古队联合组队，在凤翔县长青镇孙家南头村发现了一处距今两千多年的西汉时期大型漕运码头仓储建筑基址，为研究凤翔境内古丝绸之路和汉代漕运、仓储提供了非常重要的实物资料。该仓储建筑基址建于汧河东岸 300 米处的台地上，由三组南北相连的仓储建筑组成，东西宽 33、南北长 216 米，

---

① 徐卫民：《秦都城研究》，陕西人民教育出版社，2000 年。

② 郭沫若：《石鼓文研究》，科学出版社，1982 年。

③ 张天恩：《古代关陇通道与秦人东进关中线路考略》，《早期秦文化研究》，三秦出版社，2008 年。

④ 林劲松：《冯家山水库排沙运用及水库淤积分析》，《西北水资源与水工程》2002 年第 1 期。

建筑总面积 7000 多平方米。考古工作者在此发现了墙垣、柱础石、道路等遗迹。仓储建筑基址东约 600 米处就是历史上著名的蕲年宫遗址，此宫是秦汉国君、天子祭祀五畤或先王的斋宿之宫，秦始皇的加冕典礼就在蕲年宫举行，汉代也有多位帝王来蕲年宫举行过祭祀等活动。此大型仓储设施可能为蕲年宫举行盛大国事活动时的重要物资储备库，也是东西水上运输的中转站。从这一处大型遗址的发现证明了汧河当时水运能力很大，也证明孙家南头一带曾经是一处重要的交通要塞，这在当时尤其是夏秋两季，从西部东去长安时，此道当为首选之路。过去曾有人在此处发现过有"百万石仓"字样的文字瓦当，由此推断这处仓储设施极有可能就是该瓦当所指的"百万石仓"①。

关于大型漕运最早的文献记载当属秦穆公时期的"泛舟之役"。据《史记·秦本纪》记载"十二年，齐管仲、隰朋死。晋旱，来请粟。丕豹说缪公勿与，因其饥而伐之。缪公问公孙支，支曰：'饥穰更事耳，不可不与。'问百里傒，傒曰：'夷吾得罪于君，其百姓何罪？'于是用百里傒、公孙支言，卒与之粟。以船漕东转，自雍相望至绛。"这一历史事件史称"泛舟之役"。当晋遭到粮荒时，秦向晋两次输粟以解饥荒，雍城附近只有利用今凤翔孙家南头的汧河码头作为渡口，再进入渭河东去经黄河入汾河直达山西新绛，才能体现"船漕东转，自雍相望至绛"的景象②。由此而推断，秦穆公时期的"泛舟之役"起点即在孙家南头漕运码头。

此外，孙家南头村南相邻的"马道口村"，村南亦有村名"官路沟"，也正好位于汧河谷道内，从村名来看，此道可能就是古时官道，孙家南头村和马道口村一带极有可能为古代一个重要的交通道口。

二　长安—雍城—陇州道

长安—雍城—陇州道（陆路）较汧河谷道开通稍后。西周时称西方干道、西方大道，西汉称长安高平道。具体走向为：由长安出发，经今咸阳、礼泉、乾县、扶风、岐山，经凤翔、千阳、陇县，之后入甘肃境。唐宋以后，长安—雍城—陇州道走向变更为：由长安出发，经今咸阳、兴平、武功、扶风、岐山，经凤翔、千阳、陇县入甘肃境内。从周秦至明清，长安—雍城—陇州道是历朝京都通往陇西、西域的主干道之一，为久负盛名的丝绸之路的溯渭道。秦穆公伐戎、秦始皇加冕和秦汉多位帝王至雍祭时就行经此道。这条道路为沟通世界东西方两大文明的重要路段和加强西北边防的

---

① 陕西省考古研究所、宝鸡市考古工作队、凤翔县博物馆：《陕西凤翔县长青西汉汧河码头仓储建筑遗址》，《考古》2005 年第 7 期。

② 刘明科、辛怡华：《渭河峡谷的秦文化遗存与秦文公东猎汧渭之会路线蠡测》，《秦文化论丛》，三秦出版社，2005 年。

重要战略通道，对于社会的安定与历史的进步发挥了积极的作用，对世界文明进程的影响具有深远的意义。

《诗经·小雅·大东》："周道如砥，其直如矢"，说明早在周代，关中西部的周原一带人类通行的主干道路就已经形成，为长安—雍城道的正式开通奠定了基础。

早期的长安—雍城—陇州道开通与军事战争密切相关。《史记·秦本纪》记载，秦穆公三十七年，发动了一次较大规模西征，"秦用由余谋伐戎王，益国十二，开地千里，遂霸西戎。天子使召公过贺穆公以金鼓。"秦在西方的霸权得到了周王室的承认。所谓"益国十二"，《史记·匈奴列传》作"八国服秦"，《李斯列传》作"并国二十"，《文选》卷三九《李斯上秦始皇书》作"并国三十"。总之，通过这场战争，秦人取得了西北地区的实际控制权。《汉书·韩安国传》说，"秦穆公都雍，地方三百里，知时宜之变，攻取西戎，辟地千里，并国十四，陇西、北地是也。"秦国这一战略胜利，使西北地区成为秦后来向东方作战的大后方，秦穆公的成功显然是以陇山通道的畅通为基础的①。从此，关中至陇西的陆上通道得以打通畅行，为长安—雍城—陇州间的通行便利奠定了基础。也就是在此时，一部分戎人逃往西亚和欧洲，使"秦"这一称谓早在公元前四五世纪就被西方国家所闻名。古代印度、罗马等帝国的人，均尊称中国为 Cina、Thin、Sinae，译成中文即为支那、希尼、震旦、至那、脂那（后四种都是"支那"的异译）等，这些名称都是"秦"的外文对应发音②。

长安—雍城—陇州道的繁荣与秦汉时代帝王西行祭畤有关，所以，这条道路沿途建有多处的帝王行宫，如咸阳阿房宫和咸阳宫、兰池宫，乾县梁山宫，周至长杨宫和五柞宫，眉县成山宫，扶风高泉宫和美阳宫，岐山李家道行宫，凤翔凹里行宫和蕲年宫、橐泉宫、来谷宫、竹泉宫，千阳走马棱行宫和尚家岭行宫，陇县汧邑行宫和回中宫等，均分布于此道沿途各地。

秦汉时代帝王的郊雍祭畤活动，使长安—雍城—陇州道成为一条名副其实的官道，也成为一条交通繁忙的道路。公元前 220 年，秦王嬴政在他统一中国称皇帝的第二年就首先西巡，祠在雍地的"畤"。为了更方便他在"畤"的祭祀活动，紧接着派人专门修了东自雍西至陇山的御道，又建了"回中宫"。他先后六次到"畤"祭祀。西汉建立后，汉高祖刘邦首建"北畤"以扩大畤的祭祀活动。汉文帝从前元十五年（公元前 165 年）开始，每年都到"五畤"祭祀。汉武帝继位后，在"畤"的祭祀活动更频繁，他从元光二年（公元前 133 年）开始，多次亲祀"五畤"，因为在祀"畤"时得

---

① 王子今：《秦人经营的陇山通路》，《文博》1990 年第 5 期。
② 杨曙明：《秦文化解读》，三秦出版社，2008 年。

一怪兽，还特别改元"元狩"以示庆祝。这年以后他每年一次到"畤"祭祀。为了更方便在"畤"的祭祀活动，他于元封四年（公元前 107 年）扩修了秦始皇的御道称其"回中道"。又在元封六年（公元前 105 年）祀"畤"后修了"首中道"①。

长安—雍城—陇州道开通后，长安、雍城与陇西一带的商贸往来也日渐频繁，《史记·货殖列传》载："及秦文、德、缪居雍，隙陇蜀之货物而多贾。"20 世纪 40～90年代，相继在甘肃临夏、灵台、礼县、西和、天水和陕西西安、扶风等地出土了一批希腊铭文铅饼和铜饼。这些铅饼正面有似龙非龙形状像蟠螭的浮雕，头有触角，背面阳铸外文一周，中有方形印记②。据考证，这些外文铅饼为汉王朝时期中亚、西亚国家和中国的贸易货币，属古丝绸之路货币体系，可见汉代西域与西方联系频繁，商贸交流畅通，此物是东西方文化交流的一个佐证。

1. 秦汉时代长安—雍城—陇州道沿途离宫别馆

秦汉时代长安—雍城—陇州道的形成与繁荣，在一定程度上得益于帝王的郊雍活动。在交通不发达的古代，郊雍活动中帝王将相的后勤保障需求又客观上形成了行宫建设的必要性，因而，在长安—雍城—陇州道沿途，出现了大量的离宫别馆。

（1）阿房宫

位于今西安西郊 15 千米的阿房村一带，始建于公元前 212 年。据《史记·秦始皇本纪》记载："前殿阿房东西五百步，南北五十丈，上可以坐万人，下可以建五丈旗，周驰为阁道，自殿下直抵南山，表南山之巅以为阙，为复道，自阿房渡渭，属之咸阳。"其规模之大，可以想见。秦始皇死后，秦二世胡亥继续修建。唐代诗人杜牧的《阿房宫赋》写道："覆压三百余里，隔离天日。骊山北构而西折，直走咸阳。二川溶溶，流入宫墙。五步一楼，十步一阁；廊腰缦回，檐牙高啄；各抱地势，钩心斗角。"可见阿房宫确为当时非常宏大的建筑群。今阿房村南附近，有一座大土台基，周长约310 米，高约 20 米，全用夯土筑起，当地人称为"始皇上天台"。阿房村西南附近，夯土迤逦不断，形成一长方形台地，面积约 26 万平方米，当地称为"郿坞岭"。这两处地方是阿房宫遗址内最显著的建筑遗迹。1994 年联合国教科文组织实地考察，确认秦阿房宫遗址建筑规模和保存完整程度在世界古建筑中名列第一，属世界奇迹和著名遗址之一，被誉为"天下第一宫"。

（2）乾县梁山宫

位于乾县县城以北 9.5 千米处的瓦子岗上，地处吴店乡与梁山乡交界处，为一和缓的龟背形台地。秦文化遗存。南北长 1800 米，东西宽 1000 米。遗址南部现存一高大

---

① 　王学理：《陇山秦汉寻踪——古上畤下畤的发现》，《社科纵横》1994 年第 3 期。
② 　康柳硕：《甘肃出土的丝路外国钱币述略》，《陇右文博》1996 年第 1 期。

的夯土台基,东西底边长 37.5 米,南北底边长 25 米,高 5 米,台下有大面积的夯土层。曾先后出土龙纹空心砖和龙凤纹空心砖 4 件,色彩绚丽的卵石十数立方米。现存遗址留有大量散水石、整修地面的专用砺石及秦筒瓦、板瓦块等。瓦外施有绳纹和抹光带,内施涡点纹。还发现有素面半瓦当、云纹瓦当和葵纹瓦当。梁山宫是秦的一座重要行宫。这里既是历史上有名的宫廷事件发生地,又是秦御匈奴的重要指挥部,也是秦始皇完成统一大业后的重要决策场所。据《史记·秦始皇本纪》,三十五年(公元前 212 年)"始皇帝幸梁山宫",《史记》正义引《括地志》,梁山宫"俗名望山宫,在雍州好畤县西十二里,北去梁山九里"。所载地望与遗址完全吻合。又《啸堂集古录》:"梁山宫,元康元年(公元前 65 年)造",说明此宫为汉代所沿用①。

(3) 周至长杨宫

位于今周至县终南镇东竹园头村西 50 米,占地面积约 2 万平方米,遗存建筑台基高约 3 米,文化堆积层厚 0.5~1.5 米,遗址内曾发现"禁圃"、"克乐未央"、"宫"字和朱雀纹、玄武纹、羊角形双云纹、花瓣形云纹等纹饰瓦当。20 世纪 60~70 年代,长杨宫遗址一直是竹园头村生产队取土的土场,遗址惜被夷为平地。据《三辅黄图》记载:"长杨宫,在今周至县东三十里,本秦旧宫,至汉修饰之……备行幸"。《汉书·地理志》注:周至县"有长杨宫,有射熊馆,秦昭王起"。因宫中有垂杨数亩,故名。《小校经阁金文》记载有长杨宫鼎,应是长杨宫宫中之物。《汉书·东方朔传》载:"初,建元三年,微行始出,北至池阳,西至黄山,南猎长杨,东游宜春。"扬雄曾经写《长杨赋》讽谏汉成帝游猎于长杨宫②。

(4) 岐山李家道行宫

位于岐山县凤鸣镇李家道村南,遗址面积约 1 万平方米,发现有夯土基址、陶下水管道,采集到战国秦"双獾"、"单獾"、云纹等瓦当,为一处秦汉时期的宫殿遗址③。

(5) 凤翔凹里行宫

位于凤翔县横水镇九龙村凹里,为一处史书失载的宫殿区,1986 年,考古工作者对该遗址进行了钻探,发现一条南北长约 200 米的地下排水管。采集到鱼鸟纹、双獾纹、云纹等战国秦瓦当和"长生无极"、"大宜子孙"等汉代瓦当,可能是秦汉帝王的行宫之一,属秦宫汉葺者④。

---

① 徐卫民:《秦都城研究》,陕西人民教育出版社,2000 年
② 王李娜:《长阳、五柞宫考辨》,《考古与文物》2007 年第 1 期。
③ 陕西省文物局:《陕西第三次全国文物普查丛书·宝鸡卷·岐山文物》,陕西出版集团、陕西旅游出版社,2012 年。
④ 陕西省雍城考古队:《凤翔凹里秦汉遗址调查简报》,《考古与文物》1989 年第 4 期。

（6）棫阳宫

位于凤翔县城南，棫阳宫曾为秦始皇软禁其母处，关于此宫的位置，史学界曾说法不一，有人认为棫阳宫在扶风县境内。1962 年考古工作者在凤翔县南古城东北、马家庄西北与豆腐村之间发现"棫"字残瓦当一枚。1982 年在雍水河南岸的东社村西和东北角，采集到"棫阳"一枚，并发现了成片的夯土和战国图案纹瓦当。《汉书·苏武传》载："从至雍棫阳宫"，《小校经阁金文》中也有"雍棫阳宫共厨鼎"，大连市旅顺博物馆藏有一件铸有"棫阳宫铜鼎"铭文的铜鼎。可见，棫阳宫应在雍城境内①。

（7）年宫

位于凤翔县城南，在典籍中没有任何记载，1962 年曾在南古城东北、马家庄西北与豆腐村之间发现"年宫"瓦当一枚。1982 年在雍水河南岸的东社村西和东北角，采集到"年宫"瓦当一枚，并发现了成片的夯土和战国图案纹瓦当。有学者认为年宫可能为蕲年宫的省略简写，但从年宫瓦当的出土地点来看，此地有战国到秦汉时期的建筑遗址，年宫应该与这一建筑遗迹有密切的联系。蕲年宫地点的确定更加有力地证明两者并非一处宫殿，年宫应为一个史籍失传的秦汉宫殿②。

（8）蕲年宫

位于凤翔县城西长青镇，建造于战国中期的秦惠公时期，是秦惠公为祭祀后稷、祈求丰年而修建的专用建筑，一直沿用到汉代，是秦汉时期天子祭祀五畤和先王斋宿场所。蕲年宫遗址位于凤翔县长青镇孙家南头村，属于千河东岸的二层台塬。遗址保护范围约 2 万平方米，是一处极为典型、保护较完整的秦汉宫殿基址。蕲年宫是秦代有名的宫殿。关于它的地望史书记载说法不一。近年来，考古工作者在孙家南头村堡子壕一处台地上采集到的"蕲年宫"、"橐泉"、"来谷宫当"、"竹泉宫当"、"长乐未央"、"云纹"、"太阳纹"等瓦当，还出土了陶制排水管、空心回纹砖等文化遗物，证实了蕲年宫遗址就在孙家南头村堡子壕的说法③。

（9）橐泉宫

位于凤翔县长青镇。泉宫与蕲年宫的关系、位置和建筑时间、史籍记载有许多分歧。《史记·秦本纪》载："三十九年，缪公卒，葬雍"，《集解》引《皇览》曰："秦缪公冢在橐泉宫蕲年观下"，明确指出橐泉宫与蕲年观（宫）建在一起，而且蕲年观（宫）是橐泉宫的一个部分。《史记·秦本纪》同条记载下《正义》引《庙记》又云：

---

① 焦南峰、马振智：《蕲年、棫阳、年宫考》，《陕西省考古学会第一届年会论文集》（《考古与文物丛刊》第三号，1983 年）。

② 焦南峰、马振智：《蕲年、棫阳、年宫考》，《陕西省考古学会第一届年会论文集》（《考古与文物丛刊》第三号），1983 年。

③ 同②。

"橐泉宫，秦孝公造。蕲年观，德公起。盖在雍州城内"。这说明两宫是各自独立的建筑物，而且修建的时间也不相同。《史记·秦始皇本纪》亦载："九年……将欲攻蕲年宫为乱"，《集解》云："蕲年宫在雍"，并从《汉书·地理志》右扶风雍县"橐泉宫，秦孝公造。蕲年观，德公起"的说法。《长安获古编》卷二载橐泉铜锏铭文云："橐泉铜锏一斗，重三斤，元康元年造"。又载橐泉宫铜鼎铭文："雍橐泉宫鼎盖一，容二升，重一斤八两，名百二，杜阳五十四斤十四两。"《小校经阁金文》卷八载有橐泉宫灯铭文："橐泉铜灯，重一斤十二两，元康二年考工孺监省。"元康为当宣帝年号，通过蕲年宫的考古发掘和这些史料记载分析，现在一般认为，蕲年宫起于秦孝公，新起的橐泉宫与蕲年宫建在一起，并蕲年宫成为它的一部分，而这两座宫殿的位置是在雍城西南的长青镇孙家南头村堡子壕的台地上，从战国中期一直沿用到西汉后期。与此同时，考古工作者还在遗址附近发现了一口古泉，水质甘甜，四季常涌，可能为史书中记载的"橐泉"①。

　　（10）千阳尚家岭行宫遗址

　　位于千阳县南寨镇冯家堡村尚家岭南300米的坡边，地势北高南低，呈阶梯状。遗址东为涧口河，西、南临千河，北为尚家岭。遗址南北长约400米，东西宽约300米，面积约120000平方米。遗址北部断面上见有夯土，东西长约23米，高约0.9～1.5米，夯层厚度5厘米，采用平夯，夯土坚硬。断层上暴露有厚约0.4米的文化层，内含较多的建筑材料残片。地表堆积有大量半圆形素面瓦当残片、云纹瓦当残片、残瓦片、残屋脊瓦等残片。尚家岭遗址规模较为宏大，判断其等级较高。其所处的位置处在古代陇东至关中地区东西通行大道沿线，是战国时期秦国最重要的交通线路；秦代至西汉时期，皇帝西行巡察与郊祀活动也主要经过这条线路。另外，除离宫的主要用途外，尚家岭建筑可能还有驿站、仓储码头的多重用途②。

　　（11）汧邑行宫遗址

　　汧邑为春秋时期秦国的临时都城，为秦人东进关中时重要的军事据点，为陇关道的开通奠定了重要基础。关于汧邑的具体位置，《括地志》云："故汧城在陇州汧源县（今陕西陇县）东南三里。《帝王世纪》云秦襄公二年徙都汧，即此城。"近几年，考古工作者在陇县东南乡边家庄发现了一处范围较大的春秋墓区，先后发掘墓葬33座。其中五鼎四簋等级的8座，三鼎二簋等级的3座，表明这是一处等级较高的秦贵族墓

① 田亚岐：《秦都雍城布局研究》，《考古与文物》2013年第5期。
② 陕西省考古研究院、宝鸡市考古研究所、千阳县文化馆：《陕西千阳尚家岭秦汉建筑遗址发掘简报》，《考古与文物》2010年第6期；田亚岐：《尚家岭建筑遗址初识》，《考古与文物》2010年第6期。

地。根据陵随都移的基本规律，考古工作者判定在其附近可能有与之相对应的城邑居址。后来又经考古工作者踏查，确在边家庄东南三里处的磨儿原发现一处时代与边家庄墓地相当的城址，认定这个城址当是文献中所记载的"襄公二年徙都汧，即此城"所指者。磨儿塬遗址位于边家庄墓地东南五里，与后者处于汧河西岸同一片台地上。遗址东濒汧河，南临川口河。两河交汇的塬地当即汧邑城址，汧城原有多大，尚不清楚，在东南部的台地断崖上可以见到部分夯土城墙。其中东墙的南段保存约百米，南墙的东段保存约 200 米，东南角亦保存了部分残墙，残墙高 1～2 米不等。残墙上可以看到的夯层一般厚 10 厘米左右。采集到的器物除春秋早期的罐、鬲等残片外，还见有战国时期的陶盆残片，"千秋万岁"瓦当和素面半瓦当以及内饰麻点外饰绳纹的板瓦、筒瓦、空心砖等建筑材料残片，说明这一城址曾有较长的使用时间①。

2. 长安—雍城—陇州道沿途的重要城邑

城邑是丝绸之路上重要的停留驿站和货物交易场所，是丝绸之路兴衰的重要标志之一。城邑的发展兴衰也在一定程度上反映了古丝绸之路兴盛与变迁。特别是雍城、汧渭之会、汧邑等秦人早期的都城，秦人在不断东进的过程中，开辟了关中与陇西和西域各地交流的通道，为丝绸之路的开通和畅行奠定了基础。

（1）咸阳

位于陕西省八百里秦川腹地，渭水穿南，宗山亘北，山水俱阳，故称咸阳。咸阳东邻省会西安，北与甘肃接壤，是我国中原地区通往大西北的要冲，中国历史上第一个封建帝国秦王朝建都于此，号称"华夏第一都"，先后为周、汉、唐等 13 个朝代的京畿之地，是古丝绸之路的第一站。古时，咸阳北有关中通往河西走廊的泾河谷地；南扼渭水漕挽天下；西通陇西；东处泾渭交汇地带。左扶崤函，右控陇蜀，战时兵家必争。渭水于此折向东北，构成关中东西大道的分界线，自古中原和长安来往于川、甘、青、宁、新各地者，均由此处渡渭，咸阳成为西出阳关，北上萧关，东至长安，直抵中原的交通枢纽。

（2）兴平

北依莽山，南临渭水，与周至县隔渭河相望。封建王朝曾两次在兴平建都：一次是西周第七个皇帝周懿王二年（公元前 898 年），把国都由镐京迁到犬丘（今兴平城南的南佐村）；一次是楚汉相争时，项羽封章邯为雍王，王都设在废丘（今址同上）。汉高祖三年（公元前 204 年）始置槐里县。唐"安史之乱"爆发后此地置"兴平军"，因该军平叛安史之乱有功，故于至德二年（757 年）以该军之名命名为兴平县，取"兴旺平安"之意，县名沿袭至今。

---

① 张天恩：《边家庄春秋墓地与汧邑地望》，《文博》1990 年第 5 期。

（3）武功

东迄兴平，西邻杨凌、扶风，北接乾县，南隔渭河与周至县相望，地势平坦开阔，地理位置十分优越，是关中地区重要的交通枢纽和物资集散地。建县始于秦孝公十二年（公元前 350 年）。王莽新朝天凤二年（公元 15 年），改为新光县。东汉初，废入眉县。永平八年（公元 65 年），复置武功县。北魏太和十一年（487 年）置武功郡。建德三年（574 年），废郡设县。

（4）扶风

西汉时此地为京官右扶风的封地，唐时借汉官名作县名沿用至今。位于扶风岐山交界处的周原遗址，是古周人早期都城岐邑所在地，考古工作者在此发现了 2 枚古代西亚人形象的蚌雕人头像，其中一件高 2.9 厘米，头戴尖状护耳翼帽，上刻等距离竖线条，帽顶平，面部颧骨隆起，额和下巴窄小，长头形，高鼻深目，薄唇无须，颌下锯平，中间有孔①，为古代中西文化交流的实物例证。

（5）岐山

因境内东北部的箭括岭双峰对峙，山有两歧而得名，始建于隋开皇十六年（596 年）。是周王朝发祥之地，从周太王迁岐到周平王东迁近 400 年间，岐山一直是西周的中心。有周公庙、凤雏遗址，并出土大量周朝文物，以青铜器最为著名。

（6）凤翔

古称雍，是成周兴王之地，赢秦创霸之区，历代州、郡、府、路之治所，关中西部重镇。凤翔境内古道纵横交错，自古即是关中西部重要的交通枢纽。古人以"南控褒斜，西达伊凉；岐雍高峙，千渭争流"来形容凤翔当时交通的便捷以及地理位置的重要。特别是在我国以长安为国都的时期，凤翔一直是关中的西大门，是南通汉中、四川直至湖广的必经之路，西北通甘肃宁夏的主要道口，古丝绸之路重要驿站。公元前 9 世纪，擅长畜牧、狩猎的秦人又开辟了雍城至千县（今陇县）的道路。秦穆公时伐西戎"益国十二，拓地千里"开辟了雍城至狄道（今临洮）的道路，特别是作为秦国都城期间，雍城与周边各国交通道路日益通达。唐代时雍城虽已不再是国都，但由于战乱，作为都城的西大门，雍城又出现了往日的繁荣。此间，玄宗、肃宗、德宗、僖宗、昭宗等五位皇帝均西行幸驾凤翔，凤翔一度称"西京"、"西都"②。

（7）千阳

因在汧山之阳而得名。汉高祖二年（公元前 205 年）置县隃麋（今千阳县城东郊千川村），西晋撤隃麋并入千县，北周天和五年（570 年）复置千阳县。商周时期"安

---

① 《扶风县志》第十三编文物，陕西人民出版社，1993 年。

② 杨曙明：《凤翔史话》，三秦出版社，2008 年。

夷关道",秦代"回中道",汉代以后的"丝绸之路"均通过汧河谷地。汧河川道及沟谷为西出长安经雍城南达北往的重要通途。旧志曰:"南临汧水,北倚冯河。五里坡蜿蜒于左,月曲山盘踞于右。山岭重复,溪涧险阻。"

（8）陇县

古称陇州,因地处陇山东坂而得名,为西疆军事重镇。因为陇山天堑的阻隔,使陇县地理交通位置显得非常重要,成为关中连接西北的重要通道和关隘。陇县帝辛三十四年（周武王四年、公元前1043年）,西部羌人就经陇关道东下,参与周武王代纣来商牧野之战。春秋时,秦文公东猎,开辟了陇西到关中的通道,秦襄公时秦人东进关中,在此建"汧邑"。秦穆公翻越陇山西征后,陇县与关中的交流更加频繁。秦朝回中道开通,与陇坂道相连,沟通了关中与西北直至中亚和欧洲联系,陇县遂成为丝绸之路的要隘。秦始皇二十七年（公元前220年）沿陇坂道西巡,至陇西郡（今甘肃临洮）,经回中道返回咸阳。1981年,陇县城关公社祈家庄生产大队曾出土一件汉代铜铛,上面为盆形,下面有人形之足。这件铜铛通高13.5厘米,重1.85公斤,人为立状,圆脸、尖下颌、宽眉深目,阔嘴高鼻,专家一致认为此为胡人形象,为研究汉王朝与西域文化交流的重要资料。

三　长安至陇山段丝绸之路沿线重要历史古迹

丝绸之路是古代经济文化交流的重要渠道。古丝绸之路沿线的众多历史遗址和名胜古迹,为丝绸之路商贾云集之所和歇栖之处,这些古迹大多因丝绸之路而兴,因丝绸商贾而名扬天下,与丝绸之路的兴衰与变迁有着重要的联系。

（1）郃城遗址

位于杨凌示范区揉谷乡法禧村,遗址区发现有灰坑,并有铸铁作坊遗址、城墙遗址和秦汉时代的墓葬等,出土有粗绳纹秦汉砖瓦、云纹瓦当、五角水管、刻有"郃"字铭记的秦代鼎和温壶等文物。

（2）法门寺

位于扶风县城北10千米处的法门镇,东距西安市110千米,西距宝鸡市90千米。始建于东汉末年桓灵年间,距今约有1700多年历史,有"关中塔庙始祖"之称。法门寺因佛祖舍利而置塔,因塔而建寺,原名阿育王寺。558年,北魏皇室后裔拓跋育曾扩建,并于元魏二年（494年）首次开塔瞻礼舍利。隋文帝开皇三年（583）改称"成实道场",仁寿二年（602年）右内史李敏二次开塔瞻礼。唐高祖李渊武德七年（624年）敕建并改名"法门寺"。唐代200多年间,先后有高宗、武后、中宗、肃宗、德宗、宪宗、懿宗和僖宗八位皇帝六迎二送供养佛指舍利。每次迎送均沿长安—雍城道,声势浩大,朝野轰动。

（3）周原遗址

其宫殿建筑（或宗庙）的遗址分布在岐山凤雏和扶风召陈两处，是周文化的发祥地和灭商之前周人的聚居地，属全国重点文物保护单位。公元前 12 世纪末至前 11 世纪初，周人的首领古公亶父率领族人迁至此地，开始营建城郭，作为都邑之用。公元前 11 世纪后半叶，周文王迁都丰都后，周原仍是周人的重要政治中心。西周末年，由于西戎入侵的破坏，遂成废墟，废弃不用。在召陈遗址发现了 15 处大小不等的建筑基址，可能是贵族的住宅；在凤雏建筑遗址的窖穴内，出土了 17 万片卜骨和卜甲，其中多是卜甲。周原遗址最重要的发现，是出土了大量的窖藏青铜器，这些窖藏和青铜器的历史之长、数量之多、世所罕见。著名的"四大国宝"（毛公鼎、大盂鼎、虢季子白盘、散氏盘）和"海内三宝"（大盂鼎、大克鼎、毛公鼎）都出土于周原。

（4）周公庙

位于今岐山县城西北，唐武德元年（618 年），为纪念西周著名政治家、曾帮助武王灭商立国和辅佐成王平叛安邦的周公姬旦，在此修建了周公祠。后经历代的修葺、扩建，形成以周三公（周公、召公、太公）殿为主体，姜嫄、后稷殿为辅，亭台楼阁点缀辉映的古建筑群。现存古建筑三十多座，唐柏汉槐多株，植被丰茂，浓荫蔽日，是宝鸡地区规模最大、保存最完整的我国古代建筑群。周公庙附近发现有西周大型墓地，为目前发现的西周时期最高等级的墓葬群，周围还出土卜甲与卜骨 700 余片。

（5）雍城遗址

位于今凤翔县城南。雍城为春秋战国时秦都，此后一直沿用至唐末，均为历代州、郡、府之治所，为关中西部重镇，丝绸之路重要驿站。雍城坐北朝南，平面呈不规则的方形，城址东西长 3480 米，南北宽 3130 米，面积约 10.89 平方千米，超过了当时洛阳王城，相当于今西安市城内的总面积。史载戎族的使者由余面对秦都雍城建筑惊叹："使鬼为之，则劳神矣；使人为之，亦苦民矣。"秦雍城遗址的宏伟规模不仅反映了秦国早期国力的日渐强盛，而且也显示出它"包举宇内，囊括四海"的气魄[①]。在雍城宗庙遗址内，考古工作者在出土的陶片中，发现了一些"H"、"X"等符号，专家推测，这些符号可能是古代欧洲流落到我国中原的一些人在陶器加工时所刻划的，是古代中西方文明交流的一个见证。

（6）汧渭之会遗址

位于凤翔县长青镇孙家南头村一带。汧渭之会是《史记》中记载的重要地理位置，秦人的先祖非子曾在此为周王室牧马而称秦，秦文公东猎至此曾建汧渭之会都邑，秦

---

① 田亚岐：《秦都雍城布局研究》，《考古与文物》2013 年第 5 期；田亚岐：《秦都雍城沿革与历史地位研究》，《秦始皇帝陵博物院院刊总叁辑》，2013 年。

始皇曾在此举行加冕仪式。同时，此处还为历代漕运的重要仓储码头，为秦汉时期丝绸之路上漕运货物的一个重要交通枢纽，为古时丝绸等货物运输发挥了重要作用。2003 年底，陕西省考古研究所与宝鸡市考古队联合组成考古队，先后在凤翔县长青镇孙家南头村共发掘出周、秦时期的墓葬 137 座，陪葬车马坑或马坑 4 座，发掘了约 350 平方米与墓地有关的先周至西周时期的人类生活聚居遗址。这一墓葬群规模宏大，而且有几座高等级的贵族墓葬，考古研究人员结合《史记》中秦文公所言"昔周邑我先秦嬴于此"等记载，认为此处为秦文公东猎所建"汧渭之会"都邑遗址①。与孙家南头村相邻的马道口村曾于 1973 年出土羽阳宫鼎②，鼎上有三组铭文，其中第一组为："今千共厨，郡邸鼎一，合容一斗二升，并重七斤十四两，名丑。"千指千河，共通"供"，厨指专门供应祭祀牲品的庖厨。说明此鼎曾被用作过"千共厨"，其祭祀的对象应为千河附近的"郦畤"③。另外，此遗址处还有蕲年宫、来谷宫等秦汉行宫，是秦汉时期帝王祭祀郊雍的重要场所。秦始皇、汉武帝等秦汉时代的帝王多次在此举行国家祠典。

（7）郁夷县城遗址

《水经注》载，郁夷县在陇州西五十里，《陕西通志》载，在州西五十里大宁关（大震关）侧，近汧水源。经文物工作者考证，郁夷县城故址在今陇县固关街东。东至穆家庄北河，西至李家沟河岸，南至固殿渠，北至陇固公路。东西长约 300 米，南北宽约 150 米。遗址中部断崖有灰土堆积层，厚约 2 米，东西长约 160 米。此城为西汉时设立，王莽地皇四年（公元 23 年）改为郁平县，东汉时废。

（8）龙门洞

位于陇县西北陕甘交界处的景福山麓，古名灵仙岩，始于春秋，建于西汉，盛于金元，是道教龙门派圣地。史载元代道教"七真人"之一的丘处机在此栖居 7 年，创建了道教"龙门派"，后世将其特有的自然山水和人文历史巧妙融合，形成了别具一格的自然人文景观，是陕甘宁地区久负盛名的道教名山和旅游胜地。

（9）陇关

长安—雍城—陇州道在今陇县境内因陇山天堑阻隔而称为陇阪道，又称为陇关道、陇道、逾陇道、陇山道、秦汧道。陇山又称陇坂、陇坻，南北走向，是关中平原与陇西高原的分界线，在古代也曾是中原地区与周边少数民族地区的分界线④。《通典·天水郡》载："郡有大坂，名曰陇坂，亦曰陇山"，《读史方舆纪要》卷五十二载，陇坂

① 焦南峰、田亚岐：《寻找"汧渭之会"的新线索》，《中国文物报》2004 年 3 月 5 日第二版。
② 王光永：《凤翔县发现羽阳宫铜鼎》，《考古与文物》1981 年第 1 期。
③ 李仲操：《羽阳宫鼎铭考释》，《文博》1986 年第 6 期。
④ 李健超：《丝绸之路沙漠路线中国境内的自然环境及变迁》，《汉唐两京及丝绸之路历史地理集》，三秦出版社，2007 年。

"山高而长，北连沙漠，南带千渭，关中四塞，此为西面之险"。陇山为六盘山南延之余脉，海拔高度约2000米，自宁夏南部向南延伸经甘肃平凉地区，直至陕西宝鸡以西的渭河北岸，与秦岭西段群峰夹渭对峙，闭合了八百里秦川的平原旷野，成为中原通向西域的第一道天然屏障。东汉初此段道路已明确称陇道，《后汉书·光武帝纪》载：建武六年夏四月，"遣虎牙大将军盖延等七将军从陇道伐公孙述"。位于道中的固关镇，古名新关集，汉唐时置有关隘，驻兵把守。后在该镇置大寨巡检司、关山营，设游击都司、把总驻守。固关镇西南就是著名的大震关。

（10）大震关

位于陇县西50千米的固关乡关山顶东坡洪家滩，为丝绸之路上的重要关隘，承担着丝绸之路畅通的重要职责。大震关前方有两道峡谷，一条通秦家源，一条通老爷岭。其中通往老爷岭这条峡谷段是民国时期在古道基础上改建的凤陇公路，上山段为汉唐古道，当地人称"马道"。从现在保留下来的路段来看，汉唐时期的关山古道，在峡谷内主要是沿河岸台地而行，然后在接近山脊时盘旋而上，巧妙地将一些小溪冲击平台连接起来，既形成了多处错车道，又可使路线在不断的缓冲中上行。这些道路多用巨石砌坡，条石铺筑路面，宽度一般在3～4米，弯道半径一般在5～13米，在一些巨石当道的地方，当时还运用热胀冷缩的原理，先在巨石上堆柴烧火然后迅速浇水冷却，以此在巨石上炸出裂缝再凿出车道，从而使这条路成了西出的主要通道。汉初在此设关，因地处陇山，故名陇关。汉太始二年（公元前95年），汉武帝刘彻巡行回中，经陇关（今陇县固关乡洪家滩），因遇雷震，故改陇关为大震关。北周天和元年（566年），改名大宁关，隋代复名大震关。西汉末年，王莽置四关（东函谷关、西陇关、南武关、北萧关）将军，遣右关将王福守此关。东汉建武二年（公元26年），大司徒邓禹战赤眉义军于陇山。

（11）安戎关

位于陇县西40千米的固关乡关山沟二桥，为丝绸之路支道上的一处重要关隘。唐大中六年（852年），陇州防御使薛逵奏"……伏以汧源县西境切在故关，昔有堤防，殊无制置，僻在重岗之上，苟务高深。今移要会之中，实堪控扼。旧绝井泉，远汲河流；今则临水挟山，当川限谷，危墙深堑，克扬营垒之势，伏乞改为安戎关……"自薛逵徙筑安戎关于陇山下后，大震关称故关，安戎关称新关。安戎关与大震关相距10余千米，同为关防戍守处。因安戎关在陇关道上所起的作用与大震关相同，故新关的修筑从某种程度上代替了旧关，所以后人习惯上也称安戎关为大妞关①。此地两山对峙，当川限谷，形势险要，为逾越陇山西行的要道。

---

① 杨军辉：《关于唐大震关的几个问题》，《甘肃农业》2006年第6期。

阿尔泰出土的匈奴时期铜镜

A. A. 提什金　　H. H. 谢列金　著　　张良仁　译

（俄罗斯阿尔泰国立大学）　　　　　（南京大学历史系）

在公元前 3 世纪末至公元 1 世纪，阿尔泰是匈奴帝国的北疆。尽管该地区匈奴民族的墓葬还没有发现，但是当时中亚大地上发生的事件对周围的历史产生了深刻的影响。在阿尔泰古代遗址的发掘和研究中，这种影响一目了然。阿尔泰地区的匈奴时期墓葬和祭祀遗址，我们归入布郎—科巴文化早期（乌斯季—埃季甘阶段）的范畴（Тишкин, Горбунов, 2006；Тишкин, 2007）。在公元前 2 世纪末至公元 1 世纪游牧民族的物质和精神文化中，一个最为鲜明的标志就是铜镜。对于这种器物，我们需要进行综合研究，这样才能确定这些出土器物的年代，重建民族文化的互动过程，指明与周边区域的经济与政治交流的途径，并且探讨阿尔泰地区古代居民的社会和精神生活的一些方面。

阿尔泰古代遗址出土的匈奴时期铜镜数量不多。1991 年，C. M. 吉列耶夫（Киреев）在阿尔泰共和国乌斯季科克萨县发掘浅德克（Чендек）墓地 6 号冢时发现了一面（Киреев, Кудрявцев, Вайнберг, 1992, c. 59 – 61；Киреев, 2008）。第二年，В. И. 索阳诺夫（Соёнов）带领的考古队在该墓地又做了一次发掘。在 28 号冢出土的数量不多的随葬品中，有一块不大的装饰图案的铜镜残片（Соёнов, Эбель, 1992, c. 50 – 51, рис. 18. – 10）。一大批铜镜还是在发掘乌斯季—埃季甘墓地（阿尔泰共和国切马尔县）时出土的。这批器物的资料和分析数据见于发掘者的一篇文章（Худяков, 1998）。2003 年，本文作者之一率领的阿尔泰国立大学考古队在发掘亚洛曼 – II 墓地（阿尔泰共和国昂古台县）时，阿尔泰匈奴时期铜镜的数量又有所增长（Тишкин, Горбунов, 2003；Тишкин, 2006）。铜镜发现于墓地早期冢群的墓葬里面。迄今为止，阿尔泰古代遗址出土的匈奴时期铜镜已达 19 面。有关这些器物综合研究的部分成果已经发表（Тишкин, 2006；Тишкин, Хаврин, 2006；Тишкин, Серегин, 2011），本文将予以补充和修正。我们将重点利用铜镜资料来重建公元前 2 世纪末至公元 1 世纪的阿尔泰民族文化史。

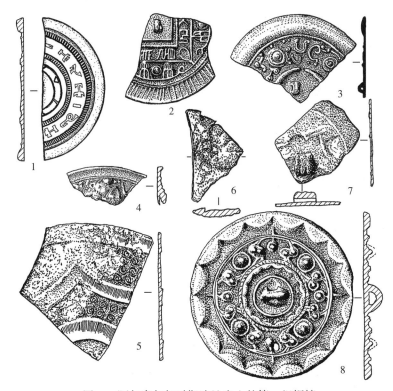

图一　阿尔泰匈奴时期遗址出土的第一组铜镜

1. 浅德克，6 号冢（引自 Киреев С. М.，2008，рис. 1. – 3）　2. 浅德克，28 号冢（引自 Соенов В. И.，Эбель
А. В.，1992，с. 50 – 51，рис. 18. – 10）　3. 乌斯季 – 埃季甘，12 号冢（引自 Худяков Ю. С.，1998，рис. 3. – 1）
4. 亚洛曼 – Ⅱ，61 号冢（引自 Тишкин А. А.，Серегин Н. Н.，2011，табл. XXII. – 4）　5. 亚洛曼 – Ⅱ，52 号冢
（引自 Тишкин А. А.，Серегин Н. Н.，2011，табл. XIX. – 3）　6. 亚洛曼 – Ⅱ，51 号冢（引自 Тишкин А. А.，
Серегин Н. Н.，2011，табл. XVIII. – 4）　7. 亚洛曼 – Ⅱ，56 号冢（引自 Тишкин А. А.，Серегин Н. Н.，2011，
табл. XX. – 4）　8. 亚洛曼 – Ⅱ，57 号冢（引自 Тишкин А. А.，Серегин Н. Н.，2011，табл. XXI. – 3）

　　通过研究阿尔泰古代遗址出土的匈奴时期铜镜的形态特征，我们可以将它们分为
两组。第一组的铜镜一面有浮雕，一面光滑。因为它们的纹样独特，应该来自中国。
有关这些铜镜的年代，我们可以参照中国的古代遗址以及匈奴的墓葬和聚落遗址出土
的类似器物来确定。

　　浅德克墓地 6 号冢墓葬出土的铜镜残片（图一，1；图二，1），根据专家的意见，
属于中国公元前 2 世纪末至公元 1 世纪初的产品，在西汉时期最为流行（Киреев，
2008，с. 51）。类似的器物见于外贝加尔和北蒙古匈奴遗址的发掘资料（Руденко，
1962，рис. 65а；Филиппова，2000，с. 101 – 102，рис. 1. – 1，3）。类似于上述残片的完
整铜镜出土于该墓地 28 号冢的墓葬（图一，2），其年代根据 Е. И. 卢博 – 列斯尼琴科
（Лубо – Лесниченко，1975，с. 119，рис. 108）的观点，为公元前 2 世纪，不过后来有
人复制。类似于这类铜镜的器物在北部也有发现，见于巴拉巴平原的马尔科沃 – Ⅰ墓地

的公元前2～前1世纪冢墓（Полосьмак，1987，рис. 33.－4）。属于同一时期的器物，我们或许可以算上乌斯季—埃季甘墓地出土的铜镜残片（图一，3）。这件器物带有若干乳丁，乳丁之间填以各种风格化的纹样（Филиппова，2000，с. 104－105，рис. 2）。

　　我们需要特别注意的是亚洛曼—Ⅱ墓地出土的一批铜镜的年代。61号冢墓葬出土的一件（图一，4；图二，2），根据现存的形态细节来看，属于汉代以前中国非常流行的一种铜镜（Лубо－Лесниченко，1975，с. 37，рис. 1；Масумото，2005，рис. 1；2.－2）。这种铜镜产于公元前4世纪末和公元前3世纪，但是其延续使用了很长时间（Лубо－Лесниченко，1975，с. 9）。52号冢出土的另一面铜镜（图一，5；图二，3），饰有尖角宽带纹和蜷曲纹背景，年代属于公元前3世纪（Лубо－Лесниченко，1975，с. 38，рис. 3），但是也见于匈奴时期的遗址中（参见 Давыдова，1985，рис. Ⅹ.－9）。其他两面铜镜（图一，6、7；图二，4）的花纹看不清楚，可能遭受了严重的腐蚀。它们

图二　阿尔泰匈奴时期遗址出土的第一组铜镜

1. 浅德克，6号冢（引自 Киреев С. М.，2008，рис. 1.－2）　2. 亚洛曼－Ⅱ，61号冢（引自 Тишкин А. А.，Серегин Н. Н.，2011，табл. ⅩⅫ.－2）　3. 亚洛曼－Ⅱ，52号冢（引自 Тишкин А. А.，Серегин Н. Н.，2011，табл. ⅪⅩ.－1）　4. 亚洛曼－Ⅱ，56号冢（引自 Тишкин А. А.，Серегин Н. Н.，2011，табл. ⅩⅩ.－3）　5. 亚洛曼－Ⅱ，57号冢（引自 Тишкин А. А.，Серегин Н. Н.，2011，табл. ⅩⅪ.－1）　6. 菲尔索沃－ⅩⅣ，发现于遗址地面上（引自 Тишкин А. А.，Серегин Н. Н.，2011，табл. ⅩⅦ.－1）

出土于51和56号冢，因为二者坐落在墓地的早期冢群里，其年代或许可归入匈奴时期。根据对比材料和现有的[14]C数据（Тишкин，2007a，c. 267 – 268，270 – 274及其他），上述铜镜在公元前2～前1世纪来到阿尔泰，而其制作年代可能要早一些。

　　我们在发掘亚洛曼—II墓地时，还发现了一面完整的铜镜（图一，8；图二，5）。其形制特征（内缘为连续弧边，内区有四个独特的乳丁）属于中国汉代的产品（Давыдова，1985，рис. X. – 20，25；Масумото，1993，c. 249，251，рис. 1. – в；Ожередов，Плетнева，Масумото，2008，табл. 2. – 1 – 3；其他）。这类铜镜在中国的出现年代，根据一些学者的看法，可能落在公元前2～前1世纪末（Масумото，1993，c. 251）。此外，我们需要指出，一些装饰细节如连续弧边，在中国使用的时间要早一些（Филиппова，2000，c. 105）。

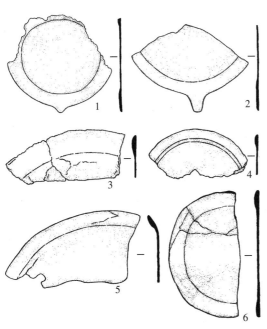

图三　阿尔泰匈奴时期遗址出土的第二组铜镜
1. 乌斯季 - 埃季甘，45号冢（引自Худяков Ю. С.，1998，рис. 3. -3）　2. 乌斯季 - 埃季甘，16号冢（引自Худяков Ю. С.，1998，рис. 1. -3）　3. 乌斯季 - 埃季甘，18号冢（引自Худяков Ю. С.，1998，рис. 1. -1）　4. 乌斯季 - 埃季甘，35号冢（引自Худяков Ю. С.，1998，рис. 1. -5）　5. 乌斯季 - 埃季甘，42号冢（引自Худяков Ю. С.，1998，рис. 2. -1）　6. 乌斯季 - 埃季甘，61号冢（引自Худяков Ю. С.，1998，рис. 2. -3）

　　属于第二组的阿尔泰匈奴时期铜镜，在形制特征方面，与上述铜镜迥然不同。其主要特征为圆盘形，边缘宽而且厚，一侧出纽，没有花纹。花纹仅见于一面铜镜，为两条细弦纹。本组铜镜是在发掘乌斯季—埃季甘墓地的墓葬时出土的（Худяков，1998）（图三）。根据所有的特征，这些铜镜属于"萨尔玛特"文化圈遗址的常见器物。它们分布的地域很广，而且存在的年代也很长，从公元前6世纪一直延续到公元1千纪的前500年（Левина，Равич，1995，c. 127）。此外，与乌斯季—埃季甘墓地出土铜镜类似的器物在公元前1千纪的后250年至公元1千纪初最为流行（Литвинский，1978，c. 80 – 81；Захаров，2000，c. 35；其他）。

　　上述的两组铜镜表明，阿尔泰匈奴时期的居民主要与两个方向保持联系。第一组器物的产地为汉代中国的生产中心，可能通过匈奴帝国的游牧民族传播到阿尔泰地区，因为匈奴与天朝帝国保持着密切的交往。中国生产的铜镜最早

出现在阿尔泰山区和森林草原区的时间是斯基泰—塞克时期（Тишкин，Хаврин，2006，

рис. 2；5. − 2）（рис. 2. − 6）。在阿尔泰的公元前 2 世纪 ～ 公元 1 世纪的一些墓地里，已经发现了 8 面这样的铜镜。根据 И. В. 菲利普波娃（2000，с. 101）的统计，在外贝加尔和北蒙古的匈奴墓葬里已经发现了 16 面铜镜。因此，阿尔泰应为另一个集中出土这类铜镜的地区，表明该地区的游牧民族与东方保持密切的交往。第二组铜镜显示了"萨尔玛特"文化圈对阿尔泰游牧民族的影响。我们不排除这些器物之所以出现在该地区，是因为跟东哈萨克斯坦的居民有联系；使用这类铜镜的传统可能穿过东哈萨克斯坦渗透到阿尔泰（Тишкин，Горбунов，2006，с. 38）。

有关阿尔泰地区匈奴时期铜镜，一类重要的资料是它们的成分分析数据。我们对亚洛曼—II 墓地出土的铜镜做了这样的分析。我们使用 Alpha − 2000（美国产）X − 射线荧光光谱仪（以下简称 XRF——译者），结合测试台、掌上电脑和其他阿尔泰国立大学考古、民族和博物馆学系拥有的设备进行分析。我们旨在对样品进行无损分析，使用 XRF 检测化学成分。这种方法既适用于铜镜样品，也适用于有色金属、钢和各种合金器物的化学成分及矿石、土壤、液体和粉状样品的化学成分。在分析模式下，它检测到的各种元素可以精确到万分之一，在采矿模式下可以精确到十万分之一。XRF 的检测结果本质上可以补充其他数据。实际上，我们从部分器物上取了样品，送到托木斯克国立大学矿物与地球化学实验室作半定量光谱分析（分析员 Е. Д. 阿加波娃 和 Е. М. 齐姆巴洛娃）。需要指出的是，两者得到的数据完全没有冲突。有些时候它们可以补充或者更正整体情况，同时可以解决我们提出的问题。

在使用 XRF 来分析现藏阿尔泰国立大学考古与民族学博物馆的铜镜之前，我们需要说明两种方法所得结果之间的差别和共性：一种是在样品取几个点直接在表面检测；一种是用机械方法除去氧化层之后再检测。

（1）亚洛曼—II 墓地 51 号冢出土的铜镜残片。取样之后在托木斯克国立大学矿物与地球化学实验室所作的光谱分析结果是：Cu − >5；Sn − >2；P − 0.1；Mg − 0.07；Ca − 0.04；Pb − 0.03；Fe − 0.03；As − 0.01；Co − 0.003；Bi − 0.003；Zn − 0.003；Ti − 0.002；Si − 0.001；Al − 0.001；Mn − 0.001；Cr − 0.001；Ag − 0.0005；Ni − 0.0006；In − 0.0006；Ga − 0.0003（重量比，即占整体重量的百分比：1% =10kg/t）。在国立埃米塔什博物馆的科技部检测得到的结果是：Cu − 主要成分；Sn − <30%；Pb − <0.5%；As、Ag、Bi − 微量（Тишкин，Хаврин，2006，с. 82）。

在阿尔泰国立大学，我们用 Alpha − 2000 XRF 作了进一步的检测。我们先检测了一面，然后又检测了另一面和一处除去氧化层的部位。这样得到了以下数据：

Cu − 75.42%；Sn − 23.99%；Fe − 0.43%；Pb − 0.16%；

Cu − 71.5%；Sn − 27.88%；Pb − 0.34%；Fe − 0.28%；

Cu − 76.43%；Sn − 23.13%；Fe − 0.27%；Pb − 0.17%。

为了复核数据，我们又检测了取样（送托木斯克国立大学矿物与地球化学实验室分析）部位，得到以下数据：

Cu－76.97％；Sn－22.6％；Pb－0.24％；Fe－0.19％。

上述所有数据都说明该镜为铜锡合金，与它们并存的还有矿石本身含有的两种金属。

（2）亚洛曼—II墓地52号冢出土的铜镜残片。首先，我们将样品送到托木斯克国立大学矿物与地球化学实验室作光谱分析，得到以下数据：Cu－＞5；Sn－＞2；Pb－＞1；As－0.7；Bi－0.06；Zn－0.03；Fe－0.01；Sb－0.007；Ag－0.005；Ca－0.005；Ni－0.002；Co－0.002；In－0.0015；Mn－0.001；Mg－0.001；Ti－0.001；Cr－0.001；Al－0.0005；Ge－0.0007（重量比％）。后来在国立埃米塔什博物馆的科技部检测得到的结果是：Cu－主要成分；Sn－20～25（30～35）％；Pb－10～15（15～20）％；As－＜0.5％；Ni－＜0.5％；Ag－＜0.6％；Sb－微量（Тишкин，Хаврин，2006，с. 82）。括号里的数据为器物表面覆盖的"贵金属"锈。

在阿尔泰国立大学，我们用 Alpha－2000 XRF 作了若干次检测。起先我们测了残片的正面，然后是图案面。最后我们测了两处经过除去氧化层的部位（一处 С. В. 哈夫林作了检测，结果如上。哈夫林为国立埃米塔什博物馆科技部研究人员——译者注）。所得结果按检测顺序排列如下：

Cu－44.22％；Sn－39.25％；Pb－16.15％；Ni－0.2％；Fe－0.18％；

Cu－47.57％；Sn－39.62％；Pb－12.46％；Ni－0.2％；Fe－0.17％；

Cu－61.38％；Sn－23.93％；Pb－14.69％；

Cu－58.07％；Sn－28.4％；Pb－13.53％。

上述所有数据都说明该镜为铜锡铅合金，这是中国古代工匠在制作铜镜时常用的合金。

（3）亚洛曼—II墓地56号冢出土的铜镜残片。这件器物同样在托木斯克国立大学的实验室首先作了检测，结果如下：Cu－＞5；Sn－＞2；Pb－＞1；Fe－0.03；Zn－0.02；As－0.01；Bi－0.01；Ca－0.005；Ga－0.003；Co－0.003；In－0.001；Ni－0.001；Mn－0.001；Mg－0.0003；Ge－0.0006；Ti－0.0007；Ag－0.0007（重量比％）。后来在国立埃米塔什博物馆科技部也测到了这些成分：Cu－主要成分；Sn－20～22（25～30）％；Pb－8～10％；Co－微量；Ni－？（Тишкин，Хаврин，2006，с. 82）。

在阿尔泰国立大学，我们用 XRF 同样作了检测。先测正面，表面可以见到若干白色的亮点：Cu－53.47％；Sn－29.72％；Pb－16.63％；Fe－0.1％；Ni－0.08％。然后测了背面：Cu－45.36％；Pb－29.91％；Sn－24.68％；Ni－0.05％。两组数据反映了氧化的存在。此外，我们特意分析了白色亮点和纽座，从而得到以下两组成分数据：

Cu – 51. 28%；Sn – 28. 58%；Pb – 20. 02%；Ni – 0. 12%；

Cu – 44. 24%；Pb – 32. 45%；Sn – 23. 31%。

为了得到补充数据，我们在铜镜残片缺口的两个部位（缺口和正面）除了氧化层。经过检测之后，我们得到以下数据：

Cu – 53. 1%；Sn – 29. 44%；Pb – 17. 46%；

Cu – 58. 57%；Sn – 27. 14%；Pb – 14. 23%；Ni – 0. 06%。

由上述数据我们可以断定，该镜为铜锡铅合金，是中国古代晚期的铜镜特征。

（4）亚洛曼—II 墓地 57 号冢出土的铜镜残片。国立埃米塔什博物馆科技部 C. B. 哈夫林检测得到的结果是：Cu – 主要成分；As – 12 ~ 15%；Pb – 1 ~ 2（5 ~ 6）%；Sb – 1 ~ 2%；Ni – 1 ~ 2%；Ag – 0. 2%（Тишкин，Хаврин，2004，табл. 1；2006，с. 83）。其中合金成分的问题在于，它与中国古代晚期的传统制作工艺并不一致。

在阿尔泰国立大学，我们用 XRF 作了重复的和全面的检测。起先我们测了正面，然后是图案面。数据表明，该镜为砷铜，同时含有其他矿石杂质：

Cu – 89. 28%；As – 8. 57%；Sb – 0. 72%；Ni – 0. 76%；Pb – 0. 52%；Cr – 0. 15%；

Cu – 88. 7%；As – 8. 57%；Pb – 1. 41%；Sb – 0. 79%；Ni – 0. 54%。

此后我们又单独检测了纽座的成分，为此目的我们用机械方法去除了表面的绿锈层：

Cu – 89. 3%；As – 8. 91%；Sb – 0. 81%；Ni – 0. 56%；Pb – 0. 43%。

最后我们分析了正面边缘上没有氧化的两个部位：

Cu – 88. 93%；As – 8. 43%；Pb – 1. 36%；Sb – 0. 73%；Ni – 0. 51%；Cr – 0. 04%；

Cu – 89. 14%；As – 8. 49%；Pb – 1. 04%；Sb – 0. 74%；Ni – 0. 59%。

上述所有数据表明，我们看到的是一面中国铜镜的复制品。铜镜的颜色接近于中国产品，其成因在于合金中砷含量高于铅、锑和镍，而完全没有锡。

（5）亚洛曼—II 墓地 61 号冢出土的铜镜残片。在国立埃米塔什博物馆科技部检测的结果如下：Cu – 主要成分；Sn – 20（35）%；Pb – 8 ~ 10（25 ~ 30）%；As、Ag、Ni – 微量（Тишкин，Хаврин，2004，табл. 1；2006，с. 82 – 83）。

在阿尔泰国立大学，我们用 XRF 检测了若干次，并检测了该镜的若干部位。起先检测了正面的化学成分，然后是图案面，后者的表面覆盖"贵金属"锈和部分腐蚀：

Cu – 60. 4%；Sn – 26. 38%；Pb – 12. 14%；As – 0. 58%；Fe – 0. 36%；Ni – 0. 14%；

Cu – 41. 32%；Sn – 41. 25%；Pb – 15. 43%；As – 0. 89%；Fe – 0. 94%；Ni – 0. 17%。

在此之后，我们在 C. B. 哈夫林取样的缺口部位去除了氧化层，得到了以下数据：

Cu – 64. 15%；Sn – 23. 04%；Pb – 11. 93%；Fe – 0. 74%；Ni – 0. 14%；

Cu – 58. 56%；Sn – 28. 67%；Pb – 11. 87%；Fe – 0. 71%；Ni – 0. 19%；

Cu – 59. 91%；Sn – 26. 42%；Pb – 12. 88%；Fe – 0. 6%；Ni – 0. 19%。

由此得到的数据表明，该铜镜为铜锡铅合金，属于公元前一千纪后 500 年中国铜镜的典型合金。

因此，通过研究阿尔泰匈奴时期遗址出土铜镜的合金成分，我们可以证实它们大部分来自中国。与此同时，我们也发现一面复制品，验证了此前多次发现的仿造中国铜镜的传统。继续开展铜镜的综合研究，同时发现更多的器物，将会扩大和校正我们对于中亚游牧世界的边缘地区外来铜镜的传播路线的认识。

参考文献

Давыдова А. В. Иволгинский комплекс（городище и могильник）-памятник к хунну в Забайкалье. Л.：Изд-во ЛГУ, 1985. 111 с.

Захаров А. В. Сарматское погребение в кургане《Крестовый》// Сарматы и их соседи на Дону：Материалы и исследования по археологии Дона. Вып. 1. Ростов-на-Дону：《Терра》,《Гефест》, 2000. С. 27–43.

Киреев С. М. Китайское зеркало из могильника булан-кобинской культуры Чендек （Горный Алтай）// Древние и средневековые кочевники Центральной Азии. Барнаул：Азбука, 2008. С. 50–53.

Киреев С. М., Кудрявцев П. И., Вайнберг Е. В. Проблемы сохранения, использования и изучения памятников археологии Алтая. Горно-Алтайск：Б. и., 1992. С. 59–61.

Левина Л. М., Равич И. Г. Бронзовые зеркала из джетыасарских памятников // Низовья Сырдарьи в древности. Вып. V. Ч. 5：Джетыасарская культура. М.：Ин-т этнологии и антропологии, 1995. С. 122–184.

Лубо-Лесниченко Е. И. Привозные зеркала Минусинской котловины. М.：Наука, 1975. 155 с.

Масумото Т. О бронзовых зеркалах, случайно обнаруженных на Алтае // Охрана и изучение культурного наследия Алтая. Барнаул：Изд-во Алт. ун-та, 1993. Ч. II. С. 248–251.

Масумото Т. Китайские бронзовые зеркала（семиотический аспект）// Структурно-семиотические исследования в археологии. Донецк：ДонНУ, 2005. Т. 2. С. 295–304.

Ожередов Ю. И., Плетнева Л. М., Масумото Т. Металлические зеркала в Музее археологии этнографии Сибири им. В. М. Флоринского ТГУ：формирование и исследование собрания // Культуры и народы Северной Азии и сопредельных территорий в контексте междисциплинарного изучения. Томск：ТГУ, 2008. Вып. 2. С. 136–157.

Полосьмак Н. В. Бараба в эпоху раннего железа. Новосибирск: Наука, 1987. 144 с.

Руденко С. И. Культура хуннов и ноинулинские курганы. М.; Л.: Изд-во АН СССР, 1962. 203 с.

Соенов В. И., Эбель А. В. Курганы гунно-сарматской эпохи на Верхней Катуни. Горно-Алтайск: Изд-во ГАГПИ, 1992. 116 с.

Тишкин А. А. Китайские зеркала из памятников ранних кочевников Алтая // Россия и АТР. 2006. №4. С. 111–115.

Тишкин А. А. Создание периодизационных и культурно-хронологических схем: исторический опыт и современная концепция изучения древних и средневековых народов Алтая. Барнаул: Изд-во Алт. ун-та, 2007. 356 с.

Тишкин А. А., Горбунов В. В. Горный Алтай в хуннуское время: культурно-хронологический анализ археологических материалов // Российская археология. 2006. №3. С. 31–40.

Тишкин А. А., Горбунов В. В. Исследования погребально-поминальных памятников кочевников в Центральном Алтае // Проблемы археологии, этнографии, антропологии Сибири и сопредельных территорий. Новосибирск: Изд-во ИАиЭ СО РАН, 2003. Т. IX. Ч. I. С. 488–493.

Тишкин А. А., Серегин Н. Н. Металлические зеркала как источник по древней и средневековой истории Алтая (по материалам Музея археологии и этнографии Алтая Алтайского государственного университета). Барнаул: Азбука, 2011. 144 с.

Тишкин А. А., Хаврин С. В. Предварительные результаты спектрального анализа изделий из памятника гунно-сарматского времени Яломан-II (Горный Алтай) // Комплексные исследования древних и традиционных обществ Евразии. Барнаул: Изд-во Алт. ун-та, 2004. С. 300–306.

Тишкин А. А., Хаврин С. В. Использование рентгенофлюоресцентного анализа в археологических исследованиях // Теория и практика археологических исследований. Барнаул: Изд-во Алт. ун-та, 2006. Вып. 2. С. 74–86.

Филиппова И. В. Китайские зеркала из памятников хунну // Археология, этнография и антропология Евразии. 2000. №4. С. 100–108.

Худяков Ю. С. Зеркала из могильника Усть-Эдиган // Древности Алтая. Горно-Алтайск: Изд-во ГАГУ, 1998. Вып. 3. С. 135–143.

中国甘青地区齐家文化时期的农业双向传播

董广辉[1]　陈发虎[1]　王　辉[2]　贾　鑫[1]

任晓燕[3]　赵志军[4]　吴小红[5]

（1. 兰州大学西部环境教育部重点实验室、兰州大学西部环境与气候变化研究院
2. 甘肃省文物考古研究所　3. 青海省文物考古研究所　4. 中国社会科学院考古研究所
5. 北京大学考古文博学院）

　　欧亚大陆史前时代的农业传播和文化交流是学术界关注的热点问题。截至目前的植物考古研究结果显示，粟黍作物在距今1万年（校正距今年代，从1950年起算）前后最早在中国北方驯化[1]，在距今8000～7000年传入欧洲[2]。大麦、小麦等麦类作物则早在距今约13000年被人类有意识干预并驯化于西亚肥沃的新月地带，到距今9000年被稳定驯化并向其他地区传播[3]。目前在中国有确切年代的小麦遗存发现于山东胶州赵家庄龙山文化遗址，年代约为距今4500～4300年[4]。中国北方起源的粟黍农作物自东向西传入西亚，以及西亚起源的农作物传入中国的路线和时间是国际学术界关注、尚未解决的重要科学问题。欧亚大陆地域广阔，而已开展的植物考古、动物考古和冶金考古等研究工作还十分有限，亟待加强。

　　甘青地区位于古丝绸之路的东端，是连接中国内陆和中亚、西亚，乃至欧洲的重要陆路通道，被认为是史前时代东西方文化交流和农业传播的重要通路。尽管有研究认为小麦于距今5000～4500年已传入甘肃地区，如甘肃民乐东灰山

---

① Zhao Z. J., 2011. New Archaeobotanic Data for the Study of the Origins of Agriculture in China. *Current Anthropology* 52, 295 – 306.

② Hunt H. M., Linden V., Liu X., Motuzaite-Matuzeviciute G., Colledge S., Jones M., 2008. Millets across Eurasia: Chronology and Context of Early Records of the Genera Panicum and Setaria from Archaeological Sites in the Old World. *Vegetation History and Archaeobotany* 17, 5 – 18.

③ Terence A. Brown, Martin K. Jones, Wayne Powell, Robin G. Allaby, 2009. The Complex Origins of Domesticated Crops in the Fertile Crescent, *Trends in Ecology & Evolution* 24, 103 – 109.

④ 靳桂云、王海玉、燕生东等：《赵家庄遗址炭化植物遗存》，《科技考古（第三辑）》，科学出版社，2011年。

遗址①、天水西山坪遗址②，但近期的研究显示东灰山遗址的麦类遗存年代在距今3600～3400年③，而西山坪遗址的小麦遗存缺乏直接的测年数据，尚需进一步工作验证。目前在甘青地区有确切年代数据的麦类遗存发现在甘肃省金塔县的缸缸瓦遗址和火石梁遗址，年代为距今4100～3800年④。然而，在这一地区的马家窑遗址中曾发现过青铜器，齐家文化遗址中发现的铜器有所增加⑤，可能已经进入铜石并用时代。在一些齐家文化时期的遗址中还出土了羊骨⑥，这些证据显示齐家文化可能是史前东西方文化交流和碰撞的关键时期。但关于齐家文化的年代范围和传播过程，不同的学者有不同的看法。例如，齐家文化的年代范围在不同的文献中并不一致，包括距今4100～3600年⑦、4200～3800年⑧、4300～3900年⑨等。一些学者认为齐家文化可能来源于陇东盆地的常山下层文化⑩，发展过程中受到了客省庄文化的影响，是史前文化不断"西渐"的产物⑪。也有学者认为齐家文化是自西向东传播的。根据已发表的甘青地区齐家文化发掘遗址的¹⁴C测年数据⑫，青海省东部齐家文化遗址的年代整体早于甘肃省中部和东部齐家文化遗址的年代，进一步支持了齐家文化有可能自西向东传播的假设。

然而，用常规¹⁴C测年方法（液体闪烁计数法）测定炭屑的¹⁴C年代数据可能会受到"老碳效应"的影响⑬，导致所测年代比实际考古遗址年代偏老的问题。为检验甘青

---

① 李璠：《甘肃省民乐县东灰山新石器遗址古农业遗存新发现》，《农业考古》1989年第3期；李水城、莫多闻：《东灰山遗址碳化小麦年代考》，《考古与文物》2004年第6期。

② Li X. Q., Dodson J., Zhou X. Y., Zhang H. B., Masutomoto R., Early Cultivated Wheat and Broadening of Agriculture in Neolithic China. *Holocene*, 2007, 17, 555–560.

③ Flad R., Li S. C., Wu X. H., Zhao Z. J., 2010. Early Wheat in China: Results from New Studies at Donghuishan in the Hexi Corridor. *Holocene* 20, 955–965.

④ Dodson J. R., Li X. Q., Zhou X. Y., Zhao K. L., Sun N., Atahan P., 2013. Origin and Spread of Wheat in China. *Quaternary Science Reviews* 72, 108–111.

⑤ 谢端琚：《甘青地区史前考古》，文物出版社，2002年。

⑥ 傅罗文、袁靖、李水城：《论中国甘青地区新石器时代家养动物的来源及特征》，《考古》2009年第5期。

⑦ 谢端琚：《甘青地区史前考古》，文物出版社，2002年。

⑧ 李水城：《东风西渐——中国西北史前文化之进程》，文物出版社，2009年。

⑨ An C. B., Tang L. Y., Barton L., Chen F. H., 2005. Climate Change and Cultural Response around 4000 cal yr B. P. in the Western Part of Chinese Loess Plateau. *Quaternary Research* 63, 347–352.

⑩ 陈昱、洪方：《陇东镇原常山下层遗存浅析》，《考古》1982年第4期。

⑪ 李水城：《东风西渐——中国西北史前文化之进程》，文物出版社，2009年。

⑫ 中国社会科学院考古研究所：《中国考古学中碳十四年代数据集（1965～1991）》，文物出版社，1992年；中国社会科学院考古研究所考古科技实验研究中心碳十四实验室：《放射性碳素测定年代报告》，《考古》2003年第7期。

⑬ Schiffer M. B., 1986. Radiocarbon Dating and the "Old Wood" Problem: the Case of the Hohokam Chronology. *Journal of Archaeological Science* 13, 13–30.

地区史前遗址测年数据可能存在的"老碳效应"问题，我们在甘青地区 15 个史前遗址中采取了浮选样品，通过浮选同时获得炭屑和植物炭化种子材料，并应用 AMS（加速器）方法直接测定炭化作物种子的年代，通过液体闪烁计数法测定炭屑的年代。研究发现在甘青地区开展工作的 15 个遗址的同一浮选样品中，炭屑常规 ^{14}C 年代比炭化种子 AMS 年代平均偏老 244±258 年（校正 2σ）左右，其中有 5 对年代差异显著，可能主要受到了测年材料的"老碳效应"的影响①。甘青地区目前新石器文化和青铜文化的年代框架是根据 125 个已发表的考古遗址发掘所测定的 ^{14}C 年代确定的，其中 114 个年代是用常规测年方法测定的未鉴定树种的炭屑年代，可能部分年代会受到 ^{14}C 测年的"老碳效应"的影响。这不但说明甘青地区史前文化的年代序列需要更精确的炭化种子 AMS 年代进一步厘定，也说明仅以炭屑年代判断齐家文化传播过程是很可能存在问题的。

作物种子是最可靠的 ^{14}C 测年材料，因其单年生长和死亡，不受 ^{14}C 测年的"老碳效应"影响。^{14}C 测年技术的发展，使得炭化作物种子可以直接用于 AMS 定年，且测年精度大幅提高。因此，如果统一用 AMS 方法对同一史前文化不同分布区域的炭化作物遗存开展测年工作，就可以建立可靠的年代序列，用于研究该文化的年代范围和发展过程，以及不同农作物的传播过程。因此，我们在甘青文化区从东到西调查了 26 个齐家文化遗址，通过浮选法的应用获得了这些遗址中的炭化作物种子遗存，并测定了 30 个炭化作物种子的 AMS 年代，进而讨论齐家文化时期的农业传播和文化扩张过程。

在陇东盆地，我们在镇原县老虎嘴遗址，灵台县蒋家嘴遗址、草脉店遗址和桥村遗址开展了调查，并采集样品开展了浮选鉴定工作。在这些遗址中鉴定的农作物遗存全部为粟和黍的炭化种子。根据 ^{14}C 测年结果，老虎嘴遗址、蒋家嘴遗址和草脉店遗址的年代范围是距今 4400～4100 年，桥村遗址的年代较晚，为距今 3973±101 年。

在甘肃省庄浪县，我们调查了鸭儿嘴遗址、刘堡坪遗址、西河遗址和苏苗源头遗址。这些遗址中鉴定的农作物遗存同样全部为粟和黍的炭化种子。根据测定炭化粟黍种子的年代，上述遗址的年代范围约为距今 4200～3500 年。在甘肃省定西地区，我们在堡子坪遗址开展了植物浮选和鉴定工作。结果表明，该遗址齐家文化时期的植物遗存全部为粟黍炭化种子，未见麦类遗存②。该遗址齐家文化遗存的年代约为距今 4100～

① Dong G. H., Wang Z. L., Ren L. L., Matuzeviciute G. M., Wang H., Ren X. Y., Chen F. H., 2014. A Comparative Study of Radiocarbon Dating Charcoal and Charred Seeds from the Same Flotation Samples in the Late Neolithic and Bronze Age Sites in the Gansu and Qinghai Provinces, Northwest China. *Radiocarbon*, 56, 157–163.

② Jia X., Dong G., Li H., Brunson K., Chen F., Ma M., Wang H., An C., Zhang K., 2013. The Development of Agriculture and its Impact on Cultural Expansion During the Late Neolithic in the Western Loess Plateau, China. *Holocene* 23, 83–90.

3800 年。

在洮河流域的考古调查中，我们在冠子嘴、冯家坪和任家坪遗址采取了浮选样品，鉴定出的植物遗存依然以粟黍炭化种子为主，但在冯家坪鉴定出炭化的麦类遗存，小麦种子直接测定的年代为距今 3531 ± 81 年。在临夏县李家坪遗址，2011 年甘肃省文物考古研究所和临夏州博物馆开展了发掘工作，共发掘 6 个探方及 1 个探沟。我们采集了 13 个样品开展浮选和植物遗存鉴定工作。在这 13 个样品中，粟、黍、大麦和小麦遗存出土概率分别为 100%、92.31%、84.62% 和 23.08%。用大麦测定了 3 个 ^{14}C 年代，年代范围约为距今 3700 ~ 3400 年。

2008 ~ 2012 年，我们先后在青海省黄河上游谷地、湟水谷地、大通河谷地和青海湖盆地的 13 个齐家文化遗址开展了考古调查和取样工作[①]。这些遗址的植物遗存鉴定结果显示，青海省东部齐家文化时期的农作物遗存仍以粟黍为主，但麦类遗存已经在一些齐家文化遗址出现，如互助县金蝉口遗址、化隆县贡什加遗址和西宁市上孙家寨遗址。此外，在刚察县沙柳河桥东遗址中发现羊骨遗存。这些遗址炭化种子直接定年的结果在距今 4000 ~ 3000 年。

综合上述结果，初步判断齐家文化的年代范围在距今 4400 ~ 3400 年。我们的研究结果表明，齐家文化时期甘青地区出现了农业的双向传播。在齐家文化早期（距今 4400 ~ 3900 年）粟黍旱作农业从陇东盆地传播至青海省东部，促进了齐家文化的西渐；齐家文化晚期（距今 4000 ~ 3500 年），大麦、小麦自河西走廊传入青海省东部和甘肃省中部地区，主要传播至洮河以西地区。

---

① 贾鑫：《青海省东北部地区新石器—青铜时代文化演化过程与植物遗存研究》，2012 年兰州大学博士论文。

中国北方畜牧业起源新探

——以朱开沟遗址为中心

魏 坚 任 冠

（中国人民大学历史学院 中国人民大学北方民族考古研究所）

鄂尔多斯高原西北倚靠广袤浩瀚的蒙古高原，东南接壤沟壑纵横的黄土高原，地处我国中温带和暖温带的交界地区，又被 400 毫米等降水量线所穿过，特殊的地理位置和自然环境孕育了一批独具特色的史前文化，而牧业文明与农业文明之间的碰撞交融也成为当地文化演变发展过程中一条不容忽视的线索。

距今约 4000～3000 年，鄂尔多斯高原经历了一个环境日趋干冷的变化过程，正是在这一过程中，以往当地居于主导地位的农业文明趋于衰退，牧业文明逐渐萌发壮大，中国北方畜牧业的起源亦可追溯至此。

1977～1984 年调查发掘的朱开沟遗址位于鄂尔多斯高原东部，年代在龙山晚期至商代早期之间，遗址中包括数量众多的房址、灰坑、墓葬等遗迹单位，出土了丰富的陶器、石器、骨器等遗物，并发现了迄今为止年代最早的鄂尔多斯式青铜器[1]。

朱开沟遗址的位置、年代以及遗址中所表现出的农业文明的衰退和牧业文明的萌发等因素，决定了它在探讨中国北方畜牧业起源问题上具有重要的意义。而系统大规模的发掘以及报告的编撰出版，也为我们研究这一问题提供了资料上的基础。

包括发掘者田广金先生在内的多名学者，都曾在研究中涉及过朱开沟遗址所反映出的农牧业文明交替的现象，但是针对这一问题，目前并没有一个系统的论述。因此本文试图从环境因素、生产工具、聚落的功能分区以及兽骨资料等方面着眼，对遗址所反映出的畜牧业经济的发展态势以及北方的畜牧业起源等问题，进行一次专门的讨论。

一 研究回顾

早在 1988 年，田广金、郭素新在《鄂尔多斯式青铜器的渊源》一文中，就提出

---

① 内蒙古文物考古研究所：《内蒙古朱开沟遗址》，《考古学报》1988 年第 3 期；内蒙古自治区文物考古研究所、鄂尔多斯博物馆：《朱开沟——青铜时代早期遗址发掘报告》，文物出版社，2000 年。

“在鄂尔多斯地区，从朱开沟第三阶段开始，畜牧经济已经比较发展，至第五阶段时，游牧经济可能已经产生，至少处于半农半牧状态。……并发展成李家崖文化”①。

在《北方文化与草原文明》一文中，田广金、郭素新对这一观点进行了补充修正，提出“朱开沟文化在第四段以后，开始向半农半牧的经济形态发展，然后由西向东展开了一场畜牧业革命……。朱开沟文化从早期至晚期的生态环境，是由森林草原逐渐向草原环境演变，故在朱开沟文化晚期（公元前1500年前后），出现了象征畜牧业文化的标识物……朱开沟文化原有的适应农业发展的传统器物逐渐被淘汰……由于干冷气候的持续发展，就连鄂尔多斯也普遍不适宜农耕……半农半牧的文化中心开始南移”②。

2000年出版的《朱开沟——青铜时代早期遗址发掘报告》中，又对上述观点进行了深化，提出“从朱开沟文化第三段以后，随着鄂尔多斯地区自然气候急剧向冷、干方向的发展，人们越来越无法抵御恶劣环境所造成的不利因素。以农业为主导的经济形态，已无法保障人类生存和社会的需求，而畜牧业经济则愈来愈表现出了在新的自然环境下顽强的生命力和极大的优越性……朱开沟文化从第四段开始，农业经济衰退、畜牧业经济有了很大发展，由以农业为主的经济形态转变为半农半牧经济形态”，“朱开沟文化第五段的社会经济中，农业虽然仍占有相当的比重，但其地位已受到畜牧经济的强烈冲击，畜牧经济正逐渐从农业经济中分离出来，半农半牧经济的基本格局已初步形成”③。

黄蕴平在对遗址出土的兽骨资料进行鉴定研究后，提出：“朱开沟先民主要从事原始的农业生产，但当时的畜牧业已相当发达。家畜种类有猪、羊、牛和狗……其中猪和羊所占的比例大致相当……其次是牛……狩猎仍是当时的一项重要的生产活动……狩猎的主要对象是马鹿和麈……朱开沟遗址的时代从龙山晚期到早商时期，各段出土的动物种类没有明显的变化……测定结果表明各段动物百分比差异不显著，即各段动物百分比组成相似”④。

在韩建业《中国北方地区新石器时代文化研究》一书中，对这一问题也有所涉及，提出“距今3800年左右，气候又稍趋暖湿，这时候进入二里头文化、朱开沟文化等所代表的社会发展的新阶段。此后气候虽有波动，但大趋势却是越来越干燥。中全新世

---

① 田广金、郭素新：《鄂尔多斯青铜器的渊源》，《考古学报》1988年第3期。

② 田广金、郭素新：《北方文化与草原文明》，《内蒙古文物考古文集（第二辑）》，中国大百科全书出版社，1997年。

③ 内蒙古自治区文物考古研究所、鄂尔多斯博物馆：《朱开沟——青铜时代早期遗址发掘报告》，文物出版社，2000年。

④ 黄蕴平：《朱开沟遗址兽骨的鉴定与研究》，《朱开沟——青铜时代早期遗址发掘报告》，文物出版社，2000年。

的气候暖湿期一去不返。朱开沟晚期以后，在北方地区等地半农半牧—畜牧业逐渐从农业中分离出来，北方地区开始成为游牧民族和农业民族争夺之地"①。

　　上述几位学者从不同的角度对朱开沟遗址所反映出的中国北方地区畜牧业起源问题进行了讨论，总体上均认为遗址后段表现出了农业向畜牧业的转变，但对于转变的具体时间及过程的认识存在一定的差异，下面就在此基础之上，对该问题进行探讨分析。

二　自然环境

1. 区位特点

　　朱开沟遗址位于内蒙古自治区鄂尔多斯市（旧称伊克昭盟）伊金霍洛旗纳林塔乡朱开沟村，地处鄂尔多斯高原东部的黄土丘陵区，地理坐标为北纬39°36′，东经110°19′，海拔高度为 1300～1400 米（图一）。

图一　朱开沟遗址位置示意图

　　遗址所处区域在环境气候方面具有一定的优势，主要体现在两个方面：

　　其一，年平均气温在 6.0～7.0℃，年平均降水量在 400～450 毫米，每年的无霜期为 130～165 天，日照时间 2900～3200 小时，光热资源丰富，属于鄂尔多斯高原气候条件较为优越的地区；

　　其二，地貌系统为切沟—冲沟—河谷亚系统与梁—峁—台地亚系统交织在一起而

① 韩建业：《中国北方地区新石器时代文化研究》，文物出版社，2003 年。

组成的流水地貌系统，其中的冲沟—河谷亚系统适宜农业的发展，因而遗址所处的缓坡台地可以作为较为优良的耕地使用。

但是与此同时，该区域环境气候方面也存在几点劣势，主要表现在两个方面：

首先，气候上四季分明，冬季寒冷、持续时间长，春季干旱、多大风天气，夏季温热、降水集中，秋季短暂、降温幅度大；

其次，夏季降水集中，水土流失和泥沙侵蚀状况也十分严重，东胜区、准格尔旗和伊金霍洛旗是洪涝发生频率较高的地区，而朱开沟遗址范围内分布的数条冲沟也反映了这一地区水土流失和泥沙侵蚀的剧烈程度，从卫星图上可以清楚地看到遗址中的数条冲沟（图二）。

图二　朱开沟遗址卫星示意图

综合来看，该地区环境可以满足农业生产的基本需求，但是环境上的劣势和气候方面的不稳定性又极大地制约了农业经济的发展，这也使得该地区更适宜于发展对环境适应性更强的畜牧业经济。正是这种独特的环境气候条件，造就了该地区牧业与农业间的碰撞交融。

2. 环境变迁

距今 4500～3000 年间，鄂尔多斯地区的环境气候出现了一个明显的干冷化发展过程，史培军等人对此进行过深入的研究分析①，研究结果表明：

---

① 史培军：《地理环境演变研究的理论与实践——鄂尔多斯地区晚第四纪以来地理环境演变研究》，科学出版社，1991 年。

　　距今 4500～4000 年间，该区域气温缓慢下降，降水量较为丰富，气候总体上较为湿润；距今 4000～3000 年间，该区域气温持续缓慢下降，降水量开始下降，气候呈现干冷化趋势。但是，孢粉分析结果表明，这一时期鄂尔多斯地区环境总体上仍较如今更为湿润，植被以蒿属为主，逐渐向典型草原环境发展（图三、四）。

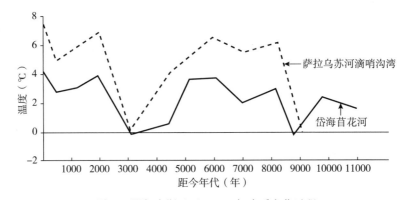

图三　鄂尔多斯地区 10000 年冷暖变化过程

（引自史培军《地理环境演变研究的理论与实践——鄂尔多斯地区晚第四纪以来地理环境演变研究》一书图 7－11）

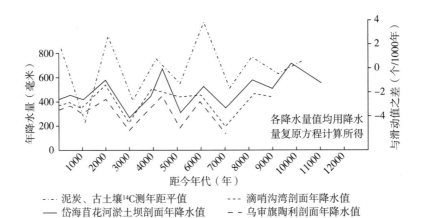

图四　鄂尔多斯地区 10000 年干湿变化过程

（引自史培军《地理环境演变研究的理论与实践——鄂尔多斯地区晚第四纪以来地理环境演变研究》一书图 7－15）

　　干冷化的环境变迁过程对遗址的形成和发展造成了直接的影响：

　　朱开沟遗址形成初期，当地气候温和，降水充足，土壤为腐殖质层较厚的黑垆土，植被类型多样，适宜于农业的发展；而到了朱开沟遗址的后期，整个准格尔黄土丘陵地区的黑垆土在侵蚀作用下，大范围的退化为肥力很低的黄绵土，栗钙土也逐渐形成，与黄绵土镶嵌分布，这种新的土壤并不适于农业的大规模发展，同时，气候在这一时期更为干冷，接近于低谷，自然环境已不利于农业经济的开展，这也使得畜牧业经济的发展具备了基本的环境条件。

农业经济或是畜牧业经济的开展都直接依赖于当地的自然环境，从上述分析可以看出，朱开沟遗址自然环境的转变是导致遗址晚期农业经济衰退、畜牧业经济逐渐壮大的最直接原因。

三 遗址中的畜牧业因素

1. 生产工具

朱开沟遗址出土生产工具共计 532 件，根据其功用可分为农业和日常生产活动的工具、狩猎的工具及兵器、制作陶器和铜器的工具及加工工具、纺织和缝纫的工具、用途不详的工具等五类，对各类生产工具数量进行统计：

（1）农业和日常生产活动的工具：石斧（楔）、石锛、石凿、石刀、石镰、石杵、砍砸器、角锄、骨铲、骨刀、骨凿、铜凿等，共计 205 件；

（2）狩猎的工具及兵器：石矛形器、石镞、石球、刮削器、指甲状刮削器、石刃、陶球、骨匕首、骨镞、铜戈、铜刀、铜镞等，共计 74 件；

（3）制作陶器和铜器的工具及加工工具：陶垫、陶拍、陶印模、石范、石钻、磨石、砺石、石磨具、研磨器、骨划齿等，共计 43 件；

（4）纺织和缝纫的工具：石纺轮、陶纺轮、骨锥、骨针、骨针管、骨织针、铜针等，共计 160 件；

（5）用途不详的工具：骨匕、陶饼、陶有孔器、陶尖状有空器等，共计 50 件。

其中，农业类生产数量最多，占到了总量的 39%，狩猎、兵器类工具仅占到了总数的 14%，这是对朱开沟遗址生产工具的一个横向的比较。

同时，为了更清晰地看出遗址各段生产工具数量比重的变化，对其进行一个纵向的比较，对遗址 1~5 段各类生产工具分别进行统计（图五）：

总体来看，遗址出土生产工具以农用为多，占到了总量的 39%，反映出朱开沟遗址总体上生产活动以农业为主。

但是分段来看，从第 3 段开始，狩猎、兵器类工具呈增加的趋势，而第 5 段狩猎、兵器类工具比重迅速增加，占到了该段出土生产工具总量的 50%。这种变化与上文分析的自然环境变迁恰好吻合，也印证了随着自然环境的恶化，农业生产遇到了困难，而畜牧、狩猎等经济成分逐渐发展扩大，在遗址经济生活中所占的比重随之迅速增长。

不同类别生产工具数量比重的变化直观的反映出了遗址中畜牧业经济和农业经济的兴衰变化。

2. 聚落功能分区

朱开沟遗址所分的 7 个发掘区中，Ⅰ区的地理位置主要位于遗址西北侧山梁顶部

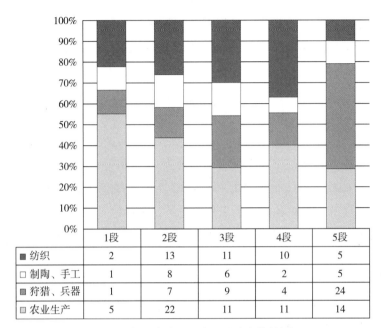

	1段	2段	3段	4段	5段
■ 纺织	2	13	11	10	5
□ 制陶、手工	1	8	6	2	5
■ 狩猎、兵器	1	7	9	4	24
农业生产	5	22	11	11	14

图五　朱开沟遗址生产工具演变统计图

的台地上和北坡上，与其他位于山谷中的各区位置上存在差异，处在遗址较边缘的位置。

自遗址第 1 段至 5 段有明确出土地点的狩猎类工具共 31 件，其中 16 件出土于 I 区，9 件出土于其中 T124～T131 发掘区内，数量远远超过了发掘面积更大、遗存更为丰富的 II 区。

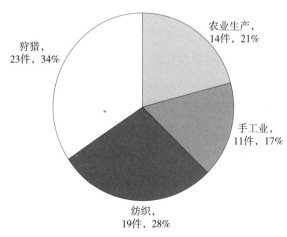

图六　朱开沟遗址 I 区居址内生产工具比例图

对朱开沟遗址 I 区出土的 67 件生产工具进行统计，狩猎类工具包括 23 件，在各类工具中所占比例最高，为 34%，排第二位的为纺织类工具，共 19 件，而纺织与狩猎之间也有着密切的关系，此外，农业生产类的 14 件工具中，有 6 件为同样可以作为狩猎类工具使用的石刀，由此可以看出 I 区与其他各区在生产方式上存在着较显著的差别（图六）。

张光直先生在研究聚落形态时曾提出"一个农业村落常常有一批卫星式的居址或营地环绕着，那是一些从事（季节性的或终年的）捕鱼、狩猎和采集活动的地方"①。而遗址Ⅰ区出土遗物的情况与这一理论恰好吻合，故推测Ⅰ区可能为整个朱开沟遗址中以畜牧、狩猎为主要生产方式的区域。

进而可以看出，在朱开沟遗址中，畜牧业经济首先主要集中在农业生产区的边缘，作为农业经济的补充存在，后期随着自然环境的变化逐渐扩展，并最终占据了主要的地位。

3. 兽骨资料

朱开沟遗址的兽骨资料主要发现于Ⅰ、Ⅱ、Ⅵ区的地层、灰坑和房址中，种类以家畜为主，野生动物较少，主要包括头骨、上、下颌骨、脊椎骨、肋骨和肢骨等，共计1002件。根据北京大学黄蕴平教授的鉴定研究②，统计整理如下表：

朱开沟遗址出土兽骨统计表

段别	家畜					野生动物								总计
	猪	牛	羊	狗	合计	马鹿	狍	青羊	獾	豹	骆驼	熊	合计	
1段	8	4	5	1	18								0	18
2段	19	10	27	1	57	5	2	1	1	1			10	67
3段	19	4	15	3	41	1	2						3	44
4段	4	5	8	2	19	2	1				1	1	5	24
5段	2	1	1		4								0	4

从统计结果中可以看出，所发现的兽骨资料，以家畜居多，野生动物骨骼数量较少，反映出遗址的畜牧业经济比重远大于狩猎经济。

通过比较各类动物最小个体数发现，在遗址各时段中，2段的牛、羊和野生动物数量均为最多，这与当时自然环境较为优越有直接的关系。这也反映出畜牧业、狩猎采集等经济成分从遗址伊始就作为农业经济的补充而存在，直到晚期农业经济随着自然环境恶化迅速萎缩，畜牧业经济逐渐发展壮大，并出现了从农业经济中分离出来，向专业化发展的态势。

至于遗址晚段发现的兽骨资料较少，一则是由发掘面积所限，二则可能如黄蕴平教授推测"由于在反映社会经济变化时，动物变化没有文化遗物敏感的缘故"③。

---

① （美）张光直著，胡鸿保、周燕译，陈星灿校：《考古学中的聚落形态》，《华夏考古》2002年第1期第74页。

② 黄蕴平：《内蒙古朱开沟遗址兽骨的鉴定与研究》，《朱开沟——青铜时代早期遗址发掘报告》，文物出版社，2000年。

③ 黄蕴平：《内蒙古朱开沟遗址兽骨的鉴定与研究》，《朱开沟——青铜时代早期遗址发掘报告》，文物出版社，2000年。

4. 其他方面

朱开沟遗址从农业向畜牧业的转变，除了上述三个方面的表现，代表畜牧经济的砂质陶罐、蛇纹鬲和青铜护牌、戈、短剑、刀以及绿松石、蚌珠、项饰等遗物的出土，也反映了畜牧业经济在遗址晚期的发展。

特别是在墓葬中随葬随身佩带的兵器、工具及装饰品的埋葬习俗，与后来春秋战国时期代表典型游牧经济的鄂尔多斯式青铜器墓葬的葬俗相同。

四 结 语

结合前文对自然环境、生产工具及聚落布局的分析，并根据兽骨材料的相关情况，可以对朱开沟遗址所反映出的畜牧业经济发展过程进行推测归纳：

遗址1、2段，整个区域气候条件较为优越，以农业生产为主的居民在此定居，聚落规模日益扩大，畜牧业、狩猎采集等经济活动作为农业的补充，也随之日趋频繁。

遗址第3段，聚落规模发展至顶点，但是气候上的干冷化和水土流失等问题限制了农业的进一步发展，畜牧业、狩猎采集等经济成分在聚落经济中所占比重有所增加。

由于环境条件的日益恶劣，已不再适宜农业生产活动，遗址第4、5段聚落规模开始萎缩，从事农业生产的人群越来越多地选择了南迁，各种经济活动均趋于衰退。在这一过程中，原先以畜牧、狩猎为主要生计的人群活动范围日趋扩大，并有部分从事农业生产的居民转而从事畜牧、狩猎等经济活动，畜牧业逐渐成为这一区域的主要经济模式。

朱开沟文化的分布范围，南到鄂尔多斯以南的陕北、汾阳一带，北可以到达中蒙边境。在地处中蒙边境的内蒙古东乌珠穆沁旗、阿拉腾合力的金斯太旧石器时代洞穴遗址的上层堆积中，也发现了以蛇纹鬲和铜泡、铜镞为代表的早商阶段的遗存，同样反映了这个阶段中国北方草原地区农业经济向畜牧业经济转化开始的过程。而到晚商阶段，商王朝的势力逐渐南撤，北方草原地带畜牧业逐渐兴起，以畜牧、狩猎经济为主要生业的北方民族，也在这一过程中逐步登上了历史的舞台。

狗与先秦中国人的日常生活

——从战国秦墓最近出土的狗肉汤谈起

吕宗力

（香港科技大学人文学部）

美国《考古学》杂志最新评选 2011 年度世界十大考古发现，中国考古工作者在陕西咸阳机场二期考古工地战国秦墓发现的狗肉汤和在新疆发现的小米面条入选[1]。咸阳战国秦墓狗肉汤的出土，再次证明狗与先秦时代中国人的物质、精神生活有着密切关系。

一　狗是先秦经济生活的重要资源

狗是人类最早驯养的动物之一[2]。从考古发现来看，至迟至距今七八千年前，中国黄河中下游地区的新石器时代中期遗址（如裴李岗文化、磁山文化、大地湾文化等），已发现猪、狗、鸡等家畜遗骸[3]。在新石器时代中期、末期的诸多考古遗址，如黄河流域的仰韶、大汶口、马家窑、齐家、龙山文化，长江流域的河姆渡、马家浜、大溪、屈家岭、石家河文化，西南的白羊村文化等，都可以看到猪、狗、鸡的普遍饲养[4]，应该与这些地区的定居农业生活方式有关。至夏、商、周，猪、狗、鸡与马、牛、羊等驯养家畜逐渐齐备；春秋、战国时期"六畜"常常并称，但狗仍然是当时社会各阶层日常生活中最常见的家畜之一。所以像《老子》第八十章"邻国相望，鸡犬之声相闻"这样对基层农业社会的典型描述[5]，在先秦典籍中反复出现：

---

① http://www.archaeology.org/1201/features/topten_china.html。

② 陈文华：《农业考古》第 75 页，文物出版社，2002 年。

③ 刘庆柱主编：《中国考古发现与研究（1949～2009）》第 111 页，人民出版社，2010 年。河北徐水南庄头的新石器早期遗址中也发现距今 1 万年左右狗的骨骼，但是否已属于驯养动物，学界尚无定论。

④ 王仁湘：《中国史前饮食史》第 6～11 页，青岛出版社，1997 年。

⑤ 王弼注，楼宇烈校释：《老子道德经注校释》第八十章第 190 页，中华书局，2008 年。

"昔者齐国邻邑相望，鸡狗之音相闻"。"邻国相望，鸡狗之音相闻"①。

邻邑相望，而鸡狗之音相闻，是因为鸡狗等家畜乃当时人们日常生活中不可或缺的一道风景线②。正因此，孔子为子游解释"孝"，以犬马"皆能有养"与人子之"敬"的区别为说③；墨子说天下之人"莫不犓牛羊、豢犬猪"④；韩非子说画鬼容易画犬马难，因为"夫犬马，人所知也，旦暮罄于前，不可类之，故难"⑤。

普遍畜养的狗等家畜，应该是西周至战国社会各阶层一项重要的经济资源，战国时期成书的多种文献，对此都有所反映。如《周礼》载，周代中央机构天官属官司书，协助司会管理国家的财政账簿，"三岁，则大计群吏之治，以知民之财器械之数，以知田野夫家六畜之数，以知山林川泽之数"⑥。地官属官小司徒，协掌国家教育政令和地方行政、民政，职责包括督促六乡大夫，"各登其乡之众寡、六畜、车辇，辨其物，以岁时入其数"⑦。地官所属族师，管理族务，"登其族之夫家众寡，辨其贵贱、老幼、废疾可任者，及其六畜、车辇"⑧。地官属官闾师，职掌王城及四郊人民赋税征收，以及"六畜之数，以任其力，以待其政令，以时征其赋"⑨。县大夫属官县师，职掌县邑地域田亩、人民口数、赋税征收等，包括"六畜、车辇之稽"⑩。地官属官，包括管理王城郊外六遂的遂人及其属官遂师，管理一遂的遂大夫及其属官里宰，也都负有岁时统计所辖地区人口、六畜、车辇的职责⑪。周代的市场交易中，六畜也是重要的流通货物⑫。职掌国家地图、制定四方职贡的夏官属官职方氏，在调查各地自然、经济资源，人口"与其财用、九谷、六畜之数要"时，需要辨别何地适宜种植何种谷物、畜养何种家畜，如扬州"其畜宜鸟兽"，青州"其畜宜鸡狗"等⑬。《周礼》等文献所叙，未必皆

---

① 郭庆藩辑，王孝鱼整理：《庄子集释》之《外篇·胠箧》（第 343 页），中华书局，1961 年。
② 焦循撰，沈文倬整理：《孟子正义·公孙丑上》："鸡鸣狗吠相闻。而达乎四境，而齐有其民矣"（第 185 页），中华书局，1987 年。
③ 程树德撰，程俊英、蒋见元整理：《论语集释·为政上》第 85 ~ 88 页，中华书局，1990 年。
④ 吴毓江撰，孙启治整理：《墨子校注》卷一《法仪》第 30 页，中华书局，1980 年。
⑤ 王先慎撰，钟哲整理：《韩非子集解》卷十一《外储说左上》第 271 页，中华书局，1998 年。
⑥ 孙诒让撰，王文锦、陈玉霞整理：《周礼正义》卷一第 481 页，中华书局，1987 年。
⑦ 《周礼正义》卷二十第 774 页。
⑧ 《周礼正义》卷二二第 881 页。
⑨ 《周礼正义》卷二五第 974 页。
⑩ 《周礼正义》卷二五第 981 页。
⑪ 《周礼正义》卷二九、三十第 1138、1144、1151、1159 页。
⑫ 参见《周礼正义》卷二七第 1067 页。
⑬ 《周礼正义·夏官·职方氏》卷六三第 2636、2640、2661 页。《逸周书·职方解》叙述职方氏职掌，称扬州"其畜宜鸡狗鸟兽"，青州"其畜宜鸡犬"（朱右曾：《逸周书集训校释》第 133 ~ 134 页，商务印书馆，1937 年）。

是西周真正实施的制度，可能是战国时人理想中的周代政治经济制度，但其中也折射出先秦社会经济生活的一些现实状况。

《穆天子传》叙周穆王西征，鄄韩之人无凫向穆王"献良马百匹，服牛三百，良犬七十，牝牛二百，野马三百，牛羊二千，穄麦三百车"[1]；智氏"劳用白骖二匹，野马野牛四十，守犬七十；乃献食马四百，牛羊三千"[2]；"文山之人归遗乃献良马十驷，用牛三百，守狗九十，牝牛二百"[3]。

周人先祖原居于豳，常受狄人的骚扰，"事之以皮帛而不受，事之以犬马而不受，事之以珠玉而不受。狄人之所求者土地也"。古公亶父只好率其部族徙居岐山下的周原[4]。

管仲建议齐桓公与结盟的小国诸侯相处之道，应该在经济交往上示以大度，让他们占点便宜："诸侯之礼，令齐以豹皮往，小侯以鹿皮报；齐以马往，小侯以犬报"[5]。于是桓公"钧之以爱，致之以利，结之以信，示之以武。是故天下小国诸侯，既服桓公，莫之敢倍而归之。喜其爱而贪其利，信其仁而畏其武"[6]。

上举数例，都以狗为王室、诸侯、部族之间交易、馈赠、进贡的常用物资。而贵族们也视狗马为值得珍视的财物："故天子臧珠玉，诸侯臧金石，大夫畜狗马，百姓臧布帛。"[7] 孟尝君门下食客冯谖认为他的主人"宫中积珍宝，狗马实外厩，美人充下陈"，物质无缺，所欠缺者，"以义耳！"[8]

《睡虎地秦简·封诊式·封守》：

> 乡某爰书：以某县丞某书，封有鞫者某里士伍甲家室、妻、子、臣妾、衣器、畜产。·甲室、人：一宇二内，各有户，内室皆瓦盖，木大具，门桑十木。·妻曰某，亡，不会封。·子大女子某，未有夫。·子小男子某，高六尺五寸。·臣某，妾小女子某。·牡犬一。[9]

---

[1] 顾实：《穆天子传西征讲疏·新校定本穆天子传》卷二第 8 页，上海商务印书馆，1934 年。

[2] 《穆天子传西征讲疏·新校定本穆天子传》卷三第 9 页，上海商务印书馆，1934 年。

[3] 《穆天子传西征讲疏·新校定本穆天子传》卷四第 11 页，上海商务印书馆，1934 年。

[4] 《庄子集释》中《杂篇·让王》第 967 页。

[5] 黎翔凤撰，梁运华整理：《管子校注·大匡》第 360 页，中华书局，2004 年。

[6] 《管子校注》之《小匡》第 439 页。

[7] 《管子校注》之《侈靡》第 634 页。

[8] 何建章：《战国策注释》卷十一《齐策四》第 382 页，中华书局，1990 年。

[9] 睡虎地秦墓竹简整理小组编：《睡虎地秦墓竹简·释文》第 149 页，文物出版社，1990 年；湖南省文物考古研究所：《里耶秦简〔壹〕·仓课志》："畜彘雌狗产子课 彘雌狗死亡课"（第 36 页，文物出版社，2012 年）也可作为佐证。

说明战国晚期至秦代，秦地基层行政机构计算家庭财产时，狗等家畜，和妻、妾、子、女、房屋、家具等一样，都作为家庭财产，必须统计在册。这与《礼记·曲礼下》所记情形吻合："问国君之富，数地以对，山泽之所出。问大夫之富，曰：'有宰食力，祭器衣服不假。'问士之富，以车数对。问庶人之富，数畜以对。"①

狗既是人们家庭财产的重要组成部分，"不为大国侮小国，不为众庶侮鳏寡，不为暴势夺穑人黍稷狗彘"，被墨子歌颂为周文王的仁政②。"杀其人民，取其牛马狗豕布帛米粟货财"③，或"攘人犬豕鸡豚"，则被视为不仁不义、损人利己，"众闻则非之，上为政者得则罚之"的罪恶行径④。

二　狗与先秦人们的物质生活

1. 田猎

在人类的狩猎采集时代，驯养的狗主要作为人们狩猎时的助手⑤。进入农业时代以后，狗仍然有协助狩猎的功用。《礼记·少仪》："犬则执绁，守犬、田犬则授摈者，既受乃问犬名。"⑥ 田犬即猎犬。《楚辞·天问》追叙传说中的夏代君主少康借田猎放犬逐兽之机，袭杀过浇的故事："何少康逐犬，而颠陨厥首？"⑦ 越王勾践灭吴后，谋臣范蠡劝其同僚文种及时隐退，引述了当时流传极广的俗语："蜚鸟尽，良弓藏；狡兔死，走狗烹。"⑧ 战国时韩国有知名的田犬，色黑，名卢。《战国策·秦策三》："以秦卒之勇，车骑之多，以当诸侯譬若驰韩卢而逐蹇兔也"⑨。

《睡虎地秦墓竹简·法律问答》："何谓'宫狡士'、'外狡士'？皆主王犬者也。"⑩

---

① 孙希旦撰，沈啸寰、王星贤整理：《礼记集解》卷六第 150 页，中华书局，1989 年。

② 《墨子校注》卷四《兼爱中》第 160 页。

③ 《墨子校注》卷十三《鲁问》第 734 页。

④ 《墨子校注》卷五《非攻上》第 198 页。

⑤ 《农业考古》第 75 页。

⑥ 田犬、守犬职责重要，体能、技能和忠诚度要求高，因而身价也高，所以畜养者都会为之命名。《礼记集解》卷三十五《少仪》引郑玄注："守犬、田犬问名，畜养者当呼之。名，谓若韩卢、宋鹊之属。"（第 939～940 页）

⑦ 蒋天枢：《楚辞校释》第 214 页，上海古籍出版社，1989 年。

⑧ 《史记》卷四一《越王句践世家》第 1746 页，中华书局，1959 年；李步嘉：《越绝书校释》（武汉大学出版社，1992 年）卷二《越绝外传记吴地传》："旦食于纽山，昼游于胥母，射于鸥陂，驰于游台，兴乐石城，走犬长洲"（第 27 页）。卷八《越绝外传记地传》："（句践）射于乐野之衢，走犬若耶，休谋石室，食于冰厨。领功铨土，已作昌土台。""犬山者，句践罢吴，畜犬猎南山白鹿，欲得献吴，神不可得，故曰犬山。其高为犬亭。去县二十五里"（第 198、200 页）。

⑨ 《战国策注释》卷五第 171 页。

⑩ 《睡虎地秦墓竹简·释文》第 138 页。狡是一种产于匈奴地区的大犬。

《里耶秦简〔壹〕》："王宫曰□□□，王游曰皇帝游，王猎曰皇帝猎，王犬曰皇帝犬"①。这里说的王犬、皇帝犬，都是秦王（皇）室豢养的田犬。

《睡虎地秦墓竹简·秦律十八种·田律》：

> （春二月）邑之近皂及它禁苑者，麛时毋敢将犬以之田。百姓犬入禁苑中而不追兽及捕兽者，勿敢杀；其追兽及捕兽者，杀之。呵禁所杀犬，皆完入公；其它禁苑杀者，食其肉而入皮。②

说明秦时民间畜养的家狗，也充当狩猎的角色。

2. 看家守御

农业时代的家狗，更多地担任看家守御等角色，即《礼记·少仪》所谓"守犬"，也称"吠犬"③。前引《穆天子传》，智氏、文山之人向周穆王大量进献的守犬、守狗，即作此用。

守犬的首要任务是看大门。春秋时期晏子使楚，称楚国宫廷大门之侧的小门为"狗门"④。鲁襄公十八年，晋、鲁军攻齐，晋军将领范鞅执门于雍门（城门），其御者追喜以戈杀犬于门中。可知宫门、城门都有守犬守御。《墨子·备穴》篇建议守城者以地道应付敌人的穴攻，地道中放守犬警戒，"狗吠即有人也"⑤。

宋玉《九辩》："岂不思夫君兮？君之门以九重。猛犬狺狺以迎吠，关梁闭而不通。"⑥ 活画出宫禁森严、守犬凶猛、言路闭塞的景象。

《睡虎地秦墓竹简·秦律十八种·仓律》："用犬者，畜犬期足。"⑦ 粮草仓所养狗，应该属于看门的守犬。

民间也畜养看门狗。"宋人有酤酒者，为器甚洁清，置表甚长，而酒酸不售。问之里人其故，里人曰：'公之狗猛，人挈器而入，且酤公酒，狗迎而噬之，此酒所以酸而不售也。'"⑧

守犬不仅看大门，受主人宠爱者，也常登堂入室，守御在主人身边。晋献公夫人骊姬欲陷害世子申生，偷偷在申生奉献给献公的酒肉中下毒，然后当着献公的面，将

---

① 《里耶秦简〔壹〕》第 33 页。
② 《睡虎地秦墓竹简·释文》第 20 页。
③ 《周礼正义》卷 69 第 2869 页。
④ 《晏子春秋集释》卷六第 389 页。
⑤ 《墨子校注》卷十四《备穴》第 860 页。
⑥ 洪兴祖撰，白化文等整理：《楚辞补注》卷八第 188 页，中华书局，2006 年。
⑦ 《睡虎地秦墓竹简·释文》第 35 页。
⑧ 《晏子春秋集释》卷三第 196 页。

肉脯喂狗，狗中毒而亡，因而激起献公对申生的愤怒。骊姬唤来试毒的狗，应该就是身边的守犬。《礼记·曲礼上》陈述待客与饮食礼仪，提醒主人在接待尊敬的客人时，不要当客人面"叱狗"；受邀饮食的客人"毋投与狗骨"①，因为将吃剩的骨头扔给跟前的狗，有轻贱主人食物之嫌。看来，在先秦卿、大夫、士的宅第中及宴饮时，一些受宠爱的守犬可能随时在主人身边转来转去的。

3. 食其肉

《左传·襄公二十一年》："然二子者，譬如禽兽，臣食其肉而寝处其皮矣。"② 州绰对着齐庄公骂殖绰、郭最的这段话，固然是表示极端仇恨的形容语，但食其肉而寝其皮，却是先秦人在现实生活中对于禽兽（包括猎获及畜养）尸体的基本处理方式。

（1）狗是重要的肉食资源

在狩猎采集时代，驯养的狗主要作为人们狩猎时的助手③，但也供食用。而在黄河、长江流域进入农业时代（新石器中、末期）以后，狗在协助狩猎之外，还担任看家守御等角色。狗在新石器时代可能主要被用作人类狩猎的助手。但在肉食资源有限或不稳定的情况下，狗肉可能是允许吃的，"因为遗址中所见的狗骨大都比较破碎，而且散乱地分布于废弃物中；在磁山遗址出土的狗骨，其头颅骨和下颌骨都被敲砸过，残缺不全，显然应是人类吃肉后的废弃物"④。狗很可能与猪、鸡、牛、羊等其他家畜家禽一样，成为稳定的肉食来源⑤。

商、周时代社会各阶层广泛饲养六畜。其中的羊、猪、鸡除了满足宗教礼仪活动（祭祀、墓葬）所需，主要是为人类提供较狩猎更有保障的肉食资源。至于马、牛、犬，除了可供役使及满足宗教礼仪活动所需，许多时候也会成为人类的肉食资源⑥。

先秦食用狗肉算是比较普遍的。《淮南子·修务训》讲述了一个战国时期楚地的故事："楚国有烹猴而召其邻人，以为狗羹也，而甘之。后闻其猴也，据地而吐之，尽写

---

① 《礼记集解》卷三第 58 页。
② 杨伯峻：《春秋左传注》第 1063 页，中华书局，1981 年。
③ 《农业考古》第 75 页。
④ 《农业考古》第 81 页。
⑤ 王仁湘认为，史前人驯养的动物大部分是用作食用的（《中国史前饮食史》第 76、81 页，青岛出版社，1997 年）。在中国新石器时代，狗可能是允许吃的，因为遗址中所见狗骨大都比较破碎，应该是人类食用之后的废弃物。
⑥ 参阅李民主编：《殷商社会生活史》第 398 页，河南人民出版社，1993 年；《周礼·天官》属官有庖人，负责为王室日常及祭祀、礼仪所需供给牲畜禽鱼，烹饪馐膳肉食。春秋战国诸侯也设，其官或称庖、庖丁。

其食。"①

（2）狗肉从何而来？

《墨子·迎敌祠》说，当敌人攻城时，"城之外，矢之所沓，坏其墙，无以为客菌。三十里之内，薪、蒸、水皆入内。狗、彘、豚、鸡食其肉，敛其骸以为醢腹，病者以起"②。《墨子·杂守》说，"寇至，先杀牛、羊、彘、鸡、狗、凫、雁，收其皮革、筋、角、脂、脑、羽皆剥之"③。这是在面对强敌来犯时采取的坚壁清野策略，在这种情况下屠宰所有家畜家禽，尽食其肉，是战时的极端举措，不算是狗肉的正常来源。

先秦畜养的家狗，可分为田犬、守犬、食犬三类④。田犬、守犬以其对主人的忠诚及其敏捷、凶悍的能力，协助主人狩猎或看门守御，役使价值和畜养成本较高，一般要待其退役或死亡后，才会供食用。其中的少数，可能获得主人的宠爱甚至溺爱，享受特殊待遇。《晏子春秋》记载，齐景公宠爱的田犬死了，他下令为亡犬准备棺材敛尸，并进行祭祀仪式。后经晏婴谏诤，才"趣庖治狗，以会朝属"⑤。但一般田犬、守犬，一旦因年老力衰而退役，多半会落得个"蜚鸟尽，良弓藏；狡兔死，走狗烹"⑥，"狡兔已尽，良犬就烹"的下场吧⑦！

《左传·昭公二十三年》载：鲁国大夫叔孙婼出使晋国，被扣留在箕（今山西蒲县东北）地的宾馆。陪同监视叔孙婼的晋国官吏向叔孙讨要他的吠狗（即守犬），叔孙拒绝了。但在他获准即将回国之际，他主动杀了这条吠狗，请那位晋国官吏共享。"吏人之与叔孙居于箕者，请其吠狗，弗与。及将归，杀而与之食之"⑧。许嘉璐对叔孙婼的做法这样解释："吏人要活的不给，是避贿赂之嫌；临回国时杀了狗请客，是为了表明自己不是舍不得。而吏人跟'犯人'要狗吃，这不但反映了当时人们对狗肉的兴趣之大，而且说明狗是随时可以杀掉吃的。"⑨

但先秦狗肉最主要的来源，恐怕应该是食犬了。田犬、守犬之称谓，见于《礼记·

---

① 刘文典撰，冯逸、乔华整理：《淮南鸿烈集解》卷十九《修务训》第 654 页，中华书局，1989年。

② 《墨子校注》卷十五《迎敌祠》第 895 页。

③ 《墨子校注》卷十五《杂守》第 976 页。

④ 《礼记集解》卷三十五《少仪》引孔颖达疏："犬有三种，一曰守犬，守御宅舍；二曰田犬，田猎所用；三曰食犬，以充庖厨。"（第 940 页）

⑤ 《晏子春秋集释》卷二第 163 页。

⑥ 《史记》卷四一《越王句践世家》第 1746 页。

⑦ 周春生：《吴越春秋辑校汇考》第 171 页，上海古籍出版社，1997 年。

⑧ 《春秋左传注》第 1443 页。

⑨ 许嘉璐：《中国古代衣食住行》第 77 页，北京出版社，2002 年。

少仪》①。食犬之称不见于先秦典籍，推测应该是供祭献和食用的狗，即《礼记·少仪》孔颖达疏所说的"充君子庖厨庶羞用也"②。《周礼·秋官》所记犬人，职掌调配供祭祀用的犬牲，"凡相犬、牵犬者属焉"。所谓相犬，贾公彦疏："犬有三种：一者田犬，二者吠犬，三者食犬。若田犬、吠犬，观其善恶；若食犬，观其肥瘦。故皆须相之"③。田犬、吠犬，供主人役使或守御主人，忠诚度、体能、良好训练和驯养程度非常重要，所以要考察检验其"善恶"。食犬则供祭献、食用，能否养得肥肥胖胖，才是值得主管部门关注的。

　　"牵犬者，谓呈见之"④，即将犬只牵到主管官员面前供相验。狗的牵法，也大有讲究。"犬则执绁"，狗要系上羁绊的绳索。《礼记·曲礼上》："效马效羊者右牵之，效犬者左牵之。"⑤ 即牵马或羊送给人时，用右手牵，牵狗则要用左手。为什么呢？因为马、羊性驯，用右手牵更方便也更有力。但"犬齘啮人，右手当禁备之"⑥。有趣的是，《少仪》又说送人犬、牛、马时，都要用右手（"皆右之"）牵着绳索。为什么会有这样的矛盾说法？孔颖达的解释是，《少仪》讲的是田犬和守犬。《曲礼上》说的却是"充食之犬，故防御之也"⑦。由此可知，食犬只需一般畜养，无须作严格驯养。

　　先秦是否广泛饲养专供食用的肉狗，尚不清楚。但当时献祭用的狗牲需求量颇大，而狗牲应该是食犬的一个重要组成部分。狗牲本是奉献给鬼神、祖先的祭品，为什么最终会成为人类的食物呢？

　　古人祭祀，必献牲敬酒，用饮食祭献鬼神祖先，用意是示好及表达敬意，人爱吃的食物，想必鬼神祖先也是爱吃的。在这种思维和信仰背景下，作为牺牲的狗肉等祭品，当然本来就是人们喜爱的食物。宋兆麟说，新石器时代许多部落以狗祭祀，这正是食狗肉的一种反映。他还说，史前人不会单纯杀鸡吃，而是先用于宗教、占卜活动，然后才吃鸡肉、鸡蛋⑧。这是因为上古生活资源尤其是肉食资源有限，一物两用，毫无浪费，同时满足精神与物质的需求，是完全合情合理的生活方式。《淮南子·说山训》："先祭而后飨则可，先飨而后祭则不可。物之先后，各有所宜也。"⑨ 在汉代人的认知中，祭祀礼仪完成后分享祭品是合情合理、合乎现实条件的，先品尝祭品再奉献给鬼

---

① 　许嘉璐：《中国古代衣食住行》第 77 页，北京出版社，2002 年。
② 　《礼记正义》卷三五《少仪》孔颖达疏《十三经注疏》第 1514 页。
③ 　《周礼正义》卷六九第 2869 页。
④ 　《周礼正义》卷六九《秋官·犬人》贾公彦疏第 2869 页。
⑤ 　《礼记集解》卷三第 69 页。
⑥ 　《礼记集解》卷三第 69 页。此说出郑玄注。
⑦ 　《礼记正义》卷二《曲礼上》孔颖达疏《十三经注疏》第 1244 页。
⑧ 　宋兆麟：《中国风俗通史·原始社会卷》第 18 页，上海文艺出版社，2001 年。
⑨ 　《淮南鸿烈集解》卷十六《说山训》第 551 页。

神祖先则是不敬的。这种观念，在先秦也很可能普遍得到认可。

先祭后享的做法，在中国礼仪文化传统中一直延续下来。如"在商代的大量祭祀活动中，有大批牛、羊、犬等家畜作为牺牲、祭品杀掉，当然被祭的死人、神祇是不会吃下去的，祭祀过后这些肉食——精美的肉食绝不会扔掉，而是被活人分享了。这从后世祭祀后人们分食胙肉的事实中可得到证明"①。

（3）从"无故不杀犬"到市井狗屠的出现

在农业发展之前，鱼、肉可能并不是难得的食物。但随着人口的增加，不能不越来越倚重于可以提供更多食物的农业。发展农业就要开垦森林荒地。不但野兽失去栖息之所而不能大量繁殖，家畜的数量因饲养成本的关系，也不容许增加太多，因此肉类食品才越来越珍贵。"夏商周时期，肉食多为贵族享用，故贵族又被称为'肉食者'"②。即使被称为"肉食者"的贵族，饮食结构也是以谷物为主。古代礼制，贵族献祭规格，有等级的限制：

《礼记·王制》："诸侯无故不杀牛，大夫无故不杀羊，士无故不杀犬豕，庶人无故不食珍。"③

《礼记·玉藻》："君无故不杀牛。大夫无故不杀羊。士无故不杀犬豕。"郑玄注："'故'谓祭祀之属。"孔颖达疏："大夫无故不杀羊者，亦诸侯大夫也。若天子大夫，有故得杀牛，故知此据诸侯大夫言。祭祀之属者，若待宾客飨食，亦在其中，故云'祭祀之属'。"④

也就是说，据汉代人所了解的周代礼制，诸侯祭献准许用牛牲，大夫准许用羊牲，士准许用犬、猪，不得僭越逾礼。换言之，士以上的贵族有资格在完成祭献后享用狗等肉食。但如非祭献或宴请宾客所需，即使诸侯、大夫、士也不得任意屠宰牛、羊、犬、猪供食用。《仪礼·乡饮酒礼》、《乡射礼》、《燕礼》提到，乡大夫、士、君子仪式性聚会或国君宴请臣子的燕礼，都会用狗牲祭祀。这样的礼制，不仅为了维持"别上下、辨亲疏"的宗法秩序，也有实际的经济考虑。毕竟在先秦，田犬、守犬是昂贵的财产，不舍得轻易宰杀。食犬（狗牲）虽然饲养可能较广泛，但日常食用，未免成本太高。

当然，这些礼规到了"礼崩乐坏"的春秋战国时期，效果成疑。《礼记·少仪》："其以乘壶酒、束修、一犬赐人，若献人，则陈酒执修以将命，亦曰乘壶酒、束修、一犬。"⑤ 即士大夫上下级之间相互馈赠，于酒、肉干之外，也可以送食犬。齐景公听从

① 李民主编：《殷商社会生活史》第398页，河南人民出版社，1993年。
② 晁福林：《先秦民俗史》第18页，上海人民出版社，2001年。
③ 《礼记集解》卷十三第354页。
④ 《礼记正义》卷二九《十三经注疏》第1474页。
⑤ 《礼记集解》卷三十五第939页。

晏婴的谏诤，将死去的爱犬交付厨房烹饪，"以会朝属"，说明贵族们"无故"也可以食狗肉①。晋国吏人向叔孙婼讨要吠犬，则可能"反映出春秋时期中国的食狗人群已开始从贵族扩大到平民了"②。

不过对南方越国的平民来说，狗肉似乎仍属奢侈品。越王勾践卧薪尝胆，准备向吴国复仇。为了增加劳动力和兵源，特别制订了鼓励生育的措施。《国语·越语上》：

> （句践）令壮者无取老妇，令老者无取壮妻。女子十七不嫁，其父母有罪；丈夫二十不娶，其父母有罪。将免者以告，公令医守之。生丈夫，二壶酒，一犬；生女子，二壶酒，一豚。③

犬应该是食犬，豚即小猪。刘朴兵认为，"生男孩奖一条狗，生女孩奖一头猪，这种奖励方法，一方面反映出狗肉的地位比猪肉要高一些，另一方面也反映出越国的平民百姓是可以吃狗肉的，因为平民百姓只要生了男孩也将得到一条狗作为奖励，可以用于食用的。"④ 春秋时期越国的肉价，到底是食犬还是小猪高，目前缺乏史料，难以论证。从当时的祭祀规格看，牛、羊较高，狗、猪地位相当。但猪又与牛、羊并列太牢牺牲，可能地位略高于狗。从饲养成本看，养猪比养食犬应该昂贵⑤。如果食犬的价值高于豚，那就是越王勾践希望激励民众多生男孩，为国家迅速补充耕战人力资源；如果豚的价值高过食犬，那就是越王勾践希望激励民众多生女孩，因为女孩拥有人力资源的再生产能力，对人口的增衍贡献可能更大。无论如何，这条史料告诉我们，食犬和豚对于春秋时期的越国平民，可能仍属比较珍贵的肉食资源。

孟子心目中的理想治国之道，国家应该保障民生，令"谷与鱼鳖不可胜食，材木不可胜用，是使民养生丧死无憾也。五亩之宅，树之以桑，五十者可以衣帛矣。鸡豚狗彘之畜，无失其时，七十者可以食肉矣。百亩之田，勿夺其时，数口之家可以无饥矣"⑥。这一方面说明孟子生存的年代，狗和鸡、猪一样，已成为一般民众可以期待的

---

① 如果送的是更贵重的田犬、守犬，接待宾客的傧者就必须问明狗的名字。
② 刘朴兵：《略论中国古代的食狗之风及人们对食用狗肉的态度》，《殷都学刊》2006 年第 1 期。不过"吏人"能否算平民，还可以讨论。
③ 徐元诰撰，王树民、沈长云整理：《国语集解》卷二○《越语上》第 570 页，中华书局，2002年。
④ 刘朴兵：《略论中国古代的食狗之风及人们对食用狗肉的态度》，《殷都学刊》2006 年第 1 期第 103 页。
⑤ 《盐铁论·散不足》中称，汉代"夫一豕之肉，得中年之收"（王利器：《盐铁论校注》卷六第 351 页，中华书局，1992 年），这里的"中年之收"，就是普通年景一个家庭的全年收成。虽然说的是汉代的情形，但就饲养成本而言，与先秦应无二致。
⑥ 《孟子正义》卷而《梁惠王上》第 54～58 页。

肉食资源；另一方面也说明肉食在当时仍是一种相当紧缺的资源，人到七十高龄能吃上一些已经喜出望外了。

"战国时期，狗作为食用畜进行豢养很是普遍。"① 难怪《墨子》卷一《法仪》、卷七《天志》上下等篇，反复提到天下"粒食之民"，"莫不刍牛羊，豢犬彘"，"絜为酒醴粢盛，以敬事天"②。豢养的犬彘既供祭献，自然也供食用。

《荀子·荣辱》：

> 人之情，食欲有刍豢，衣欲有文绣，行欲有舆马，又欲夫馀财蓄积之富也，然而穷年累世不知不足，是人之情也。今人之生也，方知畜鸡狗猪彘，又蓄牛羊，然而食不敢有酒肉……是何也？非不欲也，几不长虑顾后，而恐无以继之故也？于是又节用御欲，收敛蓄藏以继之也。是于己长虑顾后，几不甚善矣哉！③

有些人虽然豢养鸡狗猪，"然而食不敢有酒肉"，"恐无以继之故也"。荀子认为，节用、节欲，是明智的选择；有些人不知自制，挥霍奢侈，不顾将来，最终难免败家，饿死沟壑。我们由此获得的信息是，当时鸡狗猪等肉食资源已远较西周、春秋丰富，普通人也有较多机会享用，但肉食仍然是昂贵的。

狗肉食用普遍化的一个重要指标，是战国时期的"屠狗者日渐增多，以至成了一种专门职业"④。更值得注意的，是这些狗屠不同于战国以前依附于王室、诸侯、士大夫的庖人、庖丁，而是依托基层，在市井中讨生活。如韩国著名刺客聂政，"乃市井之人"，"有老母，家贫，客游以为狗屠"，却也能"旦夕得甘脆以养亲"⑤。卫国士人荆轲避祸燕国时，"爱燕之狗屠及善击筑者高渐离。荆轲嗜酒，日与狗屠及高渐离饮于燕市，酒酣以往，高渐离击筑，荆轲和而歌于市中，相乐也，已而相泣，旁若无人者。"⑥市井狗屠的出现及其职业化，说明晋、燕等地区的基层社会对狗肉的消费已有相当规模的需求和购买力，食犬已普遍豢养。

（4）烹饪厨艺

在长期的饮食实践中，先秦的贵族和厨师们积累了大量狗肉的烹饪技巧和食用

---

① 刘朴兵：《略论中国古代的食狗之风及人们对食用狗肉的态度》，《殷都学刊》2006 年第 1 期第 103 页。

② 《墨子校注》卷一第 30 页；卷七第 294、319 页。

③ 王先谦撰，沈啸寰、王星贤点校：《荀子集解》卷 2 第 67 页，中华书局，1988 年。

④ 刘朴兵：《略论中国古代的食狗之风及人们对食用狗肉的态度》，《殷都学刊》2006 年第 1 期第 103 页。

⑤ 《战国策校释》卷二七《韩策二》第 1034 页。

⑥ 《史记》卷八六《刺客列传》第 2528 页。

方法。

①食材选择和饮食宜忌

《论语·乡党》说君子"鱼馁而肉败不食。色恶，不食。臭恶，不食"①。《周礼·天官》说内饔职掌王室肉食的宰割、烹煮、煎熬和调味，辨别牲体各部位和内脏，及各种美味食物，为王室挑选美味菜肴、酱腌食物和珍奇食物。其职责包括剔除腥、臊、膻、香等有异味的食物。例如"犬赤股而躁"，其肉味臊，就不适宜食用②。

先秦人可能和秦汉人一样，也喜欢食幼狗。咸阳战国秦墓发现的狗肉汤，据说烹煮的就是半只未成年的幼狗。

从文献记载看，狗常是整体烹煮的，即各个部位都可以食用。但内脏可能另作处理。《礼记·少仪》："君子不食圂腴。"郑玄注："《周礼》'圂'作'豢'，谓犬、豕之属，食米谷者也。腴有似人秽。"孔颖达疏："圂，猪犬也。腴，猪犬肠也。言猪犬亦食米谷，其腹与人相似，故君子但食他处，辟其腴，谓肠胃也。"③ 所以狗的肠胃当时一般是不吃的。《礼记·内则》又说，"不食雏鳖。狼去肠，狗去肾，狸去正脊，兔去尻，狐去首，豚去脑，鱼去乙，鳖去醜。"④ 这些部位不宜食用，是因为当时认为它们对人有毒或有害，如狗肾就被认为有毒。但狗肝不但可以食用，而且搭配狗肠油，成为一道名菜的食材（详见下）。

先秦人在饮食上很注重不同食材之间以及食材与季节气候之间的烹调配伍关系。据《周礼》，周代宫廷中负责食材搭配、饮食调料的滋味温凉分量的食医，在搭配主食和肉食时，"牛宜稌，羊宜黍，豕宜稷，犬宜粱，雁宜麦，鱼宜苽，凡君子之食恒放焉。"⑤ 即狗肉与粱（小米）是最佳的搭配。《礼记·内则》记载贵族食谱，有相同的内容，又对调味料与季节的对应关系作出进一步的说明："春宜羔豚，膳膏芗；夏宜腒鱐，膳膏臊；秋宜犊麛，膳膏腥；冬宜鲜羽，膳膏膻。"⑥ 夏季炎热，适宜食用不那么油腻的野鸡干和鱼干，而用狗油煎食。

②烹饪方法

先秦秦汉的烹饪方法，最常见的是炙（将食物放在架子上，用火烤熟。炮就是从

---

① 程树德撰，程俊英、蒋见元整理：《论语集释》卷二〇《乡党中》第 690 页，中华书局，1990年。

② 《周礼正义》卷八第 271 页。《礼记·内则》有相同叙述。

③ 《礼记正义》卷三五，《十三经注疏》第 1515 页。

④ 《礼记集解》卷二七第 749 页。

⑤ 《周礼正义》卷九《天官·食医》第 321 页。

⑥ 《周礼正义》卷七《天官·庖人》有类似叙述："春行羔豚，膳膏香；夏行腒鱐，膳膏臊；秋行犊麛，膳膏腥；冬行鱻羽，膳膏膻。"（第 264 页）

炙发展出来的）、烹（煮、炖）、蒸。此外还有油煎、脯腊、脍（鱼、肉生切）等。由于炙、烹、蒸、煎的食物，如果烹饪前未经腌渍，往往不入味，需要另加调味料，醢（发酵酿制的肉酱）、菹齑（腌制的菜）即可直接作为菜肴食用，也可作为调味的佐料。

据目前所见文献和考古史料，先秦狗肉的烹饪，大致有如下几种：

a. 炙

传说中周代宫廷的美食八珍之一，被称为"肝膋"，烹饪方法是"取狗肝一，幪之，以其膋濡炙之，举燋其膋，不蓼。"[①] 即用狗肝一副，裹以狗肠上的脂肪，抹上醢酱，在火上烧烤，直至肝和脂肪都焦熟，不需要加辛菜。

b. 烹煮

本文开头提到的咸阳战国秦墓发现的狗肉汤，就是烹煮而成。各种祭祀、礼仪活动所用的狗牲，一般也采取烹煮的方法。如《仪礼·乡饮酒礼》、《乡射礼》、《燕礼》诸篇所记乡仪、燕礼所用狗牲，都是"亨"煮的。烹煮常用半狗。《仪礼·乡饮酒礼》："宾俎，脊、胁、肩、肺；主人俎，脊、胁、臂、肺；介俎，脊、胁、肫、胳、肺。肺皆离，皆右体进腠。"[②] 即煮熟的狗牲的右半侧按部位（脊骨、胁骨、肩、臂、肺、后股骨、后胫骨）拆解，分送给主人和宾客等享用[③]。

c. 羹

羹是先秦秦汉常见的烹饪方法，由烹煮发展而来，可以添加调味料，也可以不添加。可以纯用肉，可以肉菜合烹，也可以纯用菜。在当时上至诸侯，下至平民，普遍食用。《礼记·内则》："蜗醢而苽食、雉羹，麦食、脯羹、鸡羹，析稌、犬羹、兔羹，和糁不蓼。"[④] 这是一份君主的燕食食谱：田螺肉酱拌菰米（雕胡米）饭，配野鸡肉羹；麦饭配（牛羊猪）肉干羹和鸡肉羹；稻米饭配狗肉羹和兔肉羹。这些肉羹都加五味调和并掺米屑使之成糊，不加蔬菜。有趣的是，祭祀所用祭品各有别名"美号"，而狗的美号就叫"羹献"：

> 凡祭宗庙之礼，牛曰一元大武，豕曰刚鬣，豚曰腯肥，羊曰柔毛，鸡曰翰音，犬曰羹献，雉曰疏趾，兔曰明视，脯曰尹祭，槁鱼曰商祭，鲜鱼曰脡祭，水曰清涤，酒曰清酌，黍曰芗合，梁曰芗萁，稷曰明粢，稻曰嘉蔬，韭曰丰本，盐曰咸

① 《礼记集解》卷二八《内则》第 758 页。
② 《十三经注疏·仪礼注疏》卷十第 990 页。
③ 陕西咸阳机场出土青铜鼎所盛狗肉汤，烹煮的也是右半侧。考古学者的进一步发掘和研究，将可能提供更完整更准确的信息。
④ 《礼记集解》卷二七第 744 页。

醛，玉曰嘉玉，币曰量币。①

狗为什么获得这样的美号呢？孔颖达疏："犬曰羹献者，人将所食羹余以与犬，犬得食之肥，肥可以献祭于鬼神，故曰羹献也。"② 也就是说，狗被残羹养得肥肥胖胖，就可以作为狗牲献祭了。祭祀完结后，狗被屠宰，很可能又煮成了犬羹。

南方如楚国贵族的饮食风格，原材料、调味料及烹调方法，可能更丰富。《楚辞·大招》为了激励亡魂的回生意愿，列举了人世间的美妙物质享受，包括丰盛的美食，其中就有"醢豚苦狗，脍苴蒪只"。王逸注以为"醢，肉酱也。苦，以胆和酱也，世所谓胆和者也。""苴蒪，襄荷也。言乃以肉酱啖炙豚，以胆和酱，啖狗肉，杂用脍炙，切襄荷以为香，备众味也。"③

4. 寝其皮

先秦人珍视、充分利用各种生活资源。狗肉既然供食用，狗皮自然也不能浪费。

《礼记·坊记》："田则不渔，食时不力珍。大夫不坐羊，士不坐犬。"④ 意思当然不是说士大夫不能用羊皮、狗皮为褥垫，只是不能"无故"（即非祭祀、宴请之场合）屠宰羊、狗，取用其皮。先秦贵族举行祭祀、宴请等礼仪相当频繁，狗牲用量较大，狗皮自然也少不了。

狗皮除了做褥垫，还有其他用途。周代礼制，给王者送葬的丧车分五种，其一为木车，"蒲蔽，犬襀尾囊，疏饰，小服皆疏。"其二为素车，"棼蔽，犬襀素饰，小服皆素"。郑玄认为，"犬襀"就是用白狗皮缝制而成的车轼上的顶盖，"尾囊"是用白狗皮尾部制成的兵器囊，而"小服（箙）"则是用狗皮缝制的刀剑等短兵器囊⑤。

卿、大夫丧葬，丧主"乘恶车，白狗襀，蒲蔽；御以蒲菆；犬服，木镆，约绥，约辔，木镳；马不齐髦。主妇之车亦如之，疏布襜。贰车，白狗摄服。"⑥ "犬服"即白狗皮制成的兵器囊，与"白狗摄服"的意思相同。

狗皮不仅缝制褥垫或丧葬车辆的顶盖、兵器囊，也用来缝制裘皮衣服。齐威王任邹忌为相，推动改革，稷下先生淳于髡提醒邹忌："狐裘虽敝，不可补以黄狗之皮。"⑦

---

① 《礼记集解》卷六《曲礼下》第 54 页。
② 《礼记正义》卷五《曲礼下》，《十三经注疏》第 1269 页。
③ 《楚辞补注》第 219 页。陈子展译作："酱汁乳猪、豉汁狗肉，生炒肉片襄荷啦。"（《楚辞直解》第 371 页，江苏古籍出版社，1988 年）不过先秦秦汉烹饪可能尚无"炒"之一法。
④ 《礼记集解》卷五〇第 1293 页。
⑤ 《周礼正义》卷五二《春官·巾车》第 2170～2174 页。
⑥ 《十三经注疏·仪礼注疏》卷四一《既夕礼·记》第 1162 页。
⑦ 《史记》卷四六《田敬仲完世家》第 1890 页。

三 狗与先秦的精神和娱乐生活

1. 祭祀礼仪和信仰中狗的角色

（1）祭祀之牺牲

新石器中期以后，狗的尸骸常出现于墓葬和祭祀坑。高广仁、邵望平的研究发现，以犬为牲是商代埋葬、祭祀制度中的一个重要特点，迄今所见商代牺牲，犬牲的数量仅次于人牲而居动物牺牲之首①。商代王室祀神祭祖时，曾大量贡献动物类的"鲜食"祭品，其中包括犬牲②。

有趣的是，这种以犬致祭、以犬随葬的文化现象，并非河南本土的史前传统，却集中出现在大汶口、龙山文化分布的海岱地区，并散见于长江流域的几处遗址中。史前的犬牲，是奉献给死者或神灵的役者或祭食③。

从考古发现看，以犬致祭、以犬随葬的习俗一直沿用到周代。西周如瀍河东岸发现的祭祀坑，晋都新田故城东部的祭祀坑，张家坡西周墓葬，晋侯墓地祭祀坑；东周如曲阜鲁城墓葬腰坑，雍城秦人墓葬中的随葬牺牲、车马坑，河南淮阳马鞍冢楚墓车马坑，曾侯乙墓随葬棺，都发现有殉葬或献祭的狗尸④。西周至春秋胶东地区东夷诸古国墓葬，普遍设腰坑殉狗⑤。传世和出土文献的记载也说明，以狗献祭的习俗在西周至战国、秦仍然十分流行，尤以族属东夷、自东方西迁的秦人墓葬最为普遍。当时人们畜养牛羊犬猪鸡的目的之一，就是为祭祀上天鬼神提供祭品，即墨子所说：

> 四海之内，粒食之民，莫不犓牛羊，豢犬彘，洁为粢盛酒醴，以祭祀于上帝鬼神。⑥天子必且犓豢其牛羊犬彘，絜为粢盛酒醴，以祷祠祈福于天。
>
> 自古及今无有远灵孤夷之国，皆犓豢其牛羊犬彘，絜为粢盛酒醴，以敬祭祀上帝山川鬼神。⑦

---

① 高广仁、邵望平：《中国史前时代的龟灵与犬牲》，《中国考古学研究——夏鼐先生考古五十年纪念论文集》，文物出版社，1986年。

② 《甲骨文合集》32674："丁巳卜，又燎于父丁百犬，百豝、卯百牛。"转引自宋镇豪：《中国风俗通史·夏商卷》第145页，上海文艺出版社，2001年。

③ 高广仁、邵望平：《中国史前时代的龟灵与犬牲》第64～66页，《中国考古学研究——夏鼐先生考古五十年纪念论文集》，文物出版社，1986年。

④ 赵丛苍、郭妍利：《两周考古》第54～55、77、83、107、116～117、124页，文物出版社，2002年。

⑤ 赵丛苍、郭妍利：《两周考古》第235～241页，文物出版社，2000年。

⑥ 《墨子校注》卷七《天志上》第294页。

⑦ 《墨子校注》卷七《天志下》第319页。

据《周礼》，地官司徒属官槀人，负责供应在宫廷当值官吏和宿卫王宫的贵族子弟的膳食，同时豢养祭祀用狗①。秋官司寇下属机构有犬人，职掌调配供祭祀用的犬牲，并负责选择相好狗种和牵养家狗，设下士二人为长官，属吏府一人、史二人、贾四人、徒十六人②。可以想见周代王室祭祀用狗的数量颇大。

先秦礼制，献祭对象不同、主祭者身份不同，所用牺牲规格有太牢、少牢等级别，规格高者用牛，其次用羊、豕。也有用犬的，规格稍低。《逸周书·世俘解》：

> （周武王）告于周庙，曰：“古朕闻文考修商人典，以斩纣身，告于天、于稷。用小牲羊、犬、豕于百神水土，于誓社。”曰：“惟予冲子绥文考，至于冲子，用牛于天、于稷五百有四，用小牲羊豕于百神水土社，二千七百有一。”③

祭祀天帝、始祖后稷，用大牲，即牛；祭祀百神、水、土、社等，用小牲，即羊、犬、豕。

《国语·楚语上》：“其祭典有之曰：国君有牛享，大夫有羊馈，士有豚犬之奠，庶人有鱼炙之荐。”④

先秦社会祭祀活动频繁，用到狗牲的机会也很多。如据《周礼·秋官》，职掌国家法典、狱讼、刑罚的大司寇及其属官小司寇、士师，在举行大、小祭祀仪式时，都要进奉犬牲。前面也提过，据《仪礼·乡饮酒礼》、《乡射礼》、《燕礼》诸篇之记，乡大夫、士举行乡饮酒、乡射等活动，诸侯宴请臣下，礼仪过程中也都用到狗牲。

《礼记·礼运》：“君与夫人交献，以嘉魂魄，是谓合莫。然后退而合亨，体其犬、豕、牛、羊，实其簠、簋、笾、豆、铏羹，祝以孝告，嘏以慈告，是谓大祥，此礼之大成也。”⑤

又，《墨子·迎敌祠》述祭神以却敌，“敌以南方来，迎之南坛，坛高七尺，堂密七，年七十者七人，主祭赤旗，赤神长七尺者七。弩七，七发而止。将服必赤，其牲以狗。”⑥

（2）祭祀行神

《礼记·祭法》：

---

① 《周礼正义》卷三一第 1243 页。
② 《周礼正义》卷六九第 2867 页，卷六五第 2717 页。
③ 黄怀信、张懋镕、田旭东撰：《逸周书汇校集释》第 469~470 页，上海古籍出版社，1996 年。
④ 《国语集解》卷十七第 488 页。
⑤ 《礼记集解》卷二一第 592~594 页。
⑥ 《墨子校注》卷十五第 894 页。

王为群姓立七祀：曰司命，曰中霤，曰国门，曰国行，曰泰厉，曰户，曰灶；王自为立七祀。诸侯为国立五祀：曰司命，曰中霤，曰国门，曰国行，曰公厉。大夫立三祀：曰族厉，曰门，曰行。適士立二祀，曰门，曰行。庶士、庶民立一祀：或立户，或立灶。①

郑玄注："此非大神所祈报大事者也，小神居人之间，司察小过，作谴告尔"②。此说据东汉流行信仰立论。在先秦，"国之大事，在祀与戎"，七祀、五祀、三祀、二祀所祀之神灵，并非等闲"小神"。行神即主道路、旅行之神，凡有出使、旅行之事，必拜祀之。

近年出土的楚简中，有大量以白犬祭祀行神的记录。如《包山楚简》③：

赛于行一犬（白犬）、酉酓，占之曰：吉。208
（举）祷宫、行一白犬、酉酓……赛祷东陵。210
赛祷行一白犬，遝（归）冠带于二天子。219
（举）祷宫、行一白犬，酉酓，由攻叙于宫室。五生占之曰：吉。229
（举）祷行一白犬、酉酓，閟于大门一白犬。五生占之曰：吉。233

《望山楚简》④：

（举）祷宫行一白犬，酉（酒）酓（食）。28
（举）祷行白犬，罷祷王孙桌冢。119

他如《新蔡葛陵楚简》，也有一些以犬（未提颜色）祷祀记录，其中有数例明确指出祷祀行神⑤：

口一犬，门一羊　　甲一：2
口戠（特）牛，乐之。就祷户一羊。就祷行一犬；就祷门口　　甲三：56
就祷霝（灵）君子一猪；就祷门、户屯一羧；就祷行一犬。壬辰之日祷之口

① 《礼记集解》卷四五第 1202 页。
② 《礼记集解》卷四五第 1203 页。
③ 以下简文及整理号皆引自湖北省荆沙铁路考古队：《包山楚简·包山二号楚墓简牍释文与考释》，文物出版社，1991 年。
④ 以下简文及整理号引自湖北省文物考古研究所、北京大学中文系：《望山楚简·一号墓竹简释文与考释》第 70、78 页，中华书局，1995 年。
⑤ 以下简文及整理号转引自宋华强：《新蔡葛陵楚简初探·葛陵楚简释文分类新编》，武汉大学出版社，2010 年。

乙一：28

为什么祷祀行神要用犬？又为什么在一些地方要用白犬？在先秦秦汉的信仰生活中，白犬似有特殊的巫术含义。如马王堆帛书医方《胎产书》中，有孕妇吃白色雄狗狗头，易顺产及胎儿白皙之说；《风俗通》说"今人杀白犬以血题门户，正月白犬血辟除不祥"①；《汉书·五行志》有大白狗作怪。日后可以对此作进一步探讨。

《史记·秦本纪》：秦德公二年，"初伏，以狗御蛊"②。《史记·十二诸侯年表》说得更详细："初作伏，祠社，磔狗邑四门。"③《史记·封禅书》秦德公"作伏祠，磔狗邑四门，以御蛊菑。"索隐引服虔云"周时无伏，磔犬以御灾，秦始作之"。又引《汉旧仪》："伏者，万鬼行日，故闭不干求也。"④这大概是早期秦地的万圣节前夜。秦简《日书》中也有大量关于狗的禁忌、信仰。对这些现象，学者多有讨论，此不赘。

（3）尝新岁典中的角色

农业社会的岁典，庆祝谷物或其他农作物收成举行庆典和祭典，将新谷（禾、麦、稻等）或其他农作物奉献给祖先尝新。如果是麻或稻，作为礼仪的一部分，奉献之前，先喂狗尝食，然后再献。

《逸周书·月令解》："（孟秋之月）天子居总章左个，乘戎路，驾白骆，载白旂，衣白衣，服白玉，食麻与犬，其器廉以深。"在仲秋和季秋，也举行同样的仪式。此外，"（季秋之月）天子乃以犬尝稻，先荐寝庙。"

《礼记·月令》，《吕氏春秋》《孟秋纪》、《仲秋纪》、《季秋纪》都有类似的记载。

（4）祝诅盟誓的牺牲

《春秋左传·隐公十一年》："郑伯使卒出豭，行出犬、鸡，以诅射颍考叔者。"百人为卒，二十五人为行，卒、行皆军伍编制。杨伯峻注指出，古人祭神以诅人用豭、犬、鸡三物。《诗·小雅·何人斯》"出此三物，以诅尔斯"，《毛传》："君以豭，臣以犬，民以鸡。"⑤

诅咒企图借鬼神之力降祸于所恨之人，是一种攻击性的仪式。盟誓既是盟友之间巩固关系的制约性仪式，也可看做是一种预防性的诅咒。祝诅和盟誓中用牲，应该是为了取悦鬼神。杀牲歃血也可能还有巫术的意义。《礼记·曲礼下》："诸侯使大夫问于诸侯曰'聘'，约信曰'誓'，莅牲曰'盟'。"孔颖达正义：

---

① 王利器：《风俗通义校注》卷八第 378 页，中华书局，1981 年。

② 《史记》卷五《秦本纪》第 184 页。

③ 《史记》卷十四《十二诸侯年表》第 573 页。

④ 《史记》卷二八《封禅书》第 1360 页。

⑤ 《春秋左传注》第 76 页。

盟者，杀牲歃血，誓于神也。若约束而临牲，则用盟礼。

盟之为法，先凿地为方坎，杀牲于坎上，割牲左耳，盛以珠盘，又取血盛以玉敦，用血为盟，书成，乃歃血而读书。

盟牲所用，许慎据《韩诗》云：天子诸侯以牛豕，大夫以犬，庶人以鸡。①

祝诅、盟誓中用牲也有规格差异，犬一般来说低于牛、猪，高于鸡。赵孝成王九年（公元前257年）秦军围攻邯郸，平原君率门客毛遂等二十人赶赴楚国求救。毛遂"以三寸之舌，强于百万之师"，说服楚王同意合纵抗秦，"毛遂谓楚王之左右曰：'取鸡狗马之血来。'毛遂奉铜盘而跪进之楚王曰：'王当歃血而定从，次者吾君，次者遂。'遂定从于殿上。"司马贞《史记索隐》："盟之所用牲贵贱不同，天子用牛及马，诸侯用犬及豭，大夫已下用鸡。今此总言盟之用血，故云'取鸡狗马之血来'耳。"②

2. 宠物娱乐

（1）贵族的宠物与炫耀性消费

狗以其忠诚、聪明等特性，在家畜中，与人类的互动最频繁，与畜养者的关系最密切。孔子畜养的守犬死了，因家贫，不能将狗尸好好包裹后埋葬。但他特地嘱咐子贡，至少要用草席将狗尸裹上放入墓坑，千万别让它的头直接埋在泥土中③。

因为宠爱，主人有时陷于盲目溺爱。如齐景公心爱的田犬死了，"公令外共之棺，内给之祭。"晏婴因而劝谏景公："且夫孤老冻馁而死，狗有祭；鳏寡不恤而死，狗有棺。行辟若此，百姓闻之，必怨吾君；诸侯闻之，必轻吾国。"④《战国策·楚策一》讲了一个楚人溺爱守犬的故事："人有以其狗为有执而爱之。其狗尝溺井。其邻人见狗之溺井也，欲入言之。狗恶之，当门而噬。邻人惮之，遂不得入言。"⑤

甚至发生兄弟因争夺爱犬而反目的情形。《楚辞·天问》："兄有噬犬，弟何欲？易之以百两，卒无禄？"王逸注："兄，谓秦伯。噬犬，啮犬也。弟，秦伯弟针也。言秦伯有啮犬，弟欲请之。"但是"秦伯不肯与弟针犬，针以百两金易之，又不听，

---

① 《礼记正义》卷五《十三经注疏》第1266页。
② 《史记》卷七六《平原君虞卿列传》第2367～2368页。
③ 《礼记集解》卷十一《檀弓下》："仲尼之畜狗死，使子贡埋之，曰：'吾闻之也，敝帷不弃，为埋马也；敝盖不弃，为埋狗也。丘也贫，无盖，于其封也，亦予之席，毋使其首陷焉。"（第299页）
④ 《晏子春秋集释》卷二第163页。
⑤ 《战国策注释》卷十四第491页。执，指善守或猛壮有力。

因逐针而夺其爵禄也。"洪兴祖补注："《春秋》昭元年（公元前541年），夏，秦伯之弟针出奔晋。《传》曰：罪秦伯也。"《天对》注云："百两，盖谓车也。逸以为百两金，误矣。"①

秦伯即秦景公。《史记·秦本纪》：

> 景公母弟后子针有宠，景公母弟富，或谮之，恐诛，乃奔晋，车重千乘。晋平公曰："后子富如此，何以自亡？"对曰："秦公无道，畏诛，欲待其后世乃归。"三十九年，楚灵王强，会诸侯于申，为盟主，杀齐庆封。景公立四十年卒，子哀公立。后子复来归秦。②

景公与后子针冲突的根源，可能远较争夺爱犬复杂。但《天问》所叙，未必无因。或许那是关于这两兄弟冲突原因的一则传闻，或许争夺爱犬只是激化冲突的一条导火线。但在当时的历史语境中，《天问》作者显然认为这一传闻不失为对该情境合情合理的诠释。

对"良犬"的追求，造就了"名犬"的涌现。《穆天子传》称：

> 天子之马走千里，胜人猛兽。天子之狗走百里，执虎豹。
> 天子之骏：赤骥、盗骊、白义、踰轮、山子、渠黄、华骝、绿耳。狗：重工、彻止、雚猳、□黄、南□、来白。③

战国则有韩卢、宋鹊等名犬。

对凶猛的田犬、守犬的宠爱，本来可能出自对其忠诚和能力等实用价值的赏识以及人畜之间长期相处油然而生的感情。但良犬的畜养和占有逐渐成为权贵们自身价值的体现，造就了对"名犬"的急切需求和畜养成本的昂贵化。秦景公兄弟之间的"噬犬"之争，在这种语境下完全可以理解。春秋战国诸侯们以搜集名贵宠物的心态，畜养良犬，而非注重其实用价值。

如齐景公"好治宫室，聚狗马"④，境内大雨成灾十几天，"公饮酒，日夜相继。晏子请发粟于民，三请，不见许。"晏婴于是往见景公，批评道："霖雨十有七日矣，坏室乡有数十，饥氓里有数家，百姓老弱，冻寒不得短褐，饥饿不得糟糠，敝撤无走。四顾无告。而君不恤，日夜饮酒，令国致乐不已，马食府粟，狗餍刍豢，三保之妾，

① 洪兴祖：《楚辞补注》卷3第117页，中华书局，1983年。
② 《史记》卷五《秦本纪》第197页。
③ 《穆天子传西征讲疏·新校定本穆天子传》卷1第37、48页。
④ 《史记》卷三二《齐太公世家》第1504页。

俱足粱肉。狗马保妾，不已厚乎？民氓百姓，不亦薄乎？"①

齐人王斗谏净齐宣王，说："先君（齐桓公）好马，王亦好马。先君好狗，王亦好狗。先君好酒，王亦好酒。先君好色，王亦好色。先君好士，是王不好士。"宣王不服："当今之世无士，寡人何好？"王斗说："世无骐麟骐耳，王驷已备矣。世无东郭俊、卢氏之狗，王之走狗已具矣。世无毛嫱、西施，王宫已充矣。王亦不好士也，何患无士？"② 讥讽宣王好士不如好声色犬马。

《管子·侈靡》篇则认为"天子臧珠玉，诸侯臧金石，大夫畜狗马，百姓臧布帛"的侈靡风尚（炫耀性消费），值得鼓励，因为"贱有实，敬无用"，"贱粟米而如敬珠玉，好礼乐而如贱事业"，"富人靡之"，肯多消费，贫者才能"为之"，从而增就业，均贫富，保障民生的基本物质资源如粟米维持在较低价位③。

（2）大众娱乐

战国纵横家苏秦曾说动六国国君，促成合纵抗秦。他在游说齐宣王时，称颂齐国兵力雄厚，国都临淄"甚富而实，其民无不吹竽鼓瑟，弹琴击筑，鬬鸡走狗，六博蹋鞠者。"④ 苏秦之语，难免夸饰之嫌，但"鬬鸡走狗"很可能在战国后期的临淄已成为流行娱乐活动（当然未必是全民娱乐）。

3. 以狗为名

不同于后世之以狗为贱名，先秦贵族有以狗为名者。如鲁襄公十五年十二月，"郑人夺堵狗之妻，而归诸范氏。"杜预注："堵狗，堵女父之族。狗娶于晋范氏。郑人既诛女父，畏狗因范氏而作乱，故夺其妻归范氏，先绝之。"⑤ 堵女父是郑国大夫，因谋叛被杀。堵狗与其同族，与晋国卿族范氏联姻，又被怀疑有作乱的能力，地位不会低。

鲁襄公二十九年，吴国特使季札出使卫国，"说蘧瑗、史狗、史鳅、公子荆、公叔发、公子朝，曰：'卫多君子，未有患也。'"杜预注"史狗"："史朝之子文子。"⑥

民间也有取名为犬或狗的。如《包山楚简》有娄夏犬⑦、屈犬⑧、苛狗子⑨，《里耶

① 《晏子春秋集释》卷一第 13 页。
② 《战国策校释》卷十一第 405 页。
③ 《管子校注》，《侈靡》第 634、652 页。
④ 《史记》卷六九《苏秦列传》第 2257～2258 页。
⑤ 《春秋左传注》第 1024 页。
⑥ 《春秋左传注》第 1166 页。
⑦ 《包山楚简·包山二号楚墓简牍释文与考释》整理号 5、6，第 17 页。
⑧ 《包山楚简·包山二号楚墓简牍释文与考释》整理号 62，第 21 页。
⑨ 《包山楚简·包山二号楚墓简牍释文与考释》整理号 176，第 30 页。

秦简〔壹〕》有戍卒士五狗①。

综上所述，先秦人们广泛养狗，狗在先秦社会各阶层的日常物质和精神生活中也曾发挥过多种职能，甚至被视为有灵性的动物，可以祀神，可以辟邪。但《老子》说"天地不仁，以万物为刍狗；圣人不仁，以百姓为刍狗。"② 狗（虽然是刍狗）又被形容为过时即弃、无须珍视的废物。当时人们对狗的矛盾心态，从某种程度上折射出狗在先秦社会中的尴尬定位。

---

① 湖南省文物考古研究所：《里耶秦简〔壹〕》第 25 页，文物出版社，2012 年。
② 《老子道德经注校释》第五章第 13 页。

甘肃马家塬遗址出土动物骨骼的初步观察

刘羽阳

（浙江省博物馆）

笔者于 2011 年 7 月 21 日~8 月 28 日、2011 年 10 月 31 日~2012 年 1 月 7 日于甘肃省文物考古研究所对甘肃省张家川县马家塬遗址出土的动物骨骼进行了鉴定和测量，现将初步结果汇报如下。

一　骨骼出土状况

因本次整理主要针对出土有大量动物骨骼的编号为 M17 的祭祀坑进行，所以在这里以它为例对骨骼出土状况进行说明。

M17 祭祀坑呈规整的长方体，东西宽、南北窄，长 3.5、宽 2.2、深 2.1 米。从上到下共分四层，所埋葬的动物骨骼部位均为头、蹄（图一）。

图一　M17 第一层动物骨骼埋藏情况

在对该坑内动物骨骼进行分层提取后，可发现动物骨骼规律摆放、排列整齐，应为古人有意识的掩埋行为（图二至五）。

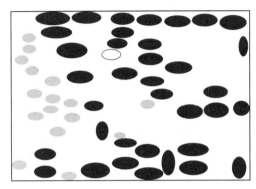

图二　M17 第一层动物骨骼摆放情况

（● 牛头蹄　● 羊头蹄　○ 马头蹄，下同）

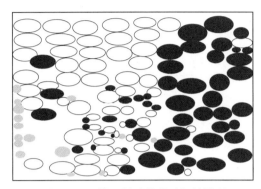

图三　M17 第二层动物骨骼摆放情况

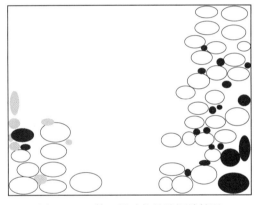

图四　M17 第三层动物骨骼摆放情况

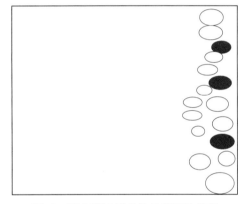

图五　M17 第四层动物骨骼摆放情况

骨骼保存状况不是很好，破碎较多，很多测量点已缺失。

二　出土动物骨骼的种属

本次整理的动物骨骼中，发现有绵羊、山羊、牛、马、狗五种动物，应均为墓葬随葬动物（图六至一〇）；而且结合本遗址的考古学背景及出土动物骨骼的形态特征，可以判定上述动物均为家养动物。

三　动物的数量及比例

在采用动物考古学方法对各种动物骨骼进行统计后，可知本次整理涉及的各种动物最小个体数分别为：牛114头、马99匹、羊91只、狗2只，共计306。各种动物占总数的比例大致分别为：牛37%、马32%、羊30%、狗1%。可见牛、马、羊三种大

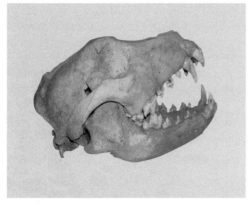

图六　狗头骨

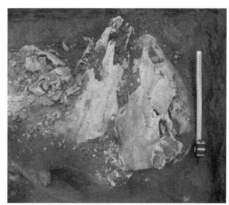

图七　牛头骨

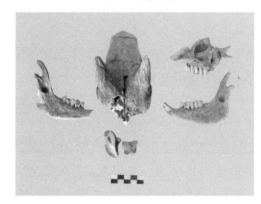

图八　羊头骨

图九　马头骨

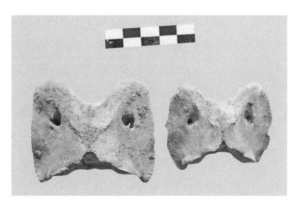

图一〇　绵羊（左）、山羊（右）的寰椎

牲畜数量不相上下，没有特别专门豢养某种牲畜的现象。

四　年龄结构

在动物考古学里，主要依靠牙齿的磨蚀程度和骨骼愈合情况判断动物年龄，经统计分析可知本遗址出土的三种主要大牲畜年龄分布如图一一至一三所示：

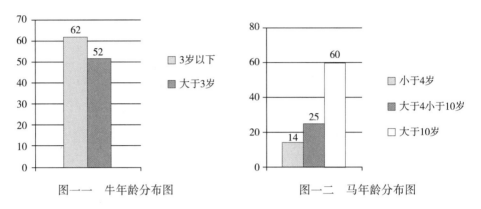

图一一　牛年龄分布图　　　　　　　　图一二　马年龄分布图

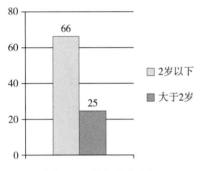

图一三　羊年龄分布图

可以看到牛羊均为幼年个体占多数，这与古人通常会在牛羊等用来食用的动物幼年时将其宰杀的习惯相符，而马的情况则不同。本遗址中出土马匹的最小个体数为 99，其中 12 岁及以上的有 51 匹，占总数的 51.52%，其中 18 岁左右的老年马有 21 匹。小于 4 岁的马共有 14 匹，占 14.14%，其中 9 个个体不到 2 岁。处于中间 4 到 12 岁的共 34 匹，10 岁左右的有 27 匹。可以看到老年个体占到半数以上，人为选择的迹象十分明显。不过这一遗址中幼年个体数量没有壮年的多，但多数幼年个体在很小的时候（最小的不到半岁）就被宰杀掩埋了，这里同样也可以在一定程度上体现人的意志。

一般遗址内出土的家马年龄层次往往向两极集中，即不是年老个体就是年幼个体，而壮年个体不多。这应该是因为青壮年的马还要用来使役，而年老的马已经不能再用。也就是说它们会被人类一直使用到不能再用之后，或病死、老死，或被宰杀祭祀、用做车马坑的一部分等。出现年龄只有几个月的年幼个体，原因也许是因为人工选择。他们可能会把那些病弱的、就算养大也无法使役的马驹挑出来，作为祭祀或殉葬动物掩埋。当然这只是一种可能性，还有可能古人专门宰杀年龄小的动物用于祭祀。究竟为什么会出现这种现象，还须待以后材料丰富了再加以解释。

五　性别比例

在这批动物里，只有马的性别可以通过牙齿确定，而遗址中马匹的性别构成是一个很值得思考的问题，因为以往的遗址中出土的基本全为公马，没有母马，但在这个遗址出土的马中，可确切判断出性别的马匹有 21 匹，其中 14 匹公马，7 匹母马（图一四、一五），这个与众不同的现象需要参考文献、文化背景及考古学背景进行观察、探讨。

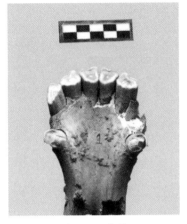
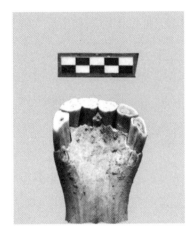

图一四　公马　　　　　　　　　　　　图一五　母马

六　病理现象

在这批骨骼上，发现有两种类型的病理现象：一为骨骼表面的病理现象，二为动物牙齿上的病理现象。具体表现为骨赘、龋齿及牙齿磨灭不正等（图一六至一九）。

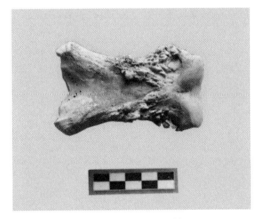
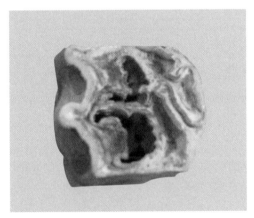

图一六　马一趾骨赘　　　　　　　　　图一七　马上臼齿龋齿

畜力使役和人工喂养是造成这些病理现象的主要原因，而出土动物骨骼上的非自然病变迹象可为我们探究人与动物之间的关系提供直接证据。

七　遗址出土动物骨骼的观察与测量

由于该遗址出土动物绝大多数为头部（破碎的居多）、指骨或趾骨，所以测量工作主要围绕着牙齿和指骨或趾骨的测量展开。再加上古代遗址中一次性出土如此多的马头骨较为罕见，于是对于马的牙齿的测量成为工作重点。对游离齿，主要测量数据为

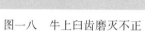

图一八　牛上臼齿磨灭不正　　　　　　　　　　图一九　羊上臼齿畸形

牙齿的长、宽、原尖（上颌齿）、双叶、后谷（下颌齿）。笔者将已整理完毕的数据进行录入，之后通过统计分析，对这批材料作出初步解释。

下表为普氏野马和家马上下颊齿测量数据均值表。

普氏野马和家马上下颊齿测量数据均值表 [*] 　　　　　　（长度单位：毫米）

颊齿	测量项	普氏野马 E. przewalskii	家马 E. caballus	颊齿	测量项	普氏野马 E. przewalskii	家马 E. caballus
P2	长	37.6	36.9	M2	长	24.9	24.9
P2	宽	25.2	24.6	M2	宽	25.8	25.5
P2	原尖长	9.7	9.0	M2	原尖长	13.5	13.7
P2	原尖指数	25.8	24.31	M2	原尖指数	54.6	54.7
P3	长	28.2	27.6	M3	长	28.1	29.1
P3	宽	27.2	27.6	M3	宽	22.8	23.0
P3	原尖长	12.8	12	M3	原尖长	14.5	14.6
P3	原尖指数	45.5	43.2	M3	原尖指数	51.7	50.3
P4	长	26.6	26.9	p2	长	32.6	33.2
P4	宽	27.9	27.8	p2	宽	15	15.3
P4	原尖长	13.5	12.8	p2	后谷	16.6	16.2
P4	原尖指数	51	47.3	p2	后谷指数	51.2	49.1
M1	长	24	24.7	p3	长	29.1	28.1
M1	宽	26.6	26.3	p3	宽	17.2	16.8
M1	原尖长	12.8	12.6	p3	后谷	14.9	14.1
M1	原尖指数	53.5	51.2	p3	后谷指数	51.3	50.2

续表

颊齿	测量项	普氏野马 *E. przewalskii*	家马 *E. caballus*	颊齿	测量项	普氏野马 *E. przewalskii*	家马 *E. caballus*
p4	长	27.9	27.4	m2	长	27.2	25.7
	宽	17.1	16.5		宽	14.8	14.6
	后谷长	13.8	13.0		后谷长	10.5	9.9
	后谷指数	49.3	47.5		后谷指数	38.2	38.2
m1	长	26.4	25.9	m3	长	33	32.5
	宽	15.4	15.3		宽		
	后谷长	10.0	9.7		后谷长	14.2	13.6
	后谷指数	37.6	37.2		后谷指数		

本表数据来源：Eisenmann V. 1980. Les chevaux（Equus sensu lato）fossils et actules：cranes et dents jugales superieures. Cahiers Paleont Cent Natl Rech Sci, 1980：1 - 186. Eisenmann V. 1981. Étude des dents jugales inférieures des Equus（Mammalia, Peris sodactyla）sctuels et fossiles. Palaeovertebrata, 10：127 - 226。

　　本遗址中出土的可确定部位的马臼齿数量为 2174 枚，其中上臼齿 P2：172 枚，P3：175 枚，P4：171 枚，M1：198 枚，M2：194 枚，M3：180 枚；下臼齿 p2：172 枚，p3：176 枚，p4：170 枚，m1：198 枚，m2：195 枚，m3：173 枚。鉴于马牙的左右对称性，进行数据统计分析时不分左右（除计算最小个体数时）。对所有数据进行分析后可知：

　　上臼齿

　　P2　最大长 42.8 毫米，最小长 26.72 毫米，平均长 36.58 毫米，标准偏差 2.3；最大宽 27.18 毫米，最小宽 19.53 毫米，平均宽 23.23 毫米，标准偏差 1.33；最大原尖长 11.01 毫米，最小原尖长 6.88 毫米，平均原尖长 8.77 毫米，标准偏差 0.84。

　　P3　最大长 33.99 毫米，最小长 24.7 毫米，平均长 28.4 毫米，标准偏差 1.68；最大宽 29.05 毫米，最小宽 21.73 毫米，平均宽 25.85 毫米，标准偏差 1.3；最大原尖长 15.73 毫米，最小原尖长 8.23 毫米，平均原尖长 11.65 毫米，标准偏差 1.56。

　　P4　最大长 33.32 毫米，最小长 22.83 毫米，平均长 26.67 毫米，标准偏差 1.56；最大宽 29.01 毫米，最小宽 19.64 毫米，平均宽 26.03 毫米，标准偏差 1.46；最大原尖长 16.02 毫米，最小原尖长 8.53 毫米，平均原尖长 11.69 毫米，标准偏差 1.5。

　　M1　最大长 33.21 毫米，最小长 19.9 毫米，平均长 25.14 毫米，标准偏差 2.74；最大宽 28.04 毫米，最小宽 20.8 毫米，平均宽 25.13 毫米，标准偏差 1.26；最大原尖长 16.09 毫米，最小原尖长 9.14 毫米，平均原尖长 12.24 毫米，标准偏差 1.28。

　　M2　最大长 32.68 毫米，最小长 21 毫米，平均长 24.95 毫米，标准偏差 1.8；最大宽 27.16 毫米，最小宽 21.12 毫米，平均宽 24.31 毫米，标准偏差 1.16；最大原尖长 16.07 毫米，最小原尖长 9.8 毫米，平均原尖长 12.94 毫米，标准偏差 1.22。

M3　最大长 33.85 毫米，最小长 22.24 毫米，平均长 27.33 毫米，标准偏差 2.27；最大宽 25.98 毫米，最小宽 18.37 毫米，平均宽 22.11 毫米，标准偏差 1.24；最大原尖长 17.3 毫米，最小原尖长 10.67 毫米，平均原尖长 13.62 毫米，标准偏差 1.33。

下臼齿

p2　最大长 37.52 毫米，最小长 27.15 毫米，平均长 31.94 毫米，标准偏差 1.73；最大宽 16.65 毫米，最小宽 12.32 毫米，平均宽 14.33 毫米，标准偏差 0.75；最大后谷长 18.52 毫米，最小后谷长 3.92 毫米，平均后谷长 14.58 毫米，标准偏差 3.14。

p3　最大长 32.89 毫米，最小长 22.9 毫米，平均长 27.29 毫米，标准偏差 1.69；最大宽 18.59 毫米，最小宽 12.3 毫米，平均宽 15.82 毫米，标准偏差 0.99；最大后谷长 16.56 毫米，最小后谷长 3.02 毫米，平均后谷长 12.06 毫米，标准偏差 3。

p4　最大长 30.8 毫米，最小长 21.68 毫米，平均长 26.16 毫米，标准偏差 1.61；最大宽 18.55 毫米，最小宽 12.66 毫米，平均宽 15.75 毫米，标准偏差 0.93；最大后谷长 15.34 毫米，最小后谷长 5.02 毫米，平均后谷长 10.9 毫米，标准偏差 2.29。

m1　最大长 35.81 毫米，最小长 17.87 毫米，平均长 25.44 毫米，标准偏差 3.38；最大宽 17.18 毫米，最小宽 9.83 毫米，平均宽 14.14 毫米，标准偏差 1.24；最大后谷长 14.37 毫米，最小后谷长 2.65 毫米，平均后谷长 8.78 毫米，标准偏差 2.44。

m2　最大长 32.69 毫米，最小长 21.15 毫米，平均长 25.4 毫米，标准偏差 2.34；最大宽 16.39 毫米，最小宽 9.81 毫米，平均宽 13.55 毫米，标准偏差 1.22；最大后谷长 13.57 毫米，最小后谷长 3.5 毫米，平均后谷长 8.98 毫米，标准偏差 2.16。

m3　最大长 35.56 毫米，最小长 25.11 毫米，平均长 30.56 毫米，标准偏差 1.66；最大宽 14.86 毫米，最小宽 10.44 毫米，平均宽 12.87 毫米，标准偏差 0.85；最大后谷长 15.14 毫米，最小后谷长 5.81 毫米，平均后谷长 9.66 毫米，标准偏差 1.51。

可以看到该遗址的马牙原尖平均值和后谷平均值较表内数值均偏小，这与本遗址埋藏马的年龄结构有关，直观上看，本遗址中马的年龄呈两极分化趋势，基本可分为年老马和幼少马两种。马的年龄可由门齿磨蚀情况进行推断，对其进行研究后我们发现，15 岁以上的马至少有 28 匹，其中 18 岁以上的至少 16 匹。马的臼齿上的特征点随着年龄的增加而逐渐磨灭，所以有的老年马匹的原尖和后谷均磨蚀严重，所剩无几。而有的幼少马臼齿上的原尖、后谷又尚未磨出，所以未统计进来，由此导致原尖、后谷数据偏小。但基本上还是落在了范围内。

目前学界对于中国家马起源问题还有一些疑问，中国的家马是从西方传入的还是本地起源的，一直众说纷纭。现在普遍认为欧洲家马的野马祖先比亚洲家马的祖先尺寸大，由此通过对比我国古代家马牙齿与亚欧不同品种野马的牙齿的测量数值，可对我国古代家马的起源做出合理推断。

将这批臼齿的数据经统计学定量分析检验分析可知，中国古代家马与欧洲家马上臼齿形态一致，而与普氏野马形态不一致。而下臼齿的数据则显示出中国古代家马与欧洲家马和普氏野马间均存在着较大差异。结合比较上臼齿的检验结论，我们可以认为中国古代家马与普氏野马之间存在较大差异。虽然下臼齿的检验结果不支持中国古代家马与欧洲家马具有一致性，但也不能否定它，因为毕竟有中国古代家马和欧洲家马上臼齿没有显著差异这一检验结果。出现下臼齿差异的原因可能与样本数量、马匹品种、年龄、性别、生活环境等有关，而且在时间上，中国古代家马基本均为生活在公元前的马匹，而欧洲家马数据来源年代较晚，在漫长的历史过程中，马匹的选育、杂交都有可能影响到臼齿的形态，对此还需进一步研究。

以上就是目前对马家塬遗址已出土的动物骨骼进行整理后所得的初步认识，希望随着今后发掘工作的推进，能够结合已得出的结论对新出土的材料继续进行整理分析，以便充实本地区的动物考古学研究工作。

附记：本文作者在甘肃省文物考古研究所进行出土动物骨骼的整理工作时，得到了甘肃省文物考古研究所诸位同仁的大力支持和帮助，其中需要特别感谢的是，所长王辉慷慨地提供第一手材料以供整理研究，办公室潘玉灵、段剑蓉两位在具体事务上的帮助，以及业务办公室蒋超年在整理过程中的全程协助。

"失蜡失织法"商榷

周卫荣 黄 维

（中国钱币博物馆）

失蜡失织法（Lost Wax and Lost Textile），主要是由美国艺术史家艾玛·邦克（Emma C. Bunker）及宾夕法尼亚大学博物馆的约瑟夫·特恩巴赫（Joseph Ternbach）等人在 20 世纪七八十年代提出的[①]，用来解释俄罗斯艾尔米塔什博物馆等收藏的一类动物形金牌饰的铸造工艺，这种金牌饰有的背面有凸起的织物印痕，年代约在公元前 3 世纪[②]。后来，艾玛·邦克研究了我国内蒙古准格尔旗西沟畔战国墓、河北易县辛庄头战国墓等出土的北方系动物牌饰，认为两者相同，于是，她提出中国古代有失蜡失织铸造工艺。由于动物纹牌饰在内蒙古、河北、辽宁以及陕西、宁夏、甘肃等地都有出土，艾玛·邦克结合她在中国的考察，进一步指出，"失蜡失织法"最先是在燕国发明或使用，从战国到西汉是一种被广泛运用的技术，活动在中国北方边陲的游牧民族曾大量采用这种工艺制造出了许多金牌、银牌、铜牌和鎏金铜牌饰[③]。艾玛·邦克的这一观点受到了学术界的关注，并在一部分中国学者中得到了认可，有的研究者已借以论说中国古代的失蜡铸造历史[④]；有的考古学家虽然持不同意见，但并没有对艾玛·邦克的工艺分析和研究结论本身加以指正[⑤]。我们根据多年来对各地青铜器尤其是北方系青铜器的研究结果和冶铸技术史的感悟，认为所谓"失蜡失织法"在北方系青铜器和金属牌

---

① Bunker, Emma C. and Joseph Ternbach. A Variation of the "Lost-Wax" Process. *Expedition*, 1970, 12 (3): 41 –43.

② Emma C. Bunker, Lost Wax and Lost Textile: An Unusual Ancient Techniques for Casting Gold Belt Plaques, *The Beginning of the Use of Metals and Alloys*, MIT Press, 1988, pp. 222 –227; Artifacts: Regional Styles and Production Methods, *Nomadic Art of the Eastern Eurasion Steppes*, The Metropolitan Museum of Art & Yale University Press, 2002, pp. 15 – 37.

③ 艾玛·邦克：《"失织 – 失蜡法"：古代渤海地区的一种铸造工艺》，《环渤海考古国际学术讨论会论文集》，知识出版社，1996 年。

④ 谭德睿：《中国古代失蜡铸造起源问题的思考》，《文物保护与考古科学》1994 年第 2 期。

⑤ 罗丰：《中原制造——关于北方动物纹金属牌饰》，《文物》2010 年第 3 期。

饰铸造中是不存在的，而"失蜡失织法"的提出，不仅涉及对这类金属牌饰制造工艺的解读，更关乎对整个中国冶铸史的理解，为此，特撰此文商榷。

1. 北方系饰件失蜡失织工艺解释不能成立

艾玛·邦克等人提出"失蜡失织法"，起初是试图给俄罗斯艾尔米塔什博物馆收藏的部分动物形金牌饰的铸造工艺提出一个合理的解释，据说这些金牌饰来自匈奴人，因此，极具研究价值。由于这类牌饰中有的背面有明显的织物样凸起的印纹，所以她提出了"失蜡失织"工艺。大致工艺过程如下：

> 先做好一块有动物纹样的模具（阴模），然后，翻制蜡模。由于黄金价贵且分量重，所以，蜡模一般做得较轻薄，再加上牌饰有的地方是镂空的，因此，脱模时非常易损。为了保证蜡模脱模时有足够的强度，人们便在蜡模表面覆盖上一层粗纺织品，这层纺织品在蜡模脱离模具时起支撑（加强筋）作用。取出蜡模和纺织品后，将其裹上黏土（做外壳）加以烘烤焙烧，纺织品和蜡一起被烧毁，形成空腔，少量的织物灰烬由铸型的注入口吹出。最后，再向铸型注入熔化的金属液。这样形成的铸件背面显示出织物的印纹，即是支撑蜡模的纺织品的翻版。①

仔细推敲艾玛·邦克的工艺分析过程，我们发现里面存在一个严重的误解：

上文叙述的失蜡失织法工艺过程实际上是西方学者所说的古代间接失蜡铸造，也就是用事先做好的模具（原始模）翻制阴模②，然后再灌制蜡模，而不是直接用蜡料捏制蜡模，这样能提高生产效率，尤其是对制造量较大的小型物件。这种工艺在亨特（L. B. Hunt）的《悠长的失蜡铸造史》一文中有较具体的描述③。

这种间接失蜡工艺如果说要用织物作衬以提高蜡模强度的话，它应当是用在蜡模的正面。像上述动物样饰件，动物造型都在正面，背面无内容、基本上就是一个平面而已，如图一，内蒙古准格尔旗西沟畔战国墓群2号墓出土的金牌饰正背面。事实上确实如此，这类牌饰需要从原模上剥离的正是造型面（即正面），如需加衬布应该在蜡模的正面，而不是背面。用间接失蜡法制作一个背面无内容的平背牌饰蜡模很简单，过程应该是这样的：备好预制的阴模，向阴模中灌注蜡水至既定高度即可。有的根据器物形状的需要，在注蜡水的同时还可通过晃摇来控制厚度，根本无须也不可能在蜡

---

① Emma C. Bunker, Lost Wax and Lost Textile: An Unusual Ancient Techniques for Casting Gold Belt Plaques, *The Beginning of the Use of Metals and Alloys*, MIT Press, 1988, pp. 222 – 227. 又见艾玛·邦克：《"失织 - 失蜡法"：古代渤海地区的一种铸造工艺》，《环渤海考古国际学术讨论会论文集》，知识出版社，1996年。

② 阴模也可直接刻制。

③ L. B. Hunt, The Long History of Lost Wax Casting, *Gold Bulletin*, Vol. 13, No. 2 (1980 Apr.).

图一　西沟畔战国 2 号墓金牌饰

左：正面　右：背面

模的背面放置织物①。可现在看到的，有织物印纹的恰恰相反，都在饰件的背面，这说明这种解释是完全不能成立的。

其实，蜡模并不难从阴模上剥离，也不容易碎。蜡模的主要缺陷或弱点在于表面会产生不光洁、不平整的状态。

古代失蜡铸造大都以蜂蜡为原料，在古埃及的一些器物（公元前 1186 ~ 前 1069年）的表层中已发现有蜂蜡②。蜂蜡在受热时易软化成型，但冷却后，有较好的强度且不易渗透。纽约市博物馆的 Joseph Veach Noble 曾报道过从开罗流散至纽约的古代蜡模头像和王冠，年代约为公元前 600 年，高 7.25 英寸，经检测分析为纯蜂蜡制成③。这两件蜡模即是从模具（阴模）上压蜡层（或灌蜡），局部细节再用手工捏制而成，至今仍然坚固，保存完好④（图三）。从蜡模背面边缘的分型面来看，有高低不一、凹凸不平的现象，这正是使用蜡模造型的特点，灌蜡或压蜡后，根据需要，可以用手工随时进行校正。这种造型的随意性，是其与范铸工艺的根本区别所在⑤。由于蜂蜡的特性，这种不平整的蜡模造型面，并不难从原模上剥离，也不易损坏，5 年前，我们参观

---

① 现在青铜器复制其实采用的都系间接失蜡法，只不过模具多已改用软模（即硅橡胶），较少采用硬质模具；若用硬膜具，常刷一层分模剂，据说291炭粉加酒精。

② Vincent Daniel. Analyses of Copper and Beeswax Containing Green Paint on Egyptian Antiquities. *Studies in Conservation* 52，2007，pp，13 – 18.

③ Joseph Veach Noble，The Wax of the Lost Wax Process. *American Journal of Archaeology*. Vol. 79，No. 4，1975，pp，368 – 369.

④ "Both are shells in high relief, and apparently had been roughly formed by pressing a sheet of warm wax over a head form." Joseph Veach Noble. The wax of the Lost Wax Process. *American Journal of Archaeology*. Vol. 79，No. 4，1975，368.

⑤ 周卫荣：《失蜡工艺的起源与失蜡铸造的工艺特征》，《南方文物》2009 年第 4 期。

图二　蜂蜡蜡模

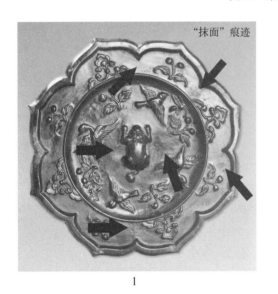

"抹面"痕迹

1　　　　　　2

图三　唐代铜镜"抹面"痕迹
1. 花雀菱花镜　2. 双鸾菱花镜

北京郊区的工艺品铸造厂时就亲手操作过。

　　上述艾玛·邦克描述的动物纹牌饰，就实物特征来看（见图一），背面的布纹正好说明，它应该是从陶模上翻制的，是典型的陶范法工艺。做过范铸工艺模拟实验研究的人都会有这样的体验，越是平面素模，翻范时就越不好脱模，因为吸力大，而带纹饰的面反而较容易脱模，且纹饰越饱满越好脱模。古代铜镜中，为什么纹饰较简单的唐代铜镜上经常见到"抹面"的痕迹，而同时期纹饰饱满的海兽葡萄镜等却无此类现象，就是因为翻范脱模时空白处易造成黏结损坏，脱模后不得不进行修范处理造成的（图三、四）。这种现象在秦汉筒瓦上也经常能看到。秦汉时期的泥质筒瓦中，无纹饰的里侧经常见到布纹，就是在模制过程中为便于脱模而填以织物留下的，否则，若是作为纹饰就不应该做在里侧，而应做在外侧（图五）。再譬如战国时期楚国的金版货币，公认的范铸之物，年代和材质都与艾玛·邦克所说的动物纹金牌饰相当，背面也留有织物纹（如图六），就是因为其背面是光面，为便于脱模，在翻范时采取了衬垫措施。上述讨论的这类牌饰，正面是动物形纹饰，容易

图四　唐瑞兽葡萄镜

脱模，背面是素面，不好脱模，因此在用陶模翻范时衬以织物是合乎情理的；相反，如果是用间接失蜡法灌制蜡模的话，若予加衬，其必然是在有动物形的正面而非背面。至于人们看到的"凸纹"（positive），一点也不为奇，织物从泥范上移走，留在范上的是阴纹，浇注金属液还原后当然便是阳纹了。因此，我们认为，"失蜡失织法"在北方系动物纹牌饰的铸造中是不存在的。

布纹

1

织物印痕

2

图五　筒瓦上布纹及织物印痕（秦汉）
1. 筒瓦内面　2. 筒瓦头部内面

2. 中国北方系牌饰由范铸工艺铸造

（1）古代金属牌饰，无论采用哪种工艺制造，器物上都会留下相应工艺的痕迹。若采用范铸工艺铸造，器物上就会留下范铸的痕迹。根据我们多年来的研究和观

图六　楚国货币"郢称"金版
左：正面　右：背面

察，几乎所有的北方系金属牌饰和其他青铜器都有明显的范铸工艺痕迹。

首先是范线。内蒙古出土的北方系青铜器，绝大多数都能清晰地看到范铸工艺铸造的披缝或范线。

如图七鄂尔多斯博物馆藏双马纹牌饰、图八内蒙古文物考古研究所藏鹿形牌饰、图九内蒙古文物考古研究所藏双联兽头纹牌饰、图一〇鄂尔多斯博物馆藏双耳联珠饰，器物周身都有非常明显的范缝存在。

其次是芯痕。芯痕也是范铸工艺的重要标志。这在北方系饰件上也是随处可见的。

上述图七～九器物的透孔部位无不显示铸造时用了泥芯。再如图一一内蒙古文物考古研究所藏的竹节形饰，镂空处皆是用泥芯铸造的特征。

其三是分型面。北方系青铜器，无论是牌饰还是其他器物，都有显然一致的分型面，或者说基准面，也即是说，不存在不好分型脱模的技术障碍。就具体器物来看，

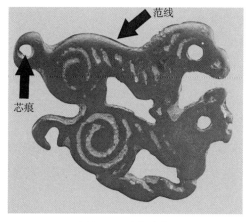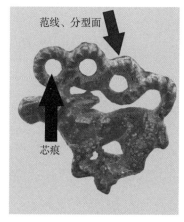

图七　双马纹牌饰
（鄂尔多斯博物馆藏）

图八　鹿形牌饰
（内蒙古文物考古研究所藏）

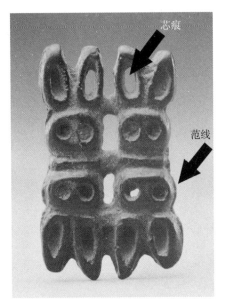

图九　双联兽头纹牌饰
（内蒙古文物考古研究所藏）

图一〇　双耳联珠饰
（鄂尔多斯博物馆藏）

图一一　竹节形饰
（内蒙古文物考古研究所藏）

图一二　蹲踞鹿
（鄂尔多斯博物馆藏）

北方系青铜器基本上都属于中间对开式分型，相对比较简单。如图八鹿形牌饰，中间
分型的特征很清楚；再如图一二鄂尔多斯博物馆藏的青铜蹲踞鹿，显然也是中间分
型的。

（2）考古出土证实，北方系动物纹牌饰应系范铸工艺铸造。

1999 年 12 月，陕西省考古研究所在西安北郊发掘了一座战国铸铜工匠墓，墓中出土了 25 件铸造动物饰牌及其他器物的陶模。据发掘简报介绍，计有人物纹牌饰模 1 件、动物纹牌饰模 4 件、泡饰模 10 件、器件模 10 件，均为泥质红陶或灰陶①。

图一三人物纹牌饰模，图案雕刻而成，底板呈不太规整的菱形，边长 6~7 厘米，上面四个凸出的支钉，即是为便于翻范操作而设计的。

图一四马纹牌饰模，长方形（底板长 9.4、宽 7、厚 2~2.5 厘米），上、下、左边中部皆有一长方形小凹槽，也是为便于翻范而设计。

图一五双羊纹牌饰模，底板也设计有便于翻范操作的小凹槽。

图一六双马纹牌饰模，底板上不仅留有小凹槽，还设计了"人"字形浇铸口。所有这些特征都与中原其他地区业已发掘的范铸遗址（如山西侯马、河南新郑等）出土

图一三　人物纹牌饰模
（西安北郊战国铸铜工匠墓出土）

图一四　马纹牌饰模
（西安北郊战国铸铜工匠墓出土）

图一五　双羊纹牌饰模
（西安北郊战国铸铜工匠墓出土）

图一六　双马纹牌饰模
（西安北郊战国铸铜工匠墓出土）

---

① 陕西省考古研究所：《西安北郊战国铸铜工匠墓发掘简报》，《文物》2003 年第 9 期。

的陶模相一致①。

另外，美国大都会博物馆也收藏有一件这类动物纹陶模，据说是罗杰斯·范特（Rogers Fund）1918 年捐赠②（图一七）。

这些陶模的出土，充分证实北方系金属牌饰当是无可争议的由范铸工艺铸造，而非失蜡铸造。至于有的研究者把这些出土陶模解释为用于间接失蜡铸造的模具③，这与其对中国古代的范铸工艺和间接失蜡铸造本身了解不深入有关。从山西侯马铸铜遗址出土陶范陶模、《侯马陶范艺术》一书④，我们都深刻地感受到，中国古代的范铸技术体系到春秋晚和战国初已经达到一个极其完美的境地，在这个体系内，人们借助泥料铸造出如侯马当卢陶模（图一八）、上海博物馆馆藏战国透孔龙纹铜镜⑤（图一九），那种复杂透孔叠合交互纹饰的器物，那么，对于上述讨论的这一类动物样纹饰牌又有何难哉？

图一七　骆驼纹牌饰陶模
（大都会博物馆藏）

图一八　当卢模
（侯马铸铜遗址出十）

---

① 河南省文物考古研究所：《新郑郑国祭祀遗址》第 6、7 章，大象出版社，2006 年；山西省考古研究所：《侯马铸铜遗址》第 78～199 页，文物出版社，1993 年；山西省考古研究所：《侯马陶范艺术》，普林斯顿大学出版社，1996 年。

② Emma C. Bunker, *Nomadic Art of the Eastern Eurasion Steppes*, The Metropolitan Museum of Art & Yale University Press, 2002, p. 138.

③ Katheryn M. Linduff, Production of Signature Artifacts for the Nomad Market in the State of Qin During the Late Warring States Period (4th – 3rd century BC), *Metallurgy and Civilization：Eurasia and Beyond：Proceedings of the 6th International Conference on the Beginnings of the Use of Metals and Alloys* (*BUMA VI*), 2009, London, pp 93 – 94.

④ 山西省考古研究所：《侯马陶范艺术》，普林斯顿大学出版社，1996 年。

⑤ 这种透孔叠合交互纹饰的铜镜，过去曾被认作典型的失蜡铸造铜镜，现在上海博物馆已正式澄清，其仍系范铸工艺铸造。参见《练形神冶 银质良工——上海博物馆藏铜镜精品》第 50 页，上海书画出版社，2005 年。

图一九　战国透孔龙纹铜镜
（上海博物馆藏）

图二〇　斯基泰金牌饰
（艾尔米塔什博物馆藏）

3. 另类风格动物纹牌饰

这里所说的另类风格动物纹饰牌，是指俄罗斯圣彼得堡艾尔米塔什博物馆等收藏的斯基泰风格的动物纹牌饰。图二〇即为艾尔米塔什博物馆收藏的另类风格动物纹金牌饰，描述的是虎在树下咬食骆驼的景象，年代在公元前 6 世纪[1]。这一牌饰在艾玛·邦克编著的《东方欧亚草原游牧文化艺术》一书中也有专门介绍，不过她把时间定在公元前 3 ~ 前 2 世纪[2]。这类牌饰与上文所述我国北方系牌饰虽然都以动物形态作装饰，但仔细比较两者的铸造状态，不难看出有如下几个方面的显著差别。

（1）斯基泰式牌饰周身看不到范线和同一基准的分型面；

（2）斯基泰式牌饰所有孔洞处看不到铸造泥芯的痕迹；

（3）斯基泰式牌饰显示明显的软模特征：无清晰轮廓，边棱模糊不清，地张不平坦，纹饰线条不明朗（无几何形纹）。

所有这些特征表明，图二〇所示的斯基泰式金牌饰是采用典型的失蜡工艺铸造。通体贯通又粗糙不清的状态显示，其应系手工捏塑蜡模铸造，即直接失蜡法，而非上文所及的用模具灌蜡的间接失蜡铸造，后人也称之为拨蜡法工艺。这种工艺在蜡模制作过程中，蜡模背面也有可能留下织物印纹；但是阴纹还是阳纹要看工匠的操作方式和操作台的衬垫物而定。

---

[1]　Joan Aruz, Ann Farkas, Andrei Alekseev, Elena Korolkova: The Golden Deer of Eurasia: Scythian and Sarmatian Treasures from the Russian Steppes; *The State Hermitage*, *Saint Petersburg*, *and the Archaeological Museum*, Ufa, p. 290, Yale University Press, 2000.

[2]　Emma C. Bunker, *Nomadic Art of the Eastern Eurasion Steppes*, The Metropolitan Museum of Art & Yale University Press, 2002, pp. 32 – 33.

4. 结论

综上所述，根据失蜡铸造和陶范铸造工艺逻辑的科学分析及北方系动物纹牌饰铸造工艺特征，结合相关考古出土资料，尤其是西安北郊铸铜工匠墓出土的陶模，我们认为，所谓的"失蜡失织法"在我国北方地区并不存在，我国广大地区出土的北方系金属牌饰应是范铸工艺铸造。俄罗斯圣彼得堡艾尔米塔什博物馆等收藏的斯基泰风格的动物纹牌饰是典型的失蜡工艺铸造，但非间接失蜡法，也不是失蜡失织法。

古代玻璃和玉石之路

——兼论先秦时期的硅酸盐质文物的中、外文化和技术交流

干福熹

（中国科学院上海光学精密机械研究所　复旦大学信息科学和工程学院）

1. 引言

硅酸盐文物是指古代硅酸盐质的人工和天然材料的文物，包括陶器、瓷器、玻璃器、玉器和颜料。硅酸盐质文物由于有较强的抗腐蚀能力，因此能长期保存。硅酸盐质文物出现于新石器时代，在世界各文明中心都有制作。西汉时期张骞通西域是一伟大的壮举，它推动了当时四大帝国，即西边的罗马帝国、东面的西汉帝国、南亚的贵霜帝国和中亚的波斯帝国之间文化和技术交流。已有些文章描述了古代丝绸之路的活动[1]。在中国有些神话和原始记载中提到早于丝绸之路即在先秦和更早的时期，在欧 – 亚草原上[2]已存在中国与外界之间的交流和往来，当时缺乏文字记载，以后的考古发掘，出土实物的科学研究是先秦和史前的古代民族间来往的最重要的证据。

在以往的文章中，我们较详细地讨论了丝绸之路上的古代玻璃[3]。在这篇文章中我们着重地介绍了先秦和史前（公元 200 年以前）硅酸盐文物，特别是古代玻璃器和玉器，它们的起源和发掘以及中国和外界的文化和技术交流。

2. 中国古代釉砂（Faience）的起源

釉砂从西方古代开始称费昂斯（Faience），是烧结的石英砂，含有少量的玻璃相，由于炉温不能高，形成不了全是玻璃相，是制造玻璃的前期产品。在西亚和埃及釉砂出现在新石器时代的中期[4]（公元前 3500 ～ 前 3000 年）。中国釉砂出现于黄河中、上

---

① （古希腊）希罗多德著，王以铸译：《历史（上册）》第四卷（5 ~ 6），商务印书馆，1959 年；W. W. McGovern. *The Early Empires of Central Asia.* 1939. 麦高文著，章撰译：《中亚古国史》，中华书局，2004 年。

② 布尔努瓦著，耿昇译：《丝绸之路》，山东画报出版社，2005 年。

③ 张志尧主编：《草原丝绸之路与中亚文明》，新疆美术出版社，1994 年。

④ 王治来：《中亚通史》，《古代卷（上）》，新疆人民出版社，2004 年

游的甘肃、内蒙古、陕西、山西、河南等地，时代属西周中、晚期（公元前 1000～前 800 年）。由于它是不透明的陶瓷物，中国文物和考古界常把表面有玻璃光泽不透明的管和珠称为料管和料珠。中国釉砂的出现比古代西亚约晚 2000 年。

　　中国釉砂和西方的费昂斯都以石英砂为主要原料（$SiO_2 > 90\%$）。使用的熔剂在埃及以泡碱（Na_2CO_3）为主，而中国的釉砂熔剂大部分为草木灰，其中 K_2O 含量比 Na_2O 高[①]。但最近的测量表明，中国釉砂中 Na_2O 含量高于 K_2O 的也不在少数[②]。表一列举了河南淅川平顶山墓地不同文化层次出土的料管和料珠的化学成分。说明西周早期的釉砂有可能从西方传入，大部分在中国内地制作。西周晚期出现玻璃态含量更高于玻砂（Frit），西周中期釉砂的传入可称谓古代中国与西方的文化和技术交流的重要证明，西周中、晚期我国的釉砂是自我仿制。

表一　平顶山应国墓地出土西周早期料珠的 PIXE 分析结果

样品编号	器名	时代	出土遗址	Na₂O	MgO	Al₂O₃	SiO₂	P₂O₅	SO₃	Cl	K₂O	CaO
HNZZ – 29	白料珠	西周早期	平顶山应国墓	0.42	31.80	0.55	63.30	1.75	0.13	0.03	0.45	1.12
HNZZ – 34	黑料珠	西周早期	平顶山应国墓	2.38	27.40	3.77	61.70	0.00	1.92	0.31	0.65	0.86
HNWKⅡ – 64	蓝料珠	西周中期	平顶山应国墓	1.50	0.84	5.71	86.30	0.00	0.54	0.00	0.91	0.35
HNWKⅡ – 70	蓝料珠	西周中期	平顶山应国墓	0.00	0.24	2.08	85.26	0.84	0.55	0.00	0.35	0.62
HNZZ – 17	蓝料管	西周晚期	平顶山应国墓	0.00	0.40	1.71	92.50	1.91	0.28	0.41	0.25	0.65
HNZZ – 18	蓝料管	西周晚期	平顶山应国墓	0.00	0.34	1.94	89.20	3.11	0.51	0.28	0.25	2.23
HNWKⅡ – 75 – 1	蓝料管	春秋早期	平顶山应国墓	0.00	0.11	1.10	94.99	0.41	0.00	0.00	0.18	0.20
HNWKⅡ – 78a	蓝料珠	春秋早期	平顶山应国墓	0.00	0.27	1.79	95.37	0.31	0.00	0.00	0.34	0.10

---

① 伏修峰、干福熹：《中国釉砂和玻砂》，《硅酸盐学报》2006 年第 34 卷第 4 期。
② 干福熹、胡永庆、董俊卿等：《河南平顶山应国墓地出土料珠河料管的分析》，《硅酸盐学报》2009 年第 37 卷第 6 期；Zhang Zhiguo and Ma Qinglin, Faience Beads of Western Zhou Dynasty Excavated in Gansu Province, China: a Technical Study. In Gan Fuxi etc. eds. *Ancient Glass Research along the Silk Road*, Singaore: World Scientific, 2009, 275 – 299。

3. 先秦时期古代玻璃和技术从西方传入中国

在西亚与埃及，玻璃的制造始于公元前 2000 年，与中国青铜同时。在中国境内出土最早的玻璃品在新疆拜城和塔城。黄河和长江流域最早的玻璃物品皆属东周时期，一部分是从西方传入。

新疆拜城克孜尔墓地出土了一批玻璃珠，这种单色玻璃珠为西周至春秋时期（公元前 1000～前 800 年）。玻璃的主要化学成分与西亚美索不达米亚的十分相似（表二），即钠钙硅酸盐玻璃（$Na_2O - CaO - SiO_2$）。但是，含有特征的成分，如含氧化铅（PbO）和氧化锑（Sb_2O_3），而且含量较高，这是古代西方玻璃的化学成分中所没有的，是与当地的矿产原料有关。出土玻璃古墓的数量占克孜尔墓群的四分之一，而且非贵族墓，属一般的墓地，这说明玻璃在当时较普遍使用。用当地的原料，在当地制作，玻璃制造技术可能从外传入，时间早于公元前 800 年，详细的情况见文献[1]。

表二　ICP－AES 和 PIXE 测定新疆出土早期玻璃珠的化学成分（wt. %）

样品	SiO_2	Na_2O	CaO	MgO	K_2O	Al_2O_3	PbO	BaO	CuO	Fe_2O_3	TiO_2	ZnO	MnO	B_2O_3	Sb_2O_5	Pb_2O_5	合计
XJ–1A	63.10	18.27	5.88	5.20	2.57	1.12	0.09	0.02	0.79	0.57	0.07	0.05	0.04	0.10		1.02	98.89
XJ–2A	65.38	11.54	8.88	5.02	1.59	1.99	1.93	0.01	0.01	1.03	0.02	0.02	0.04	0.06	0.72	0.09	98.33
XJ–2B	64.31	12.05	4.80	2.67	2.42	1.36	9.01	0.008	0.001	1.10	0.07	0.02	0.02	0.22	1.60	0.34	100.00
XJ–3A	65.19	15.27	6.65	3.66	2.93	1.44			0.76	0.86	0.13	0.06	0.10			2.54	99.66
XJ–4A	66.11	14.29	6.61	4.58	2.19	1.89	0.62	0.01	0.90	1.07	0.17	0.05	0.03	0.03	1.44		99.99
XJ–30	75.44	9.08	7.74	3.35	1.51	1.43	0.02	0.005	0.56	0.34	0.11	0.11	0.02	0.24	0.03		99.99
XJ–40	68.88	15.93	3.11	4.03	2.20	0.87	0.02	0.005	1.10	0.56	0.04	0.05	0.08	0.10	0.01		98.89

河南淅川徐家岭墓地和湖北随县擂鼓墩墓地出土的一批镶嵌玻璃珠（俗称蜻蜓眼），时代为战国早期（公元前 500 年）[2]。这些样品的纹饰和外形与古埃及（公元前 1300 年）的镶嵌玻璃珠相似，均为天蓝色基体，深蓝色的眼珠，并有赭石色圆圈（图一至三）。

最近用质子激发 X 荧光技术（PIXE）无损分析了这批蜻蜓眼玻璃珠的基体、眼珠

---

[1] 干福熹、李青会、顾冬红等：《新疆拜城和塔城出土的早期玻璃珠的研究》，《硅酸盐学报》2003 年第 31 卷第 7 期。

[2] 河南省文物考古研究所、南阳市文物考古研究所、淅川县博物馆：《淅川和尚岭与徐家岭楚墓》，郑州大学出版社，2004 年；张昌平：《关于擂鼓墩墓群》，《江汉考古》2007 年第 1 期。

图一　河南淅川徐家岭蜻蜓眼玻璃
样品 HNZZ01

图二　湖北随县擂鼓墩墓地蜻蜓眼玻璃
样品 HBWKI－18

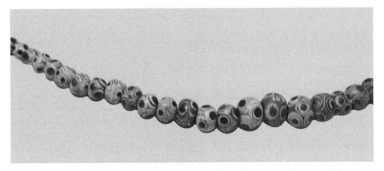

图三　古埃及新王朝镶嵌玻璃珠（公元前 1567～前 1055 年）

和眼圈的化学成分。这批玻璃的化学成分是比较一致的。表三列举了两地出土的蜻蜓眼玻璃珠的不同部位的化学成分[1]。

　　对比以上实验结果可以看出，战国早期河南淅川徐家岭墓和湖北随县擂鼓墩墓出土的蜻蜓眼玻璃珠的主要化学成分与埃及玻璃珠相似。

　　特别应该指出的是河南徐家岭出土的玻璃眼珠的基体玻璃的杂质含量较少，在制备过程中使用了较纯的原料，Fe_2O_3 的含量小于 1%，CuO 的含量高于 Fe_2O_3，在 1.5% 左右，基体玻璃呈淡蓝色是由于 Cu^{2+} 所产生的。基体玻璃中不含 CoO，而在深蓝色的眼珠中含 0.1%～0.3% CoO，Co^{2+} 是作用很强的蓝色着色剂，这明显是人为设计而添加的。这是在中国出土的古玻璃和古瓷釉中发现最早的钴蓝（即用 CoO 作蓝色着色剂）。中国古代玻璃中使用 CoO 做着色剂（含量 ≥0.1%），大致从东汉开始[2]，而西方

---

① 干福熹、承焕生、胡永庆等：《河南淅川徐家岭出土中国最早蜻蜓眼玻璃珠的研究》，《中国科学 E 辑：技术科学》2009 年第 39 卷第 4 期；干福熹、赵虹霞、李青会等：《湖北省出土战国玻璃制品的科学技术分析与研究》，《江汉考古》2010 年第 2 期。

② 干福熹：《中国古代玻璃的化学成分演变及制造技术的起源》，《中国古代玻璃技术的发展》，上海科学技术出版社，2005 年。

表三　河南淅川徐家岭和湖北随县擂鼓墩蜻蜓眼玻璃样品不同部位的化学成分百分含量（wt%）

编号	产地	样品部位及颜色	Na₂O	MgO	Al₂O₃	SiO₂	SO₃	Cl	K₂O	CaO	MnO	Fe₂O₃	CoO	NiO	CuO
HNZZ01	河南淅川徐家岭	基体：蓝色	9.53	0.19	3.4	72.8	0.45	0.61	2.15	8.54	0.03	0.58	0.03	0.00	1.21
		眼珠：蓝色	9.91	0.97	3.5	70.5	0.56	0.68	1.17	8.62	0.04	2.86	0.25	0.00	0.48
		眼圈：红+白	7.37	1.17	3.8	75.0	0.67	0.83	1.01	8.73	0.04	0.76	0.04	0.00	0.13
lgd1	湖北随县擂鼓墩	蓝色基体	4.29	0.33	2.14	75.06	1.04		0.97	11.34		0.81			0.90
		棕色眼部	4.62	0.32	2.18	73.69	0.91		0.92	11.49		1.00			0.45

古代两河流域（美索不达米亚）和古埃及使用钴蓝约在公元前 1000 年[1]。所以从以上玻璃的主要化学成分和着色剂的使用来看，这批蜻蜓眼玻璃珠是最早从西方传入中原的。

上述先秦时期以 Na_2O – CaO – SiO_2 系统为主的古玻璃和釉砂，是从西向东和自北至南的方向传播的。各种迹象表明，在汉通西域前，也就是丝绸之路正式开通前，中西之间事实上已经存在一条相互交往的通道，我不妨称其为玻璃之路，它以早期北方（草原）丝绸之路为主要渠道。

4. 中国古代玻璃的起源和向周围国家的扩散

研究表明，西方古代玻璃与中国内地自己发展的古代玻璃的玻璃化学成分十分不同。从古埃及、罗马、波斯到伊斯兰玻璃都是钠钙硅酸盐系统，而中国内地古代玻璃的化学成分中以 K_2O、PbO、BaO 为主，所以比较容易区别[2]。中国内地最早的自己制造的有特色的玻璃起始于战国早、中期，玻璃主要成分为 K_2O – CaO – SiO_2 系统。从战国中、晚期一直到汉朝，以 PbO – BaO – SiO_2 玻璃系统为主，大部分制作于长江流域，如湖北、湖南、安徽、江西等地[3]。

在秦—汉之际（公元前 200 ~ 公元 200 年）中国钾钙硅酸盐玻璃、铅钡硅酸盐和高铅硅酸盐玻璃也流传于四周邻国，如日本、朝鲜半岛和东南亚诸国（表四、五）。从表

[1]　Robert H. Brill，1999，*Chemical Analyses of Early Glasses*，Vol. 2. The Corning Museum of Glass，Corning，New York，30.

[2]　干福熹：《中国古代玻璃的化学成分演变及制造技术的起源》，《中国古代玻璃技术的发展》，上海科学技术出版社，2005 年。

[3]　干福熹、承焕生、李青会：《中国古代玻璃的起源——中国最早的古代玻璃研究》，《中国科学 E 辑：技术科学》2007 年第 37 卷第 3 期。

四、五可见，中国古代玻璃出现于日本、朝鲜半岛和东南亚诸国大都在汉、唐时期，这是汉武帝扩疆的结果[①]。向西方，中国铅钡硅酸盐玻璃传至新疆西部和田，中国高铅硅酸盐玻璃发现于中亚。古代玻璃制造技术是相互交流和扩散的。图四表示古代玻璃成分的变化和相互交流的关系。

表四　日本、朝鲜、越南和中国出土的古代铅钡硅酸盐玻璃化学成分

出土地点	时代	玻璃	化学成分（wt%）									
			SiO$_2$	Al$_2$O$_3$	K$_2$O	Na$_2$O	CaO	MgO	Fe$_2$O$_3$	PbO	BaO	CuO
中国长沙	公元前400～前200年	云纹玻璃璧[②]	36.57	0.46	0.1	3.72	2.1	0.21	0.15	44.71	10.1	0.02
朝鲜半岛	公元前100～公元300	绿色玻璃珠[③]	39	0.43	0.06	3.35	3.69	0.4	0.16	37.5	14.12	0.84
日本须玖冈本	公元前100～公元100	管状玻璃珠[④]	38	0.35	0.19	3.90	1.1	0.51	0.29	36.5	14	8.78
日本吉野里	公元前100～公元100	玻璃管饰[⑤]	41.2	0.46	0.25	6.82	0.42	0.27	0.06	35.72	11.43	
越南沙萤	公元100	玻璃珠[⑥]	Si 13.7	Mn 7.12	Ni 16.37	Cr 4.86	Ca 8.67		Fe 12.67	Pb 11.41	Ba 21.48	Cu 6.9

---

① 干福熹：《中国古代玻璃和古代丝绸之路》，《丝绸之路上的古代玻璃研究》，复旦大学出版社，2007 年。

② 史美光、何欧里、吴宗道等：《一批中国古代铅玻璃的研究》，《中国古玻璃研究——1984 年北京国际玻璃讨论会论文集》，中国建筑工业出版社，1986 年。

③ Brill R. H., 1999. *Chemical Analysis of Early Glasses.* New York：the Corning Museum of Glass, Vol. 1. the Catalogue；Vol. 2 the Tables.

④ 山崎一雄：《中国古代玻璃与日本弥生时代古墓中出土的玻璃之间的关系》，《中国古玻璃研究——1984 年北京国际玻璃讨论会论文集》，中国建筑工业出版社，1986 年。

⑤ 安家瑶：《中国古代玻璃与日本吉野里的玻璃管饰》，《中国考古学论丛》，科学出版社，1993 年。

⑥ Nguyen Truong Ky（阮长奇）. DO THUR TINH CO O VIET NAM（越南古代玻璃）.

表五　日本、朝鲜、越南、印度和中国出土的古代钾钙硅酸盐玻璃化学成分

出土 地点	时代	玻璃	化学成分（wt%）								
			SiO_2	Al_2O_3	Fe_2O_3	CaO	MgO	K_2O	Na_2O	CuO	PbO
中国广西	公元前200～公元10	玻璃珠①	81.2	2.69	0.65	1.0	0.49	12.16	0.79	0.36	0.3
朝鲜 重阳洞	公元100	蓝色透明珠②	73.47	3.48	2.38	1.42	0.42	14.9	0.89	0.62	0.01 BaO 0.3
朝鲜釜山	公元300	蓝色玻璃珠③	77.32	1.36	1.89	1.16	0.32	17.6	0.36	0.04	BaO 0.27
日本	公元前100～公元200	玻璃珠④	75.4	2.7	0.8	<1.5	<1.5	17.9	<1.5	MnO 1.0	—
日本岗山	公元300～400	蓝色透明珠⑤	76.94	4.40	0.83	0.38	0.17	14.7	0.62	1.4	0.05
越南沙萤	公元前100～公元200	玻璃珠⑥	主要	0.6～1.3	0.2～1.3	2.8～7	0.5～0.8	18～22	0.22	—	—
印度 Akikam- edu	公元100 或更后	玻璃珠为主⑦	76～78	2～4	—	1～4	<1	13～19	<1	—	—

5. 中国古代玉石的来源和中外交往的关系——玉石之路

在新石器时期我国古人已从石料中选择优良的材料制作礼器和装饰物，从而进入中国所独有的玉石文化时期。古人认为："玉，石之美，有五德"，"君子比德于玉"。至商周玉石文化已比较发达。中国玉器的发展与青铜器同步。陶器、青铜器和玉器是

---

① 史美光、何欧里、周福征：《一批中国汉墓出土钾玻璃研究》，《硅酸盐学报》1986年第14卷第3期。

② Nguyen Truong Ky（阮长奇）. DO THUR TINH CO O VIET NAM（越南古代玻璃）.

③ Nguyen Truong Ky（阮长奇）. DO THUR TINH CO O VIET NAM（越南古代玻璃）.

④ Koezuka T and Yamasaki K. Chemical Composition of Ancient Glasses Found in Japan—A Historical Survey. In：*Proc. 17th Intern Congr. Glass*，*Beijing*. Chinese Cer. Soc. 1995，Vol. 6：469～474.

⑤ Bair D L. *A History of Glass in Japan*. Kodanasha Intern. Ltd and Corning Museum of Glass，1973.

⑥ Nguyen Truong Ky（阮长奇）. DO THUR TINH CO O VIET NAM（越南古代玻璃）.

⑦ Nguyen Truong Ky（阮长奇）. DO THUR TINH CO O VIET NAM（越南古代玻璃）；Lal B B. Examination of Some Ancient Indian Glass Specimens. *Ancient India*，1952，（8）：17～27.

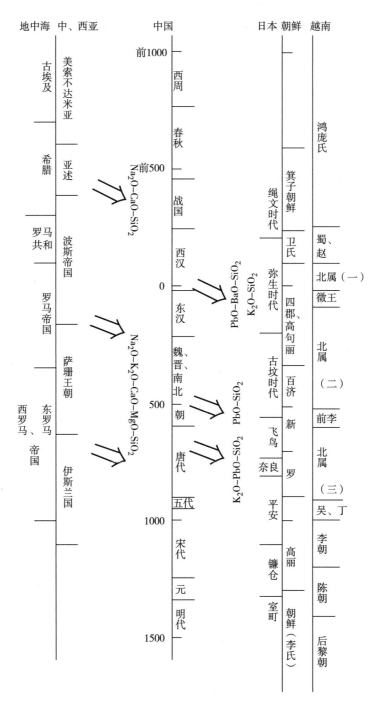

图四　中国古代玻璃技术的对外交流

中国古代最常见的遗物。对我国古代玉器的鉴赏和研究已十分丰富。但是，人们还是从玉器的形制、纹饰、铭文、功能以及历史和文化内涵方面注意较多，对玉石的质地、成分、结构和织构研究较少，所以较难说明玉石的来源和玉器的制作地。

　　我国从新石器时代开始，古人在寻找和加工石料过程中，发现有些石料质地细腻、坚韧、美丽且手感好，可以用作祭祀礼器和装饰品，玉石从而逐渐从石器中脱颖而出。识别和选择使用玉石是古人近万年的积累和传承。

　　到新石器时代晚期，我国形成了三个玉文化地区，即红山文化（辽河流域）、良渚文化（太湖流域）和龙山文化（海岱）。辽河流域早期如兴隆洼－查海文化以及太湖流域早期如河姆渡—马家浜文化，用玉是按照"就近取材"的原则，是石、玉混用，多种类的，如水晶、玉髓、玛瑙、大理石、白云母和长石等，已开始采用蛇纹石型（Serpentine，俗称岫玉）和透闪石型（Tremolite，俗称软玉）玉石作礼器，但比例还不大，而到红山文化和良渚文化时期，透闪石已占主要地位。安阳殷墟出土的大量精美玉器的玉材来源是大家关心的，因为它只可能来自一丰富的优质透闪石矿区。人们联想到可能来自新疆和田。近半个多世纪来，对这两处文化区域的透闪石型玉石的来源有不少推测和分析[1]，但仍无法明确判断，需要有更先进的测试方法和玉石数据的积累。

　　我国中原地区（黄河中下游）古代使用玉石情况就不同，从裴李岗文化、仰韶文化、大汶口文化一直到龙山文化至夏代，出土的玉器不多，使用的玉材除水晶、玛瑙、大理石、长石类外，即以绿松石为主。到殷商时期有一突变，透闪石型玉石占主要，图五为河南地区出土的从仰韶文化到夏、商、周三代玉器的玉材用料分类统计图[2]。随着社会的进步和文明的发展，古代部落民族间的交流加深，使用玉料"就近取材"的原则会逐渐淡化，有可能通过千万里传运玉料。所以，近年来，人们从更宽广的时间和空间（地域）范围来研究我国古人用玉（玉材）和制玉（工具、工艺），并采用无损分析方法和微量分析方法测试古代玉器和玉石，从而推进中国古代玉器和玉石的科技考古研究[3]。本文中我们讨论世界范围

①　干福熹：《中国古代玉器和玉石科技考古研究的几点看法》，《文物保护与考古科学》2008 年第 20（增刊）：周南泉：《中国古玉料定义和产地考》，《文博》No. 1，1988 年；闻广：《玉说》，《山西地质》1993 年第 8 卷第 3 期；相虎、刘国祥、邓聪：《玉器起源探索——兴隆洼文化玉器研究及图示》，香港中文大学出版社，2007 年；王时麒、赵朝洪、于洪等：《中国岫岩玉》，科学出版社，2007 年。

②　董俊卿、干福熹、承焕生等：《河南境内出土早期玉器初步研究》，《华夏考古》2011 年第 3 期。

③　干福熹：《中国古代玉器和玉石科技考古研究的几点看法》，《文物保护与考古科学》2008 年第 20（增刊）：周南泉：《中国古玉料定义和产地考》，《文博》No. 1，1988 年；闻广：《玉说》，《山西地质》1993 年第 8 卷第 3 期；相虎、刘国祥、邓聪：《玉器起源探索——兴隆洼文化玉器研究及图示》，香港中文大学出版社，2007 年；王时麒、赵朝洪、于洪等：《中国岫岩玉》，科学出版社，2007 年。

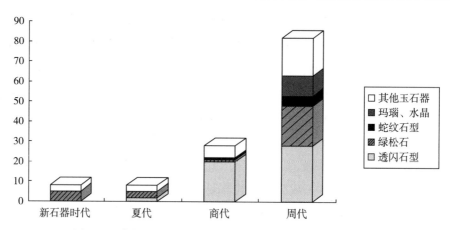

图五　河南新石器时代至东周时期部分玉器质地演变柱状图

内古代绿松石和透闪石型软玉的应用及可能的相互交流。

西方古代使用玉石和制作玉器也很早，源于新石器时期。在古代西方都崇尚绿松石。公元前5000年埃及法老古墓中就出土了绿松石饰品。公元前3000年埃及Zer皇后木乃伊手臂上，带有4只绿松石手镯。绿松石作为青铜器的镶嵌品在公元前2000年前已制作得十分精致。著名的埃及法老图坦赫曼（Tutankhanmun）（公元前1325年）的金质面具和胸饰上，都镶有绿松石作绿色纹饰。

国外古代绿松石的主要产区为目前伊朗呼罗珊省（Khorasan）的尼沙普尔（Nisha-par）和克尔曼（Kirman）之间，品质优良，开采于公元前3000年，运销各地，称"土耳其玉"或波斯蓝。在埃及西奈（Sinei）半岛的斯拜尔（Sebal），绿松石的开采也有4000年历史，古埃及的一部分绿松石取材于此。另外在今天美国的亚利桑那州（Ar-izona）、内华达州（Nevada）和新墨西哥州（New Mexico）的矿区，阿兹斯（Aztes）土著人于公元前400年开始开采和加工，而加工集中在中美洲墨西哥①。

我国古人也喜爱绿松石，在裴李岗文化遗址就有公元前5500年的绿松石串珠和其他饰物，以后仰韶文化、齐家文化、大汶口文化等遗址中皆有绿松石饰品②。河南偃师二里头夏墟中出土了不少绿松石饰物并有绿松石镶嵌的铜牌、玉龙等，发掘出绿松石加工作坊。春秋战国期间，绿松石被用作吴、越王宝剑的剑格上镶嵌物③。我国也有多处绿松石矿产，以湖北郧县、郧西和竹山等地的绿松石矿最著名，其他产地有新疆哈

① 夏湘容、李仲均、王根元：《中国古代矿业开发史》，地质出版社，1980年；Max Bauer, *Precious Stone*, Charles E. Tuttle Company Publisher. Tenth edition, 1982, Japan; G. Harbottle and P. C. Weigard, Turquoise in Pre-Columbian American. *Scientific American*, 1992, 2：56 – 62.
② 夏湘容、李仲均、王根元：《中国古代矿业开发史》，地质出版社，1980年。
③ 干福熹：《吴越王古剑上的剑饰》，《科学世界》2007年第93卷第3期。

密地区、陕西安康县、河南淅川县、安徽马鞍山市、云南安宁县等。为了探索我国出土的绿松石文物的材料来源，我们曾对包括世界各地的绿松石样品作了不破坏的分析。各地绿松石的主成分（CuO、Al_2O_3、P_2O_5）是比较一致的，而其他少量氧化物如Fe_2O_3、ZnO、Cr_2O_3的含量变化范围较大，确认了这些绿松石属于铁绿松石、锌绿松石或者铬绿松石中的某一个亚种，有可能与绿松石矿的产地有关[①]。

冯敏等分析了河南舞阳贾湖遗址（裴李岗文化）出土的 16 件绿松石珠和耳坠，以及产于湖北郧县、安徽马鞍山、陕西安康的绿松石样品的主、次成分以及微量和稀土元素的含量。结果表明，除主成分的矿物相是一致的外，贾湖遗址出土绿松石的其他次要成分和微量元素含量以及稀土元素含量变化规律与上述三种产地的绿松石是不同的，可能来自一个未知的地区[②]。最近董俊卿等分析了河南淅川、平顶山、偃师和南阳出土的绿松石玉器样品，时间的跨度较大，从仰韶文化、龙山文化至夏商周，大部分样品的 ZnO 和 Fe_2O_3 较少，与贾湖遗址样品相同，部分样品含有 SiO_2，类似陕西安康的绿松石[③]。所以，上述河南两批遗址出土的绿松石样品并不与临近的安徽马鞍山和湖北郧县的相似。

我国从元代以后才有关于绿松石的叙述，当时把绿松石称为"甸子"，其中回回甸子为伊朗尼沙普尔的绿松石，河西甸子指伊朗克尔曼的绿松石，襄阳甸子指湖北的郧县、郧西和竹山等地的绿松石矿[④]，这可能为我国最早和最优质的绿松石矿。因无更早的文史记载，元代以前何时何地最早开采尚不清楚。

有人认为，我国史前和先秦的绿松石有可能从伊朗地区传入。章鸿钊在《石雅》中分析，认为《穆天子传》中所讲周穆王西巡（公元前 989 年）带回来的"琅玕"，可能就是绿松石。这种传入的渠道主要是经过当时的中亚和西域（目前新疆地区），从西北方面进来。

作为佩戴和礼器用的玉石，文史记载是以软玉类为主，软玉类包括透闪石、角闪石、阳起石等矿相，其他还有河南南阳独山石属糟化石，辽宁的岫岩玉和陕西的蓝田玉皆属蛇纹石矿相。上面已讲到北方红山文化和南方良渚文化遗址出土玉器的玉料皆以透闪石型软玉为主，长江中下游的遗址如凌家滩、薛家岗和石家河等文化遗址出土

① 赵虹霞、伏修峰、干福熹等：《不同产地绿松石无损检测及岩相结构特征研究》，《岩矿测试》2007 年第 26 卷第 2 期。
② 冯敏、毛振伟、泮伟斌等：《贾湖遗址绿松石产地初探》，《文物保护与考古科学》2003 年第 15 卷第 3 期；毛振伟、冯敏、张仕定等：《华夏考古》2005 年第 1 期；王荣、王昌燧、冯敏等：《利用微量元素探索绿松石的产地》，《中原文物》2007 年第 2 期。
③ 董俊卿、干福熹、承焕生等：《河南境内出土早期玉器初步研究》，《华夏考古》2011 年第 3 期。
④ 陶宗仪：《（元代）辍耕录》卷七，中华书局，2004 年。

的玉器，其玉料大部分也为透闪石型，但玉料的来源仍不太清楚。

对各地透闪石型软玉的成分、矿相和结构研究表明，白玉与青玉之间只是由于 Fe_2O_3 含量不同形成透闪石与阳起石的变化。透闪石型软玉的主成分和主矿相相当一致[1]。不同产地的软玉由于成矿条件的差异，会带来微量元素的不同，可能作为指纹元素来识别产地。最近我们对来自新疆叶城、和田、且末、若羌、玛纳斯，青海格尔木，辽宁岫岩，江苏溧阳以及俄罗斯贝加尔湖地区、新西兰米尔福德峡湾和加拿大不列颠哥伦比亚省的软玉样品的主、次量成分以及微量元素做了详细分析，区别了由于成矿机理和地质环境不同而形成微量元素含量不同的两大类软玉矿物：即一类软玉由花岗岩闪长岩和白云石大理岩接触交代而成；另一类软玉由镁橄榄石与中－低温热液交代作用而成的蛇纹石再同围岩（大理石或白云石）接触交代蚀变而形成[2]。

最近我们也测定了浙江余杭良渚文化遗址群和江苏江阴高城墩文化遗址出土以及河南安阳、偃师、洛阳和南阳出土的透闪石型玉器的微量元素[3]。从中可以看到，良渚文化玉器以 Zn、Mn 及 Zr 为主要微量元素，Cr、Co、Ni 很少或全无，属第一类软玉，但与和田透闪石也不完全一致。从 4000～5000 年前长距离交通的不方便，从"就近取材"的原则看，在江南应该有透闪石矿源。自从发现江苏溧阳小梅岭透闪石矿后，地质和考古界认为这是良渚文化玉器的玉材来源[4]，但最近我们的微量分析结果表明，小梅岭透闪石含较高的 Sr 元素（300～500ppm），而在良渚文化玉器中是极为罕见的（＜10ppm）[5]。玉材来源仍需进一步深入研究。

如上所述，殷商以后中原地区的玉器大部分为透闪石型软玉。这些软玉可能产自周围的透闪石玉矿，如河南淅川、四川汶川等。但一段时间内突然出现一大批透闪石玉，最大的可能为外地来的矿物。王时麒等认为中国北方玉器的透闪石主要来自辽宁岫岩，如同红山文化的玉器[6]。但辽宁岫岩县细玉沟的透闪石玉矿，大部分为青玉和碧

① 伏修峰、干福熹、马波等：《几种不同产地软玉的岩相结构和无破损成分分析》，《岩石学报》2007 年第 23 卷第 5 期。

② 张朱武、干福熹、承焕生：《不同成矿机理和地质环境下形成的软玉的化学成分特征研究》，《岩石学报》，待刊。

③ 董俊卿、干福熹、承焕生等：《河南境内出土早期玉器初步研究》，《华夏考古》2011 年第 3 期；干福熹、承焕生、孔德铭等：《河南安阳新出土殷墟玉器的无损分析检测的研究》，《文物保护和考古科学》2008 年第 20 卷第 4 期。

④ 周南泉：《中国古玉料定义和产地考》，《文博》No.1，1988 年；闻广《玉说》，《山西地质》1993 年第 8 卷第 3 期。

⑤ 干福熹、曹锦炎、承焕生等：《浙江余杭良渚文化遗址群出土玉器的无损分析研究》，《中国科学·技术科学》2011 年第 41 卷第 1 期。

⑥ 王时麒、赵朝洪、于洪等：《中国岫岩玉》，科学出版社，2007 年。

玉，白玉较少。现在值得我们注意的是俄罗斯贝加尔湖附近中维季姆山的白玉矿，至今仍是我国的主要透闪石白玉的来源，从北方经过蒙古大草原进入中原是比较方便的。在贝加尔湖畔地区曾出土史前的玉坠、玉珠、中间钻孔和内缘打磨的牌饰。但是，更主要的是古代中原使用的软玉来源于古代西域（今新疆地区），现今皆称为"和阗玉"，主要的玉矿是沿昆仑山北麓，西起叶城东达若羌①。上述河南出土透闪石古玉器的微量元素分析结果表明②，大部分为第一类地质成因的透闪石（统称为新疆和阗玉），但也有少量来自新疆天山北麓的玛纳斯，属第二类地质成因的透闪石玉。中国和阗玉开采甚早，据说在夏商之间，月氏人作为和阗玉的中间商在哈密与巴里坤买卖玉石，因此和阗玉由西北传至中原，时间在夏商之际③。目前所讲的我国玉石之路是指和阗玉东运之路。

6. 中国古代矿物颜料的来源

谈到古代矿物颜料，大家立刻就会想到青金石（Lapis Lazuli），因为它是古代洞穴和墓室壁画的著名蓝色颜料。国外从公元前 1000 年一直用到文艺复兴以后，我国已知从西汉以后在甘肃敦煌石窟和新疆克孜尔石窟等壁画上作为蓝色颜料应用④。青金石为晶体集合体，由蓝色的天青石（Lazurite,$(Na,Ca)_8(AlSiO_4)_6 \cdot (SO_4,S,Cl)_{1-2}$）或蓝方石（Haüynite,$3(Na,Ca)O \cdot 3Al_2O_3 \cdot 6SiO_2 \cdot 2(Na_2,Ca)SO_4$）与白色方解石（Calcite,$CaCO_3$）和金色斑点的黄铁矿（Pytite,$FeS_2$）组成。在矿物颜料中，青金石不易氧化，蓝色十分鲜艳，一直应用至今。

在公元前 2000 年的古巴比伦和古埃及，青金石被作为治疗忧郁症和"间三日疟"，以后也作为名贵的宝石相互聘送。藏于埃及国家博物馆的著名的埃及法老图坦赫曼（Tutankhaman）金面罩的蓝眉，在英国伦敦大英博物馆里还陈列乌尔王陵的青金石印章、镶嵌物等⑤，至今光彩照人。中国宫廷也作宝石收藏和应用，东汉以后的砚盒、屏风、饰品都用青金石作镶嵌物，直至清代的《清会典图考》所载，"皇帝朝珠杂饰，唯天坛用青金石，地坛用黄玉，日坛用珊瑚，月坛用白玉"。北京故宫珍宝馆内至今仍有不少展品和介绍。

青金石古代著名产地为阿富汗的巴达赫尚（Badahshan），地处阿姆河上流的溪谷中。据说开采已有 6000 年的历史，5000～4000 年前中亚阿姆河流域和西亚美索不达米亚贸易联系中青金石为主要产品。中国至今未发现青金石矿，古代青金石主要从阿富汗传来，目前市场

---

① 唐延龄、陈葆章、蒋仕华：《中国和阗玉》，新疆人民出版社，2006 年。
② 董俊卿、干福熹、承焕生等：《河南境内出土早期玉器初步研究》，《华夏考古》2011 年第 3 期。
③ 唐延龄、陈葆章、蒋仕华：《中国和阗玉》，新疆人民出版社，2006 年。
④ 王进玉：《敦煌、麦积山、炳灵寺石窟青金石颜料的研究》，《考古》1996 年第 10 期；王进玉：《古代青金石颜料的质子激发 X 荧光分析》，《核技术》1995 年第 18 卷第 3 期。
⑤ 沈爱风：《从青金石之路到丝绸之路》（上册）第 315～320 页，山东美术出版社，2009 年。

的青金石还是来自阿富汗。青金石经帕米尔高原传至昆仑山下的于阗，往东就是玉石之路。所以古代青金石作为颜料称为"回青"的是来自回纥；称为大青的则来自印度。目前看来，青金石在古代都来源于阿富汗，不过进来的途径不同，而有不同的称呼。

青金石另一产地为俄罗斯西伯利亚的贝加尔湖（Baikal Lake）西南湖矿以及与阿富汗接壤的小贝斯特拉河（伊尔库特河支流）上游。目前也开始有青金石矿流入中国。美洲的青金石矿有位于加拿大巴芬岛南端累克港以及智利安第斯山区卡连（Ocalle）。古代印第安人也作装饰品用。最近我们对来自世界各地的青金石作了成分、结构和矿相的测试分析。所有青金石矿为气成—热液型地质成因为接触交代硅卡岩矿床，可分镁质和钙质硅卡岩，亚洲青金石为镁质而美洲青金石为钙质。青金石矿物的岩相结构分析为今后判断青金石文物的溯源提供依据[①]。

7. 古代玻璃－玉石之路的形成与古代欧亚草原部落的迁移

从上述中国古代硅酸盐质文化和技术的来源来看，中、外来往可能主要来自西亚和中亚，经过先秦以前的草原之路和沙漠之路进入中国内地，因此考虑到当时欧亚间的游牧部落的来往就十分重要。

首先讨论古代玻璃和玉石之路的形成，它的通运时间主要在公元前1500～前500年，即商周之际。图六表示古代玻璃、玉石之路的中国境内部分。外来的玻璃是从北疆、沿伊犁河进入目前的伊宁地区。先秦时期（约为公元前10世纪～前3世纪）新疆出土的单色和蜻蜓眼玻璃珠大都出土于伊犁河流域的特克斯县、尼勒克县和巩留县以及北疆的额敏县，包括上述塔城和拜城一直向东到哈密地区[②]。当时塔里木盆地南缘还较偏僻和封闭，西汉以后不少玻璃制品才沿丝绸（沙漠）之路的南线进入中原。先秦时期玻璃物品不是从哈密南下走河西走廊进入中原，而是从哈密向东，经内蒙古西北草原道，穿居延海、黑水城（今额济纳旗），过阴山到包头，南下太原到河南洛阳、郑州；或南下经陕西华县到西安。据说这也是周穆王西巡回来的道路。先秦以后就沿河西走廊经酒泉、武威、兰州至西安。

以和阗玉为例，玉石之路与上述玻璃之路是基本上一致的。从和阗出发向北穿过塔里木盆地，当时塔里木盆地内有很多小绿洲，到达阿克苏，然后东行，经过库车、吐鲁番到达哈密，以后路线与上述玻璃之路相同[③]。

图七表示古代玻璃—玉石之路的境外部分。图中标记了埃及古城卢克索和美索不

①　伏修峰、干福熹、马波等：《青金石产地探源》，《自然科学史研究》2006年第25卷第3期。

②　张平：《新疆玻璃考古新资料的研究略述》，《丝绸之路上的古代玻璃研究》，复旦大学出版社，2007年。

③　梵人、何昊、王志安：《玉石之路》第72～75页，中国文联出版社，2004年。

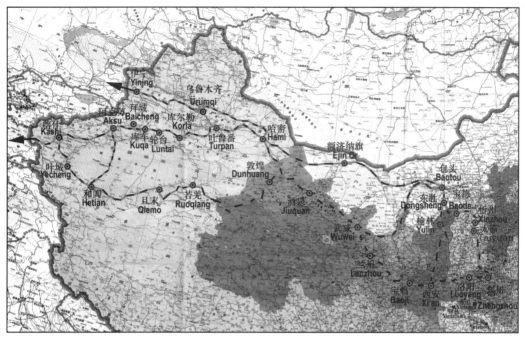

图六　古代玻璃、玉石之路的中国境内部分

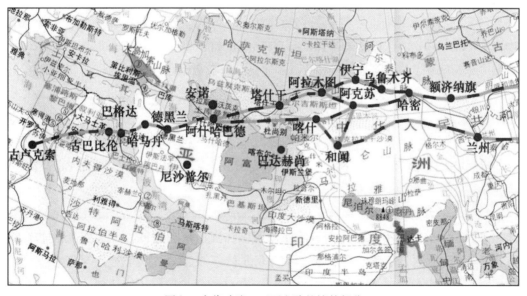

图七　古代玻璃、玉石之路的境外部分

达米亚古城巴比伦以及伊朗绿松石产地尼沙普尔和阿富汗青金石产地巴达赫尚。著名的土耳其斯坦安诺（Anau）遗址也标记在图中。以钠钙硅酸盐（$Na_2O - CaO - SiO_2$）玻璃为代表的西方玻璃起源于美索不达米亚和古埃及，古代玻璃的交易从目前伊拉克的巴格达开始向东行,古代玻璃技术和物品经哈巴丹、伊朗的德黑兰(Tehran)、伊朗的马什哈德(Mashhad)、乌兹别克的塔什干(Tashhent)、吉尔吉斯的阿拉木图(Almaty)进入中国境内伊宁,并与中国境内的玻璃—玉石之路连线。从阿什哈巴德也可以直接进入中国境内的喀什,由此北上阿克苏,南下和阗。伊朗的绿松石和阿富汗的青金石都可以运至马什哈德,向东流传至中国,向西运向古埃及和美索不达米亚。

在这条古代玻璃和玉石之路上,还可以看到年代更早的(公元前2000年左右)青铜技术的中、外交流的痕迹。西亚两河流域(美索不达米亚)苏美尔王朝和阿卡德王朝(公元前4000~前3000年)已出现冶铜技术,小亚细亚(土耳其斯坦)的安诺文化Ⅱ朝(公元前3000年)的青铜器已有较多出土,中国中原到夏商(公元前2000~前1500年)才进入青铜时代。根据新疆史前的青铜器研究[①],至迟在公元前2000年,新疆就开始用铜器,早期(公元前2000~前1600年)的产地在伊犁河流域,哈密盆地天山北路并发有安德罗诺沃文化类型(公元前2000年)的铜器,主要是锡青铜,认为随着游牧民族的迁移,中亚青铜器从西北进入新疆从而对新疆青铜器的制作产生影响。在上述新疆北部出土铜器的遗址中,还没有发现玻璃,这说明青铜器早于玻璃器从中亚进入新疆北部伊犁河流域哈密盆地和天山北路。

彩陶可作为中国古代仰韶文化的特色,以河南渑池县仰韶村出现彩陶而闻名(公元前5000~前3000年)。一般认为仰韶文化向西发展,到青海马家窑文化(公元前3000~前2050年)、齐家文化(公元前2000年)。新疆哈密、轮台、库车的彩陶时间晚于甘肃、青海(公元前2000年以后)。但是,中亚南土耳其斯坦的安诺(Anau)村的发掘,出现了大量彩陶器,其中彩陶片的绘画与中国北方和西北出土的有很大的相似性。安诺文明的开始,认为在公元前8000年,安诺Ⅱ期金石并用,可能彩陶的制造年代在公元前5000年,与埃及、美索不达米亚(Mesopotamia)和中国仰韶文化同时。东欧的特里皮列文化也有彩陶的考古发现,遗址在基辅城附近,年代在公元前5000~前3000年。

考古研究表明,安诺彩陶文化向东扩散到卡拉库姆沙漠(今土库曼斯坦境内),认为中亚、东欧的彩陶文化与中国仰韶彩陶文化皆向四周扩散,但未发现接触和联系。其实根据最近新疆考古的发现,天山北路的陶器分为两类,一类与甘肃四坝文化相似,另一类与境外欧亚草原文化相似。不论东、西彩陶文化接触与否,皆是沿古代玻璃—玉石之路的途径发展,可见在传输古代玻璃和玉石前已逐渐形成古代早

---

① 潜伟:《新疆哈密及其邻近地区史前时期铜器的检验与分析》,《广西民族大学学报》(自然科学)2004年第10卷第2期;凌勇:《新疆史前时期金属技术研究详述》,《广西民族大学学报》(自然科学)2008年第14卷第3期。

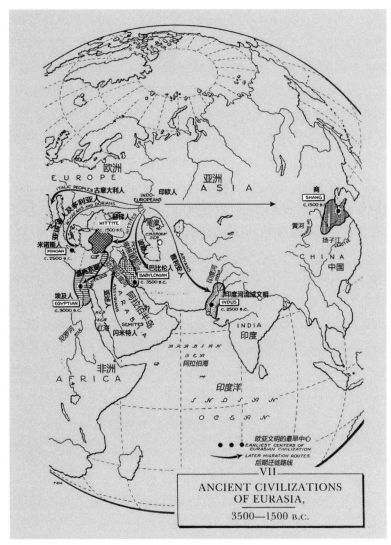

图八　公元前 3500～前 1500 年游牧部落的移动

（图取自 Stavrianol L. S，"A Global History，" 4 版，1988，→为作者添加）

期中、外技术和文化交流的通道。这种通道的形成是史前欧亚草原游牧部落迁移的结果。

从新石器时期后期开始，欧亚草原游牧部落的移动是活跃的。在乌克兰、哈萨克斯坦、阿尔泰广阔地区从公元前 3500 年开始骑马，公元前 1850 年开始有马拉车，作为移动的主要手段。最早形成部落为印欧人（Indo-European），起源于里海（Caspian Sea）北部，与东部的蒙古－土耳其部落分界于阿尔泰山和天山。公元前 2000 年左右，印欧人中的赫梯人（Hittite）进入小亚细亚（Asia Minor），公元前 1500 年建立赫梯帝国。以后印欧人中的加色人（Kassite）和胡里安人（Hurrian）进入中亚，并与美索不达米亚的亚述（Assyria）帝国和埃及帝国同时称霸①，这时中国为商朝。在公元前1500印欧人中的雅利安人（Aryan）向东南迁移，进入印度河。印欧人中的胡里安人（Hurrian）在公元前2000～前1500年间可能向东迁移至我国西北地区，见图八。

斯基泰（Scythian，又称西徐亚人）是波斯化的胡里安人，希腊语Skythaio，来自中亚和小亚细亚（Minor Asia）地区。公元前9世纪已在伊犁和阿尔泰地区，中国历史上称为塞族人（Sakka）。月氏人（Yeh Chin）古希腊也称Indo-Scyths，即印度化的斯基泰人，也为印欧人，公元前2000年进入塔里木盆地，以后再向东移。

胡里安人和斯基泰人在西亚时知道金属（青铜、铁）制作技术、玻璃制造技术、玉石镶嵌技术和玉石材料，是将这些技术和材料传至中亚，然后传至中国西北的主要部落（公元前1500～前500年），以后由塞族人和月氏人传至中国内地（公元前500～1000年）。

8. 结束语

世界上各个文明发源地都是以它自己文明的特点独立地发展，但不是封闭和孤立的，而是相互直接和间接影响、渗透和融合，共同促进人类文明的发展。在史前和原史时期，相隔遥远的各文明发源地的相互往来，是很难想象的，但考古的发现，这种往来确实存在。因为当各古代文明中心勃起后，就波浪式向外扩展，影响着周边地区，并且通过游牧部落和民族的移动，形成交流、融合和认同。因此我们有责任研究自己的古代遗物和遗址，也要关心、熟悉和研究国外的遗物和遗址。在比较式研究中，可以发现中、外文化和技术的交流。一个文明中心，只有在自己独立发展的基础上，同时吸收周边和境外的各种文明精华的东西，才能形成一个绵延久远的文明国家。

---

① 斯塔夫里河诺斯著，吴象斐、梁赤民等译：《全球通史》第149～158页，上海社会科学出版社，1999年。

"早期丝绸之路暨早期秦文化国际学术研讨会"会议综述

蒋超年

（甘肃省文物考古研究所）

由甘肃省文物局主办，甘肃省文物考古研究所、中国社会科学院考古研究所、北京大学考古文博学院、中国国家博物馆考古部、陕西省考古研究院、西北大学文化遗产学院、兰州大学西部环境与气候变化研究院、甘肃省博物馆等单位联合承办的"早期丝绸之路暨早期秦文化国际学术研讨会"于 2012 年 8 月 17～22 日在甘肃兰州召开。来自美国、英国、俄罗斯、日本、乌兹别克斯坦及中国台湾、香港、内地的 120 余位专家学者参加了会议。会议由甘肃省文物局局长杨慧福主持，国家文物局副局长童明康、甘肃省人民政府办公厅副秘书长张正峰、北京大学考古文博学院教授李伯谦出席会议并做了重要讲话。

一　开幕式致辞

国家文物局副局长童明康在致辞中，首先肯定了甘肃近年来有关考古工作和相关研究所取得的成绩。甘肃近年来不断涌现的重大考古发现，都荟萃于早期丝绸之路和早期秦文化研究的工作成果中，而且这两项工作都以多家单位联合组队的形式，成功运用了多学科研究及科技考古的保护理念和技术，极大地提升了甘肃乃至我国考古工作的整体质量。并就今后的考古工作提出了几点希望：一、考古学研究应当具备大视野。无论是作为文化线路的古丝绸之路，还是作为地域性文化的早期秦文化，都是中华文明对世界文化发展做出的重要贡献。其中所蕴藏的丰富历史文化信息都是全人类共同的宝贵财富，我们应当以更加开放和包容的心态，以更加多元化的方式、方法，以不同文化背景的广阔视角开展相关的研究，中外学术界应当继续在相互交流中，发扬学术传统，在巩固和拓展既有研究领域及成果的基础上，从世界文明史和文化多样性研究的高度，共同将相关研究推向新的发展阶段，取得更大的成就。二、考古学者应当承担保护文物的大责任。考古学对探索中华文明起源和发展历程，保护祖国珍贵的历史文化遗产，传承和弘扬中华优秀传统文化具有不可替代的重要作用。考古工作者应当积极、稳妥的采用各项新技术，实现考古工作中珍贵文物的有效保护；应当不断总结经验，进一步建立、健全考古工地现场和文物标本库房的各项规章制度，完善各类设施设备、提高安全防护能力，确保文物和人员的安全。另一方面，应当高度关注大遗址保护，积极参与遗址保护规划和保护方案的制订和实施，为地方人民政府和有关部门建言献策，推动文化遗产长期、科学的保护和传承。三、考古工作应当着眼大发展。文化遗产是经济社会发展不可或缺的重要元素，考古工作应当高度关注文化遗产资源的合理利用，同社会各界一道深入发展重要遗产的文化内涵，努力打造地区文化品牌，提升文化形象，为区域经济社会发展提供良好的环境和新的切入点。边疆民族地区的考古工作，尤其对于维护国家文化安全、社会稳定和民族团结，树立中国文化大国和文化强国形象具有重要的意义。考古工作者也应当高度重视考古成果的普及，加强正面的宣传，为和谐社会建设、民族团结做出积极的贡献。

甘肃省人民政府办公厅副秘书长张正峰在致辞中指出，甘肃经济的发展和全面小康社会建设目标的实现，离不开文化建设的发展和学术研究的支撑与引领。特别是文物考古工作，肩负着深入推进中华文明探源工程，提出文物保护管理决策依据，加强基础建设中的文物保护，促进经济建设和文物保护双赢的重任。对深入挖掘文物价值内涵、推动学术研究繁荣、丰富甘肃文化的底蕴、加快建设文化大省具有无可替代的作用。此次会议的召开，对提高甘肃省文物学术研究水平和拓宽研究领域将产生积极的影响。通过国内外学者的交流，一定会对甘肃文物学术研究和文化遗产保护起到强有力的推动作用。

北京大学考古文博学院教授李伯谦在致辞中指出，丝绸之路的开通打通了内地、西域、西亚和中亚的交流孔道，秦人的崛起以及秦灭六国建立秦帝国、统一中国，对中国历史发展的进程都发生了深刻的影响。如果没有当时丝绸之路的开通，我们很难同外部的世界建立密切的沟通、联系、交流。如果没有秦人的崛起和建立秦帝国，把中国文明的进程由邦国阶段推向帝国阶段，我们还不知道中国以后的发展会是什么样子。所以，丝绸之路的开通和秦文化的研究，对于我们现在文明的发展还会有直接的、积极的作用。

二 主题发言

主题发言首先由英国牛津大学考古系教授卡西杰·罗森做了题为"珠子、金和铁——草原地带上层社会的'配套组合'"的报告。指出配套组合不仅仅是特定物质材料的组合，还涉及制作这些物化材料背后的提炼技术和加工技术等工艺。并以张家川马家塬战国墓地和秦安王洼墓地的随葬饰件为对象，结合草原地带邻近蒙古的南西伯利亚图瓦阿尔然 2 号墓所出以配套组合形式出现的上层社会饰件材料——珠子、金和铁进行分析。认为这些草原地带的上层社会展示形式，是由草原地带被张家川马家塬和秦安王洼的墓主人引入到甘肃。而宝鸡益门遗址和陕西韩城梁带村芮国墓地发现的红玛瑙珠及组合随葬饰件，则表明其与草原地区的关系十分密切。这些物质材料没有一种是作为典型在中国的中心地区使用的，但这三种材料是一起在草原地带使用的，并出现在甘肃和陕西几个有特色的墓葬当中。得出的观点是，当这些材料在中国这几个省份使用时，我们不应仅仅认识到对于技术的引进，还同时应当考虑到对这些材料的使用是一种对于上层社会的展示。这种展示是作为一种文化由草原地带引入的。

中国科学院院士干福熹在"玻璃和玉石之路——兼谈古代草原之路硅酸盐质文物的中、外文化和技术交流"的报告中，重点介绍了中国古代玻璃的产生与发展和参与中、外文化和技术的交流。出土于西周早期内蒙古西北（额齐纳族）和甘肃西北的釉砂来源于西方，而出土于西周中、晚期的山西、陕西的釉砂是中国自制的。列举了出土于新疆拜城克孜尔的中国境内最早的玻璃珠是属于吸收古代西方制造玻璃的方法和玻璃的成分配方在当地制造的，时间在西周末和春秋初（公元前 1000～前 800 年）。中国最早的镶嵌（蜻蜓眼）玻璃珠是出土于河南淅川徐家岭和湖北随县擂鼓墩墓地，年代属战国初期（公元前 500 年）。从最近的分析研究表明，属于从西方引进的。它促进了 200 年后中国古代自制的镶嵌玻璃的产生。中国自制的钾（钙）硅酸盐玻璃和铅钡硅酸盐玻璃起源于战国中、晚期（公元前 400～前 200 年）。文中又讨论了中国古代玉石和颜料的来源与中外交往的关系，分析了古代绿松石、软玉和作颜料的金青石的中国和国外的产地和来源以及历史上使用的情况，认为中国的古代绿松石有可能来自波斯（古代伊朗），时间在西周以前（公元前 1500 年以前）；而青金石来自阿富汗，时间在汉代之际（公元前 200～公元 200 年）。指出中国中原在夏、商之间玉器的玉料突然以透闪石型软玉为主，认为玉料来自新疆和田。北方古代玉器也有可能采用俄罗斯西伯利亚贝加尔湖畔的透闪石型软玉。最后讨论了原史时期欧亚间的游牧部落的来往和技术交流的作用。

兰州大学西部环境与气候变化研究院教授陈发虎做了"人类逐步定居青藏高原东北缘的过程与动力机制"的报告。通过对青藏高原东北缘 137 处考古遗址的调查，使用浮选法获得了 50 个遗址的植物和作物遗存，测定了 59 个遗址炭化植物种子的 AMS ^{14}C 年代。结果发现，距今 5200～3900 年随着农业的发展，古人群已大规模扩张至青藏高原东北缘平均海拔 2400 米的河湟谷地，距今 3600 年开始，人类较大规模可定居到海拔 3000 米以上高度，扩散到青藏高原东北缘柴达木盆地东部、青海湖盆地和黄河上游高海拔谷地。证据显示，古人经过了一个逐步适应青藏高原高海拔环境的较长过程。温暖气候条件和粟黍农业的发展可能是导致古人向青藏高原河湟谷底较高海拔扩散的重要原因，而羊和青稞的引入和利用，是人类成功定居青藏高原东北缘海拔 3000 米以上地区的最重要因素。

北京大学考古文博学院教授赵化成在"早期秦文化研究项目开展以来取得的主要成果和认识"的报告中，首先总结了早期秦文化研究项目开展以来所做的主要工作，包括对礼县西汉水上游及其支流的考古调查，对礼县西山早期秦文化遗址、鸾亭山汉代祭天遗址的调查、钻探和发掘，礼县大堡子山遗址的调查、钻探和发掘，渭河上游支流牛头河流域的调查及清水李崖遗址的发掘，张家川马家塬战国西戎贵族墓地及秦安王洼战国西戎墓地的发掘和正在进行的甘谷毛家坪遗址的钻探和发掘等。其次，在上述工作的基础上得出了关于秦人及秦文化来源的几点认识：（1）西汉水流域的早期秦文化与渭河上游甘谷毛家坪发现的早期秦文化面貌基本一致，其陶器的基本形态与周文化相似，而与甘青地区大体同时期的青铜文化，如辛店文化、卡约文化、寺洼文化明显不同，这说明早期秦文化并不是在当地土著文化基础上发展起来的。（2）李崖遗址发现的西周时期秦墓属于秦宗族成员的墓葬，头向西、直肢葬、腰坑殉狗，大量商式风格的分裆鬲、簋等，显示出与商文化有着某种联系。再从秦文化的整体特质看，国君墓葬规模巨大、腰坑较多见、殉人发达、高等级贵族用直肢葬等，似乎与商文化有着某种历史渊源关系。由此证明，司马迁的记载有根据的，也就是说秦族、秦文化是东来的。诚然，秦国从东西迁后，与周人关系密切，并受到周文化的巨大影响，因而，也表现出浓厚的周文化因素。（3）毛家坪西周秦墓是周文化风格更明显一些，而李崖西周秦墓的商式文化风格更突出。毛家坪西周秦墓、西山坪西周秦墓年代最早为西周中期偏晚，多为西周晚期。而李崖遗址西周秦墓的年代可至西周中期偏早，甚至到西周早期，较毛家坪、西山坪西周秦墓要早一段。两者的不同可能是年代上的差别，也可能另有原因，还有待于探讨。（4）秦族、秦文化东来已经没有悬念，但究竟什么时间，从什么地方，是如何来的？仍需探讨。最后，就早期秦文化与西戎文化的关系问题进行了论证。认为渭河上游、西汉水流域与早期秦文化大体同时还有丰富的寺洼文化遗存，其分布有一定的规律性。一般干流和较大的支流比较开阔平坦的河谷地多为早期秦文化遗址分布，而干流或支流中河谷狭窄、地形较为险峻处多寺洼文化分布。诚然，某些遗址既有寺洼文化遗存，也有早期秦文化遗存，如甘肃礼县西山遗址，清水李崖遗址等。我们曾认为寺洼文化可能是西戎之一的犬戎的遗存。文献记载，早期秦人是在与西戎不断斗争的过程中壮大起来的。同一遗址早期秦文化与寺洼文化同时存在的现象，反映了秦族与西戎此消彼长的历史事实，但也存在着早期秦人与寺洼人和睦相处并且通婚的可能性。

甘肃省文物考古研究所研究员王辉在"近年来甘肃考古新发现概况"的报告中，总结概括了近年来甘肃开展的主要考古工作，重点介绍了张掖黑水国遗址、临潭陈旗磨沟墓地和张家川马家塬墓地的基本情况和所反映的文化信息。这些遗址和墓地的发现为我们了解甘肃青铜文化的文化面貌和发展序列、探索秦文化的起源以及中西文化交流具有重要意义。而新的发现表明，早在公元前 2000 年左右，作为丝绸之路上的重要通道的甘肃就和欧亚草原存在着文化交流，随着环境变化引起的欧亚草原游牧化进程的发展，人们的活动范围不断扩大，交流也日益频繁。在文化交流的过程中，羌戎系民族扮演了重要的角色。从公元前 2000 年左右开始的文化交流也对中华文明的形成和发展起了推动作用。

三　分组发言

分组发言分早期丝绸之路和早期秦文化两个主题进行。

1. 早期丝绸之路

早期丝绸之路研究讨论议题可归纳为甘青地区新发现考古遗存研究和旧有考古资料的整理及东西方早期丝绸之路文化交流两大方面，内容涉及科技考古、冶金考古、动物考古、植物考古等。

（1）甘青地区新发现考古遗存研究和旧有考古资料的整理

新发现考古遗存研究主要围绕甘肃张掖黑水国遗址、临潭陈旗磨沟墓地和新疆小河墓地进行。陈国科"张掖黑水国遗址发掘的主要收获"，系统介绍了该遗址 2010 ~ 2012 年发掘所获材料和初步认识，获得了马厂晚期—"过渡类型" // 齐家—四坝文化这一完整的地层序列，为开展四坝文化的来源研究及其与齐家文化关系等诸方面研究提供了翔实的资料。张良仁"张掖黑水国遗址的彩陶"，将该遗址的建筑遗迹和遗物分为三期，一期为马厂类型、二、三期分别为四坝文化的一、二期。认为马厂晚期与四坝文化的彩陶是一个延续、渐变的过程。朱延平"河西走廊西部区汉以前的考古学文化"，以张掖黑水国遗址为中心，就四坝文化分期、河西西部汉以前的文化序列、马家窑到四坝和四坝到沙井的承续关系进行了新的认识和分析。吴小红"考古遗址出土建筑遗物的研究——以甘肃黑水国遗址和土耳其 Asagi Pinar 遗址为例"，介绍了黑水国遗址出土土坯的矿物和微结构分析结果和土耳其伊斯坦布尔大学在 Kirklareli 的 Asagi Pinar 遗址所做的工作，认为土耳其的史前建筑以土木建筑为主，这与中国北方地区的情况相似。而其研究方法则为我们提供了值得借鉴的经验。赵志军"河西走廊早期农业的特点——张掖西城驿遗址浮选结果及分析"，对黑水国遗址浮选植物种子进行了量化分析，揭示了河西走廊早期农业的特点。结果表明，黑水国遗址先民的生业模式属于农业经济，农作物组合反映出典型的北方旱作农业生产特点。李延祥"黑水河流域早期冶金遗址的初步研究"，汇报了 2007 年至今黑水河流域早期铜矿冶遗址考察与初步分析结果。结果显示，黑水河流域大约从距今 4000 年形成了较大规模的冶铜业，涉及不同来源的铜矿石与一种铜锡铅砷共生矿石，构成了独特的青铜产业格局。毛瑞林"甘肃临潭陈旗磨沟墓地 2008～2012 年发掘成果"，介绍和公布了磨沟墓地的一批材料和初步研究成果，为研究齐家文化的社会结构和形态、家庭及婚姻关系、社会复杂性和文明进程及甘青地区史前葬俗、甘青地区的复杂化进程及其与中原地区的文化关系等问题提供了新资料。王华"磨沟墓地出土动物遗存的初步研究"，对磨沟墓地出土动物遗存进行了初步的鉴定、统计和分析，深入探讨该现象背后蕴藏的人类行为模式及其发展变化，并理解其发生的背景、过程及动因，进而更好地阐释其反映的文化内涵。李文瑛"小河文化及其多学科研究的最新进展"，对以小河墓地为代表的小河文化遗存有了进一步的认识，通过多学科研究的方法，为我们继续探讨小河文化的结构、源流等问题提供了新思路。

在旧有考古材料的整理上，对单个考古学文化和考古学现象的研究有：任晓燕"共和盆地早期青铜文化的墓葬习俗"，认为已发掘的尕马台齐家文化氏族墓地，代表了共和盆地早期青铜文化的文化特点。其墓地文化特征、埋葬习俗表明了本地区不同于他处的宗教观念，也是齐家文化时期居住在青海共和盆地部族与其他区域部族的区分标志之一。阮秋荣"新疆安德罗诺沃文化遗存的考古发现与研究"，认为新疆发现的安德罗诺沃文化遗存与"安德罗诺沃文化共同体"显示出强烈的一致性，表明两者之间存在明显的文化联系及渊源关系。为深化新疆以及中亚地区早期青铜时代考古文化探索，尤其是安德罗诺沃文化时期考古文化比较研究，提供了极为宝贵的资料。尤悦"新疆东黑沟遗址出土动物骨骼研究"，通过对遗址动物遗存的种类、数量比例、年龄结构及用途的分析，揭示出遗址的经济形态与游牧经济有关，并探讨了破碎度不同的羊骨反映出的古代人类的日常行为和特殊行为。董广辉"中国甘青地区齐家文化时期的农业双向传播"，对 28 个齐家文化遗址浮选所获炭化作物种子的 37 个样本进行了 AMS 测年。揭示了齐家文化时期甘青地区出现了农业的双向传播及其传播路线。于志勇"新疆考古发现的'山'字纹铜镜及相关问题"，主要就新疆考古所见"山"字纹铜镜的类型、年代、价值和意义等方面，进行了详细论证，对促进与之相关的考古课题研究起到了积极的推动作用。宏观方向的考古学文化考察和同类考古学文化现象的归纳研究有：李水城"史前甘肃及其周边地区的文化格局及其相关问题"，进一步总结了中国西部史前文化的发展变化以及与周边地区的交互及其影响，并对该区域的史前文化（汉以前）格局作了新的构建。马健"东天山地区公元前一千纪古代游牧民族考古学文化观察"，认为巴里坤盆地与北部蒙古高原西北部、阿尔泰山地区，与南部哈密盆地，与东南部的吐鲁番盆地，与西部河西走廊地区都存在一定的文化交流。丝绸之路开通以前的巴里坤盆地是草原之路上多支游牧、半游牧部族繁衍生息、文化交流、冲突竞争的重要区域之一。陈洪海"甘青地区偏洞墓"，系统梳理了甘肃、青海、新疆等地发现的偏洞墓，并依其不同形制，进行了类型的比对分析，总结出了其各自的流行特点和反映的文化属性。

（2）东西方早期丝绸之路文化交流

邵会秋"欧亚草原和中国新疆与北方地区的有銎战斧"，以欧亚草原各地流行的有銎战斧综合分析为基础，从欧亚草原的视角阐述有銎战斧的发展和传布进程，进而揭示了公元前5千纪到前1千纪中国新疆和北方地区与欧亚草原的联系与交流。林梅村"中国与近东文明的最初接触"，通过锡亚勒克山的通灵塔、天山岩画所见近东古文明宗教舞蹈、亚述文明的天籁之音、鄂尔多斯青铜器的近东文化来源、波斯城垛艺术之东传、中国艺术中的波斯战马等六个方面，说明了中国与近东地区的文化艺术交流和影响。郭物"重新认识萨彦—阿尔泰地区的早期游牧文化及其同中国北方的互动关系"，通过对俄罗斯南西伯利亚米努辛斯克盆地、图瓦及其俄罗斯一些博物馆的考察，认识到这些地区在公元前3世纪以前分布的早期游牧文化非常强大，使我们对欧亚草原东部地区各文化的互动、文化中心的转移以及同中国新疆、北方长城地带人群和文化的互动有更加不一样的深入认识。邵小龙"黑水长人考论——兼论西周至战国时期斯基泰文化在中国西北地区的传播"，利用新发现简牍材料结合史籍文献，以全新的视角和方法考证了西周至战国时期斯基泰文化在中国西北地区的传播。此外，俄罗斯学者分别以"丝绸之路上的马车"、"丝绸之路和中亚东北地区"及"早期丝绸之路新疆交河斯基泰晚期（战国时代）的国家王家及其与俄罗斯阿尔泰文化的相互影响"为题，分析论述了丝绸之路与中亚、俄罗斯地区间的文化、技术交流和影响。谢尔盖·米鸟耶夫"俄罗斯境内的匈奴考古——最新发现"，对贝加尔湖匈奴大墓的材料进行了详尽介绍，认为其随葬饰品有许多鄂尔多斯风格，部分文化因素也显示出了与中国内地的联系。

2. 早期秦文化

早期丝秦文化研究的议题可归纳为围绕张家川马家塬战国墓地的相关研究、秦人及秦文化研究、秦与戎狄、斯基泰文化的研究、文物制作技术探讨与研究、史前饮食文化研究、陕西秦陵及城址考古发现等几个方面。

（1）围绕张家川马家塬战国墓地的相关研究

梅建军"铜镜、金项饰、贴金铁器——由马家塬墓地出土金属器看欧亚草原文化因素的存在"，重点关注了带钮铜镜、金银项饰和贴金铁器这三类器物。通过列举欧亚草原地带的相关考古发现，追溯了这三类器物的兴起源流或流行地域，并就马家塬墓地与欧亚草原文化发生联系的通道和机制提出了新见解。谢焱"马家塬战国墓地出土车辆解剖发掘中了解的几点新情况"，通过对马家塬战国墓地的 M14、M16 两座墓葬内车辆的解剖发掘，对车辆的装饰、结构和个别部件有了几点新的发现。并就轮牙、辐、毂的装饰和结构，辋、轴的装饰和形制，舆板的装饰和制作方式，轸与荐板，当兔与伏兔进行了细致说明。刘羽阳"马家塬遗址出土动物骨骼研究"，对遗址所出动物骨骼进行了鉴定，特别是对该遗址出土的大量马牙进行了详细的测量、分析，并总结出了这一地区墓葬埋葬动物习俗的总体特征。赵吴成"甘肃马家塬战国墓牛车复原及设计思想"，对马家塬战国墓地发掘出的陪葬牛车，进行了复原及设计思想，并分析了其车架结构展示出的从独辀车向双辕车进化演变的过程。赵西晨"实验室微型发掘技术与方法的探索与实践——以马家塬战国墓地 M4 的清理保护为例"，系统展示了其工作方法和步骤，为实验室清理保护提供了新的借鉴和经验。

（2）秦人及秦文化研究

王占奎"秦子与礼县秦公大墓墓主"，以史籍文献和出土文物相结合的研究方法，认为秦子是新君称谓，静公很难成为大堡子山大墓墓主。究竟谁是墓主，仍需进一步研究。梁云"嬴秦西迁及秦文化年代探讨"，以考古学材料为依托，将李崖、毛家坪、西山坪三处遗址的秦文化遗存统分为七期，年代从西周中期偏早延续至战国早期。提出了"李崖型"和"西山型"陶器的概念，认为从"李崖型"到"西山型"的转变，反映出早期秦文化经历的一次文化转型。侯宏伟"礼县发现周代城址蠡测"，集中探讨了李崖遗址、大堡子山城址、山坪城址、四角坪城址的性质，为我们就礼县发现城址的性质和相关研究指明了方向。赵丛苍"西山遗址考古发现五题"，分别就关于西山城址、关于時祭遗迹、关于 M2003、随葬陶器所展现的秦文化特点之形成、周秦墓葬所反映的秦人屈肢葬仪五个方面，对西山遗址进行了重新认识和分析，并提出西山遗址 M2003 的墓主可能是秦仲的结论。杨建华"略论秦文化中的北方文化因素"，以花格剑和三叉护手剑为例，通过类型学的分析，从中探讨秦文化中的北方文化因素以及它在北方文化因素中的传承作用。马智全"清华简〈系年〉秦人起源章与早期秦人在陇上的活动"，利用清华简简牍材料考证了飞廉东逃于商盖氏，成王伐商盖、杀飞廉，西迁商盖之民于朱圉，以御奴虘之戎，是秦之先等四方面内容，并以文献记载和考古材料相结合的方式，论证了秦人在陇上的活动，其时代主要在西周后期和春秋前期，有一些涉及西周中期，在西周中后期早期秦人在陇上已经形成了自己的文化风格。Irina V. Rukavishnikova"欧亚大陆早期铁器时代的盔甲及其对秦文化中的护臂的影响"，通过欧亚大陆发现盔甲的材质、制作工艺、设计形式等方面，认为其有斯基泰的传统。中国盔甲可能是文化交流或边界战争等方式传来，与欧亚草原有所不同，有自己的风格和特征。

（3）秦与戎狄、斯基泰文化的研究

孙占伟"陕西黄陵寨头河战国戎人墓地考古新发现及初步认识"，经过对墓地材料的初步分析，认为寨头河墓地包括的文化因素主要为中原的三晋文化因素、陇东西戎文化因素以及少量的欧亚草原东部的中国北方系青铜文化的因素。为我们探讨早期秦文化和秦与西戎的关系问题，提供了新的材料和见解。戴向明"戎狄与华夏分异的史前背景"，以裴李岗时期、仰韶早期、仰韶中期、仰韶晚期、庙底沟二期、龙山时期、夏商周时期几个大的时段为界限，对应其时段内史前考古学文化的发展及分布地域，并最终勾勒出戎、狄与华夏的大致分界，理清了戎、狄、华夏分异前的史前脉络。董珊"出土文献所见秦与夷、夏、戎、蛮的关系"，系统考察了西周、春秋时期出土文献中的社会语言习惯，讨论了"秦夷"、"秦戎"、"玁狁与戎"、"赤戎"、"蛮王"、"夏四方"、"蛮夏"等概念；并指出，在秦文化的研究中，需要慎重使用相关的概念。Sergey Komissarov"戎、秦和斯基泰：早期铁器时代中国西北地区的文化交流"，认为在中国早期编年史中，戎部落亦称羌族，他们是藏族人的直系祖先，但不像其他藏缅族（如纳西族）关系那么亲近，但与斯基泰人有着密切的联系，曾在黄河流域积极活动。后一部分进入青藏高原，一部分被秦人同化。被同化的成为中国文化的一部分，并对秦文化施以影响。Alexey Kovalev"夏家店上层文化中的欧亚大陆西部中国西北部的文化因素及北戎—山戎的起源和扩散问题"，就夏家店上层文化的来源问题、北戎—山戎的迁徙路线问题作了全面论述。Shulga P. I. "阿尔泰游牧人与北中国接触的新研究（公元前8世纪至前3世纪）"，探讨了古代中国与阿尔泰山区的接触与商业路径。最早的一个可能用了传统的接触，先从鄂尔多斯，顺着戈壁阿尔泰山区和蒙古阿尔泰山区的北方山前地带，然后到容易穿过的塞柳格姆山。第二条道路从吐鲁番开始，穿过准噶尔盆地的北部后分岔两路到蒙古和东哈萨克斯坦。

（4）文物制作技术探讨与研究

陈建立"新发现早期秦、戎人金属文物的制作技术研究"，通过对礼县大堡子山等秦人墓地、张家川马家塬、秦安王洼和清水刘坪等戎人墓地出土文物的考古学研究以及科技检测分析，较为系统地揭示出土文物制作技术的特点，进一步完善或发展了考古学与自然科学的协同研究新方法，为进一步提高对西北地区战国时期文化传播与交流等问题的认识，深入探讨秦戎文化关系、秦汉帝国的形成过程、东西方文化交流状况等提供了科学依据。金正耀"秦汉时期增强溃散性特殊内芯技术的新发现及初步探讨"，以东周至汉的扁壶和蒜头壶为对象，结合新近在云南李家山青铜铸造技术的研究，揭示出铜瓠壶、扁壶和蒜头壶这类器物的铸造生产，确有可能使用特殊内芯技术以获得较高生产效率，并进一步解读扁壶和蒜头壶何以较多出现在秦人墓中。周卫荣"'失蜡失织法'商榷"，对艾玛·邦克推导"失蜡失织法"的工艺过程进行仔细研究后发现，所谓的"失蜡失织"工艺是不成立的，结合近年来对鄂尔多斯式青铜器的研究结果和北方系动物纹牌饰陶模的考古出土，指出北方系动物纹金属牌饰应是陶范工艺铸造。

（5）史前饮食文化研究

吕宗力"狗与先秦中国人的日常生活——从战国秦墓最近出土的狗肉汤谈起"，从考古发现和文献记载对狗与先秦人们的关系进行细致剖析，认为咸阳战国秦墓狗肉汤的出土，再次证明狗与先秦时代中国人的物质、精神生活有着密切关系。刘歆益"食物网络，生产与消费：史前时代的食物全球化"，认为在公元前第二纪，驯化于西南亚洲的麦类作物已经来到中国的几个地区；本土于中国的谷子和荞麦则出现在欧洲。上溯儿千年（公元前5000年前），可能是驯化于中国的糜子同时出现在欧亚大陆两端的考古证据中。文章不仅讨论农作物本身，也关注利用这些植物的社会组织，进而探讨一个长时间尺度的新石器时代的本质。

（6）陕西秦陵及城址考古发现

焦南峰"咸阳秦陵的考古新发现"，对在咸阳塬上新发现的七座西汉帝陵、三座王级陵园进行考证，认为"周王陵"应是秦悼武王及其夫人的"永陵"，严家沟陵园可能是秦惠文王及其夫人的"公陵"。司家庄陵园，可能是一座时代相当或略早于"公陵"、"永陵"的秦王、公陵墓。田亚岐"秦雍城遗址2011～2012年主要考古发现"，主要介绍了宫城区道路与排水系统考古工作取得重要收获及下一步工作的具体方法。

除上述研究外，还有张天恩"试论新发现的寺洼文化遗存"，主要分析了磨沟齐家文化墓地中发现的带有明显寺洼文化特色的一类陶器遗存。雷兴山"周原地区西周时期东西向墓葬的特征与族属"，分析了东西向墓葬的墓地特征主要有聚落主体墓地、聚落中一个墓地整体或一个墓地中的一个墓区、南北向墓葬为主的墓地三种形式。王子今"放马滩秦地图林业史料研究"，通过放马滩秦地图林业史料和交通史料的考察，推进了对秦史和秦文化的认识和理解。

发言讨论结束后，部分与会代表对甘谷毛家坪遗址、天水市博物馆、伏羲庙、麦积山石窟、清水李崖遗址、马家塬战国墓地进行了实地考察。

此次会议的成功召开，是对近年来甘肃省文物考古工作，特别是对结合学术研究的主动性考古发掘成果的全面检阅和系统总结。同时，也是为今后开展早期丝路文明和早期秦文化研究的一个方向性部署。